LE ROUGE ET LE ROSE

MICHEL-ANTOINE BURNIER

LE ROUGE ET LE ROSE

Éditions de La Martinière

Conception de couverture : Plaisirs de myope

Illustration de couverture : Cabu.
De gauche à droite : Jean Jaurès, Léon Blum, François Mitterrand

ISBN 978-2-7324-4589-2

Connectez-vous sur :
www.editionsdelamartiniere.fr
Dépôt légal : avril 2011

À la mémoire des précurseurs
Prosper Enfantin
et Édouard Bernstein

Utopies

Socialisme : en France, c'est un philosophe ami de George Sand, Pierre Leroux, qui invente le mot dans les années 1830. Pour lui, cela signifie une nouvelle religion communautaire inspirée de Moïse, de Bouddha et de Jésus. Il s'agit de supprimer le règne de l'argent dans la société, d'adoucir la condition ouvrière et d'encourager la solidarité humaine.

Ces idées, le comte de Saint-Simon les a déjà exposées avec beaucoup plus de rigueur depuis une dizaine d'années. On appelle donc sa doctrine socialisme ou saint-simonisme, ou Nouveau Christianisme. Il veut écarter du pouvoir les nobles, les magistrats et les prêtres qui gouvernent encore la société au début du XIXe siècle, réconcilier les patrons et les ouvriers, développer la justice dans l'industrie, la banque et le commerce, organiser des fêtes au milieu du travail et supprimer l'héritage.

Saint-Simon est mort en 1825. Son héritier spirituel, Prosper Enfantin, décide de démontrer ce socialisme par l'exemple en le modifiant quelque peu. C'est un polytechnicien, ingénieur des chemins de fer à une époque où les locomotives font peur ou font rire. En juin 1832, avec quarante disciples, Enfantin s'enferme dans une grande maison à Ménilmontant. Là, pas de domestiques, plus de propriété privée : tous les disciples, avocats, banquiers, ouvriers, font don de leurs biens à la collectivité et travaillent à leur tour au jardin, à la cuisine, à la rédaction d'un grand livre sur l'avenir de l'humanité, à la construction d'un Temple du socialisme. Entre eux ils se nomment frères ; Enfantin, leur chef, est le père. Chacun porte son nom inscrit sur sa poitrine et laisse pousser sa barbe.

Ils revêtent un costume particulier : pantalon blanc, couleur d'amour ; tunique bleu-violet, couleur de la foi ; cravate blanche, toque rouge. Leur gilet blanc et rouge, couleurs du travail, se boutonne dans le dos : on ne peut le fermer sans se faire aider par l'un de ses frères, – c'est le symbole sensible et obligatoire de la solidarité humaine.

Dortoirs, repas et travaux collectifs, études et cérémonies, les saint-simoniens pensent avoir inventé un mode de vie si parfait que peu à peu le monde entier se convertira et les imitera. Ils croient à l'égalité de la femme et de l'homme (ce qui fait scandale en ces temps-là), veulent abolir le mariage et se proposent de tout mettre en commun, y compris leurs épouses et leurs enfants. Ils chantent :

Allons, bourgeois et prolétaires,
Le travail nous a faits égaux.
Ensemble remuons la terre,
Montrons à tous l'homme nouveau.

Dans la France du roi Louis-Philippe, on les considère comme des fous, mais on vient les voir et on les écoute parfois. À Ménilmontant, la communauté recevra certains dimanches jusqu'à dix mille visiteurs. Au bout de trois mois, le gouvernement s'en irrite. La police met fin à l'expérience et ferme la maison. Enfantin se retrouve en prison. Plus tard, parce qu'il croit toujours aux bienfaits de l'industrie et du commerce, il tentera sans succès de percer un canal à Suez – bien avant Ferdinand de Lesseps –, puis construira le chemin de fer Paris-Lyon-Méditerranée.

Enfantin a un rival : le socialisme commence dans la division. L'homme se nomme Charles Fourier. C'est un négociant en draps qui déteste le commerce et se fera comptable, employé de mairie ou caissier pour vivre. Le soir, il rédige de gros volumes où il détaille sa doctrine.

Il appelle cela l'Harmonie. Il hait la civilisation du XIXe siècle, la famille, l'école. Il parle de rassembler toute l'humanité dans des phalanstères, petites collectivités de mille six cents à mille huit cents membres, où chacun organiserait sa vie selon ses désirs. Il faudra beaucoup y travailler, seize heures par jour, mais le travail est devenu un jeu, on change d'ouvrage au moins toutes les deux heures, on s'associe avec les gens que l'on aime. Voici la journée d'un Harmonien pauvre (puisque dans le socialisme de Fourier il y a toujours des riches et des pauvres), au mois de juin :

3 heures 1/2 : lever, préparatifs ;
4 heures : séance à un groupe des écuries ;
5 heures : séance à un groupe de jardiniers ;
7 heures : déjeuner ;
7 heures 1/2 : séance au groupe des faucheurs ;
9 heures 1/2 : séance au groupe des légumistes sous tente ;
11 heures : séance à la série des étables ;
13 heures : dîner ;
14 heures : séance à la série des silvains ;
16 heures : séance à un groupe de manufacture ;
18 heures : séance à la série d'arrosage ;
20 heures : séance à la bourse ;
20 heures 1/2 : souper ;
21 heures : fréquentation amusante ;
22 heures : coucher.

À l'école, les enfants ne travaillent que l'hiver ou les jours de pluie. Le reste du temps, ils s'amusent dans les jardins, se roulent dans le foin, chassent les oiseaux, cueillent les fruits.

La famille a disparu : Fourier souhaite que les membres du phalanstère participent à de grandes orgies amoureuses, dans la plus totale liberté.

En 1832 également, les disciples de Fourier créent un phalanstère à Condé-sur-Vesgre. Mais ils sont trop sérieux et travaillent plus qu'ils ne jouent. Fourier les désavoue. On verra d'autres expériences de phalanstères, aux États-Unis ou en France, toutes plus tristes que ne le voulait la doctrine du maître. À la fin du XIXe siècle, une grosse fabrique de poêles en fonte dirigée par Godin se convertira en un familistère inspiré de Fourier et fonctionnera près de cinquante ans.

Il y a bien d'autres fondateurs du socialisme en cette première moitié du XIXe siècle. Owen, qui crée un modèle de coopérative ouvrière et que l'on peut considérer comme le père du socialisme en Angleterre. Victor Considérant et Pecqueur, disciples de Charles Fourier. Lammenais ou Buchez, qui imaginent des socialismes modérés et chrétiens... Étienne Cabet surtout, qui invente l'Icarie, une société idéale qu'il voudra construire en France, puis en Amérique, sans succès. Cela suppose une ville ronde et symétrique, la suppression de toute propriété privée, l'organisation des citoyens dans des assemblées populaires, le port obligatoire d'un uniforme, une grande discipline et la toute-puissance de l'État socialiste. L'État doit disposer de l'ensemble des biens et des produits, et les distribuer directement aux familles selon le principe « à chacun selon ses besoins ».

Tous ces socialistes sont nommés utopiques parce qu'ils ne cherchent pas à prendre le pouvoir mais rêvent d'une société future et parfaite, qu'ils la décrivent dans ses moindres aspects et ses moindres lois (souvent très contraignantes), et qu'ils espèrent convaincre l'humanité entière par leurs discours et leur exemple. Ils s'inspirent des grandes philosophies utopiques du passé, qui déjà bannissaient la propriété et l'argent : la *République* de Platon dans la Grèce antique, l'*Utopia* de Thomas More dans l'Angleterre du XVIe siècle, *la Cité du Soleil* du moine Campanella dans l'Italie du XVIIe...

Reste le plus original, Pierre-Joseph Proudhon, fils d'un garçon brasseur de Besançon, la ville de Charles Fourier.

Il traite Fourier de crétin et d'ignorant, il refuse le développement industriel qu'appellent les saint-simoniens et lui préfère l'artisanat. Mais il insiste sur la lutte des classes entre les ouvriers et les patrons, il proclame : « La propriété, c'est le vol » – ce qui lui vaut la gloire. Il souhaite la disparition de l'État et craint que tous les autres socialismes ne mènent à la dictature : les travailleurs doivent s'organiser eux-mêmes dans leurs ateliers. La société future, où le crédit sera gratuit, se conçoit pour lui comme la libre fédération de tous les groupes humains.

L'influence de Proudhon sera plus tard considérable sur le syndicalisme et le mouvement ouvrier français.

Le début du XIXe siècle est aussi l'époque des grandes émeutes et des combats révolutionnaires. On se souvient de la Révolution française, toute proche encore : alors les théoriciens de la République, les petits-bourgeois, les artisans, les ouvriers des faubourgs, les paysans avaient lutté pour l'égalité, contre les riches et les rois. Ils avaient amené la guillotine, la Terreur, puis cédé le pouvoir à Napoléon Ier, mais qu'importe. En 1815 les rois et les nobles sont revenus, et les groupes républicains luttent toujours.

Et puis la condition ouvrière : quatorze ou quinze heures de travail par jour, les baisses de salaire continuelles (parfois 10 % d'un coup), les femmes sous-payées dans l'industrie textile, ou poussées à la prostitution, les enfants contraints de descendre à la mine. Le revenu des ouvriers reste souvent inférieur au minimum vital. Le chômage est une menace pour tous, et sans indemnité il conduit à la déchéance et parfois à la mort : on meurt réellement de faim. Pas d'assurance-maladie, pas de retraite, l'alcoolisme. Les logements sont souvent de tels taudis qu'aucune vie de famille n'y est possible, les couples sont séparés ou mélangés, les enfants fréquemment abandonnés à la rue.

Émeutes

Dès les années 1820, des sociétés secrètes républicaines recrutent chez les étudiants et chez les ouvriers ou les artisans. On conspire malgré la police et les arrestations. En 1830, la bourgeoisie libérale, les étudiants et le peuple se soulèvent et chassent le roi Charles X, qui avait cru pouvoir gouverner comme sous l'Ancien Régime et supprimer la liberté de la presse : trois jours de combats dans Paris – ce sont les Trois Glorieuses –, des milliers de barricades, mille cinq cents morts. Louis-Philippe s'installe, nommé « roi des Français » par les libéraux et les modérés. Les républicains sont furieux. La condition ouvrière ne change pas.

Il y a de nouvelles émeutes dès la fin de 1830, réprimées cette fois par Louis-Philippe. En février 1831, la foule parisienne attaque l'archevêché et l'église Saint-Germain-l'Auxerrois, et les pille. En avril, d'autres batailles de rue à Paris, en mai également et en juin. On fête le 14 Juillet et l'armée disperse les républicains. En septembre, Victor Hugo assiste à une émeute d'ouvrières place des Victoires. À Paris toujours, émeute en septembre en l'honneur des Polonais écrasés par l'armée russe, en octobre également, parce que le gouvernement interdit une pièce de théâtre. Les étudiants, les gamins de Paris sont presque de toutes les batailles. Enfin, en novembre 1831, les canuts de Lyon, ouvriers des filatures de soie, se révoltent en masse. Désespérés par la misère, ils réclament du pain ou la mort ; les voilà maîtres de leur ville pendant deux jours. L'armée écrase le mouvement.

En juin 1832, les républicains font encore une révolution manquée à Paris, trois jours d'affrontements et un millier de morts. Ils recommencent en 1834. Et en 1834 également, les canuts occupent à nouveau Lyon avant d'être massacrés. Depuis cette date et jusqu'en 1848, Lyon sera désormais coupée en deux par un immense mur et une ligne de forts, qui sépareront la ville ouvrière de la ville bourgeoise.

Comment se passe une émeute ? Tout débute d'ordinaire par une manifestation. L'armée charge, à cheval, sabre au clair. La foule se disperse, les plus résolus se réfugient dans les petites rues et dressent des barricades avec des pavés, des voitures, des tonneaux, des meubles. Certaines barricades peuvent atteindre la taille de deux étages, construites par gradins, avec un chemin de ronde, un parapet percé de meurtrières, comme de véritables ouvrages militaires. Dans les plus grandes insurrections, on abat même des immeubles pour obstruer les rues.

Les émeutiers pillent les armureries, visitent les maisons et confisquent les fusils (de nombreux citoyens, membres de la Garde nationale ou tout simplement chasseurs, ont des fusils chez eux). On inscrit alors à la craie sur les portes : « Armes données », pour éviter une seconde perquisition. Les femmes déchirent du linge en charpie, qui servira au pansement des blessés. Les enfants retirent le plomb des gouttières, avec quoi l'on fondra des balles. On utilise aussi le plomb des caractères d'imprimerie.

À Paris, l'émeute s'efforce de barrer les ponts de la Seine afin de gêner les mouvements de la troupe. Elle s'installe dans les quartiers populaires, autour du Panthéon sur la rive gauche, derrière l'Hôtel de Ville sur la rive droite, au centre de la capitale. Là les rues sont nombreuses, étroites, coudées : l'armée peut difficilement y pénétrer et les habitants sont favorables aux révolutionnaires.

L'émeute s'efforce de maintenir ses avant-postes vers les faubourgs du Nord, jusque vers les villages ouvriers de Belleville ou de

Pantin. Par-là viendra le renfort de la masse ouvrière, s'il vient, – ce qui n'est pas toujours le cas. La nuit, on brise les lanternes des rues pour se protéger par l'obscurité. Puis on attend l'assaut de la troupe.

Les soldats fusillent les barricades, chargent à la baïonnette. Si la résistance est vive, on tire le canon. Des étages et des toits, les habitants les plus révolutionnaires bombardent l'armée avec des tuiles ou des meubles. Lorsque l'émeute résiste une nuit, lorsqu'elle s'étend le lendemain, elle peut progressivement couvrir Paris et l'emporter, comme en juillet 1830 contre Charles X. Sinon elle se laisse enfermer dans le centre, en général dans le quartier de Saint-Merri, près des Halles, où cède à la fin le dernier bastion, comme en 1832 et en 1834. Les émeutiers pris les armes à la main ou salis par la poudre de leurs cartouches, et donc repérables, sont souvent fusillés. Les chefs arrêtés sont jugés et condamnés à la déportation ou à la prison.

Socialisme scientifique

Socialisme et révolution : à l'origine, les deux choses ne s'accordent guère. Les socialistes bâtissent leurs utopies et s'essayent dans leurs communautés ; les émeutiers sont républicains et veulent recommencer la Révolution de 1789. Saint-Simon n'était pas favorable à la tradition révolutionnaire française, où il ne voit que désordre et aventure. Enfantin, le 6 juin 1832, refuse de rejoindre la grande insurrection républicaine qui secoue Paris : ce jour-là, il inaugure tranquillement sa communauté à Ménilmontant tandis qu'au loin on entend le canon qui tire sur les insurgés. Fourier, qui avait manqué être guillotiné en 1793 par la Convention, déteste les révolutionnaires et les insulte en chaque occasion : il est socialiste mais royaliste. Et Cabet dit : « Si je tenais une révolution dans ma main, je la tiendrais fermée quand même je devrais pourrir en exil. »

Non, l'union du socialisme et de la révolution à cette époque ne va pas de soi. Le socialisme naissant est réformiste, pacifiste, loin de la politique et des partis. Il craint par-dessus tout la violence des pauvres et la dictature d'un nouveau Robespierre.

Il existe pourtant un homme qui songe à joindre socialisme et révolution. C'est Auguste Blanqui, un comploteur qui se veut l'héritier de Babeuf et de la Conspiration des Égaux de 1796, ce petit groupe qu'on dirait aujourd'hui gauchiste et que le Directoire avait envoyé à l'échafaud. Il médite de mobiliser les ouvriers, de rassembler les plus décidés dans une organisation secrète, d'abattre les riches et d'établir par la force d'un coup d'État une société égalitaire et très disciplinée.

Réfugiés à Londres, deux jeunes philosophes allemands, Karl Marx et Friedrich Engels, partagent ce projet. Ils reprennent l'idéal du socialisme français, l'espoir d'une vie heureuse et collective où le pouvoir de l'argent et de la propriété aurait disparu. Ils nomment cela le communisme. Mais ils décident que pour y parvenir il ne suffit pas d'écrire des livres et de prêcher. Contre le socialisme utopique, ils pensent établir un socialisme scientifique.

Ils bâtissent un système inspiré de la philosophie de Hegel : c'est la dialectique qui mène le monde, le conflit perpétuel du négatif et du positif. Mais cette explication, que Hegel réservait au mouvement des idées, nos deux philosophes l'appliquent à la nature et à l'Histoire. Matérialisme dialectique : la nature progresse, de contradiction en contradiction, de la matière brute à la vie, et de l'animal jusqu'à l'homme. Pas de Dieu, pas d'esprit, la nature seule régie par ses lois. Et matérialisme historique : « L'histoire de toute société jusqu'à nos jours n'a été que l'histoire de luttes de classes. » Les forces et les contradictions de l'économie engendrent des classes sociales dont le combat incessant et violent n'est autre que le moteur de l'Histoire et de son évolution. Marx et Engels écrivent : « Homme libre et esclave, praticien et plébéien (dans la Rome antique), baron et serf (à l'époque féodale), maître de jurande et compagnon (patrons et ouvriers à la fin du Moyen Âge), en un mot oppresseurs et opprimés, en opposition constante, ont mené une guerre ininterrompue, tantôt ouverte, tantôt dissimulée, une guerre qui finissait toujours soit par une transformation révolutionnaire de la société tout entière, soit par la destruction des deux classes en lutte. »

La Révolution française confirme le schéma : la bourgeoisie a combattu et chassé l'aristocratie terrienne pour fonder un nouveau système, le capitalisme. La contradiction se reproduit : le prolétariat, les ouvriers modernes, nés du capitalisme et exploités par lui, se révoltent à leur tour contre la bourgeoisie.

Marx et Engels analysent le capitalisme, qu'ils définissent par la propriété privée et la recherche du profit. Ils croient – ce qui n'est pas évident à l'époque – que l'industrie va dominer le monde, ils ajoutent que les entreprises vont se concentrer en des unités de plus en plus grosses, que les petites fabriques et les classes moyennes vont disparaître, qu'à la fin il ne restera que l'immense masse des prolétaires exploités et une petite poignée de propriétaires.

Le développement même de l'industrie condamne le capitalisme : le système de la propriété privée sera trop étroit pour contenir toutes les richesses créées en son sein, l'essor désordonné du système industriel – les forces productives – mènera à des crises économiques de plus en plus violentes. À leur apogée, les contradictions du capitalisme appelleront la seule réponse qu'exige la dialectique de l'Histoire, la libération des prolétaires et l'épanouissement des forces productives : le socialisme, c'est-à-dire la propriété collective des biens de production.

Alors les prolétaires renverseront le pouvoir bourgeois.

Pour Marx et Engels, c'est l'ultime bataille. De toute l'Histoire, le prolétariat aura été la plus pauvre des classes pauvres, la plus opprimée des classes opprimées. Dans la condition totalement inhumaine que lui fait le capitalisme, l'ouvrier n'a d'autre revendication ou privilège à défendre que son existence et sa dignité humaine, que « des chaînes à perdre et un monde à gagner ». Aussi le prolétariat accomplira-t-il la révolution la plus profonde, la première qui ne se fasse pas au nom d'intérêts particuliers : en se libérant, le prolétariat libérera du même coup l'humanité entière. Ce sera, après une période de transition (ou socialisme), la réalisation de l'idéal du communisme, l'abolition de l'État, de tous les conflits et de toutes les exploitations, et la fin de l'Histoire – la jonction définitive du bonheur individuel et collectif.

Karl Marx et Friedrich Engels exposent leurs idées dans de nombreux livres et articles de philosophie, d'économie, de polémique contre les autres socialistes. En 1867, Marx publie le premier tome du *Capital*, son ouvrage fondamental d'économie politique.

Mais dès 1847 les deux philosophes, âgés de trente et vingt-huit ans, ont ramassé l'essentiel de leur doctrine dans un petit livre auquel l'opinion européenne ne prête guère attention : le *Manifeste du parti communiste*.

En France, la révolution de 1848

Février 1848. En France, le vieux roi Louis-Philippe vit content. Il n'y a pas eu d'émeute à Paris depuis près de dix ans et M. Guizot, Premier ministre, mène une politique conservatrice et tranquille. Certes, le pays traverse une crise économique : de mauvaises récoltes et du chômage. L'opposition s'agite. Mais c'est une opposition monarchiste, modérée, à laquelle se sont adjoints quelques républicains.

Ces gens-là ont inventé de réunir des banquets à travers la France. On se rassemble entre notables libéraux, on mange de la salade et du dindon froid et l'on réclame la Réforme tandis que les ouvriers debout écoutent dans le fond. Qu'est-ce que la Réforme ? Simplement une modification de la loi électorale qui porterait de deux cent mille à quatre cent mille le nombre des Français autorisés à voter.

Ces manifestations paisibles ont un certain succès. Le gouvernement s'en agace : il interdit le banquet qui doit se tenir à Paris le 22 février 1848. L'opposition proteste mais s'incline.

Pourtant le 22 février à neuf heures du matin, la foule parisienne est là, place de la Madeleine, au rendez-vous décommandé. Des colonnes d'étudiants arrivent du Panthéon et chantent le chant des Girondins, des strophes révolutionnaires composées l'hiver dernier par Alexandre Dumas pour son Théâtre historique :

Par la voix du canon d'alarmes,
La France appelle ses enfants.

Allons, dit le soldat, aux armes !
C'est ma mère, je la défends.
Mourir pour la patrie,
C'est le sort le plus beau, le plus digne d'envie !

Il y a beaucoup de curieux, pas d'agressivité. Mais on est déçu par la reculade de l'opposition et l'on crie contre le gouvernement de M. Guizot. Les soldats et la garde municipale chargent. Quelques individus construisent de petites barricades, aussitôt emportées. Le soir, les républicains des Sociétés secrètes hésitent encore et n'osent rien décider. Le roi croit avoir gagné.

Le lendemain, tout recommence. Les étudiants mécontents du régime, les ouvriers lassés de leur misère affrontent les soldats. Surtout, la Garde nationale ne répond guère à l'appel du gouvernement. Et la Garde nationale, c'est le soutien de Louis-Philippe, un bref service militaire qui mobilisait quelques jours par mois les bourgeois et les petits-bourgeois : elle a fait la Révolution de 1830 et combattu les émeutes républicaines de 1832 et 1834. Cette fois-ci la Garde nationale est de mauvaise humeur, lasse de l'immobilisme du roi, du climat de vieillesse qui s'impose au pays. Elle souhaite d'ailleurs la réforme électorale, puisque ainsi une bonne part de ses membres serait admise à voter. Elle refuse de disperser les manifestants.

Le roi s'inquiète et renvoie l'impopulaire M. Guizot. Le 23 février au soir, Paris est donc heureux ; les manifestants fêtent leur victoire. On parcourt les rues, on chante, les gamins réclament des lampions, on illumine. Mais boulevard des Capucines, devant l'hôtel de Guizot, la foule rencontre un cordon de soldats. Elle réclame le passage. Un sergent corse perd la tête et tire. Par méprise, et comme affolée par ce premier coup de feu, la masse des soldats tire aussi : cinquante-deux morts parmi les hommes du peuple. Alors Paris promène ses morts dans des charrettes éclairées aux torches. Toute la nuit on collecte des fusils, on dépave les rues. À l'aube, il y a plus de quinze cents barricades.

Le 24 février au matin les soldats démoralisés battent en retraite, la foule les suit, puis attaque les Tuileries où demeure le roi. À midi le roi abdique. À midi et demi il s'enfuit vers l'Angleterre. À deux heures les Tuileries sont prises et entièrement pillées. À trois heures de l'après-midi, Alphonse de Lamartine se déclare pour la République et fait nommer un gouvernement provisoire par la foule qui a envahi la Chambre des députés.

Depuis longtemps hostile à Louis-Philippe, Lamartine a une immense notoriété comme poète, comme historien et comme tribun politique. Il se rend à l'Hôtel de Ville pour y installer le nouveau pouvoir, traversant difficilement une masse ouvrière armée et menaçante qui réclame la République sociale. Le soir même Louis Blanc et l'ouvrier Albert, tous deux dirigeants de petits cercles socialistes, se font nommer secrétaires du gouvernement présidé par le vieux Dupont (de l'Eure), survivant de la Révolution française. En fait Lamartine, lui-même aux Affaires étrangères, arbitre un ministère contradictoire qui va des républicains modérés aux démocrates les plus énergiques. Pour la première fois dans un pays d'Europe, il instaure le suffrage universel, bien entendu réservé aux hommes.

Un véritable espoir révolutionnaire emporte le peuple de Paris. Bourgeois et ouvriers, chefs politiques, clergé, partout on se dit républicain par une soudaine conviction, ou par entraînement, ou par prudence. D'abord la foule présente le drapeau rouge à Lamartine, qui le repousse non sans mal. Puis des délégations d'ouvriers entraînés par les socialistes réclament le droit au travail, c'est-à-dire l'interdiction légale du chômage et un salaire garanti pour tous. Le gouvernement s'y oppose.

Il accorde en revanche la création d'Ateliers nationaux. Vieille revendication ouvrière qui recoupe l'utopie des socialistes : l'État donne du travail aux chômeurs en les employant lui-même pour des tâches d'utilité publique. Il est vrai qu'Henri IV, Louis XIV et même Louis-Philippe y avaient déjà songé. Mais cette fois ce fut comme un grand rêve réalisé : par dizaines de milliers les chômeurs vont s'inscrire, puis bientôt des quantités de travailleurs qui abandonnent leurs manufactures et leurs chantiers pour leur préférer les salaires plus élevés des Ateliers nationaux. Il en vient depuis la province.

Le gouvernement dépassé ne sait que faire. Bien que militairement organisés en escouades, brigades et compagnies, bien que leurs responsables élus portent des casquettes bleues à galons d'or, les ouvriers des Ateliers nationaux sont bien mal préparés pour entreprendre aussitôt la construction de lignes de chemin de fer ou de ponts. On les utilise donc à des travaux de terrassement : pelleter de la terre au Champ de Mars, aplanir le talus gauche des Champs-Élysées, remplacer les arbres abattus par l'émeute sur les boulevards...

Bientôt il y a trop d'ouvriers pour cet ouvrage. Les directeurs des Ateliers combinent des promenades, des transports d'outils inutiles afin d'occuper les bénéficiaires, puis l'on institue des jours sans travail, mais payés – ce qui accroît encore le nombre des inscrits. Les ouvriers jouent aux cartes ou aux dés et se moquent du gouvernement.

Un peu partout la France est en grève. Là où les travailleurs ne quittent pas leurs ateliers, les patrons terrorisés ferment leurs entreprises. Les hommes et les femmes de toutes les professions se rencontrent et se parlent dans les rues. C'est une véritable fraternité : les casseurs de cailloux, les maçons, les fonctionnaires, les ébénistes, les destructeurs de rats, les cuisinières racontent leurs problèmes et proposent mille solutions pour changer leur travail et leur vie. Et tout Paris salue :

Chapeau bas devant la casquette !
À genoux devant l'ouvrier !

Sur les boulevards, les voitures circulent mal au milieu des attroupements. Des citoyens charitables quêtent pour habiller les pauvres ou venir en aide aux blessés de la révolution. D'autres tiennent des discours debout sur un tonneau. Toute censure disparue, des libraires ambulants proposent des livres interdits par la monarchie, des pamphlets républicains, des volumes libertins imprimés à Londres, la dernière édition des *Liaisons dangereuses*. Ailleurs on rencontre des cortèges de chanteurs et des comédiens révolutionnaires qui réinventent dans la rue un théâtre populaire et politique. Il y a des affiches de toutes les couleurs sur tous les murs, bleues, orange, mauves, gris tendre, écarlates, des affiches pour beaucoup manuscrites avec des écritures biscornues. On y lit : Guerre aux propriétaires ! Mort aux riches ! Organisation du travail !

Le jour, on manifeste pour réclamer auprès du gouvernement provisoire. Les auteurs dramatiques, émus par la crise du théâtre, vont se plaindre à l'Hôtel de Ville, précédés de tambours. Des jeunes filles déguisées en République traversent les faubourgs avec des toges et des casques. Les banquiers et les industriels défilent en réclamant le report de leurs échéances, les locataires pour le report de leurs loyers, les blanchisseuses pour leurs tarifs, les domestiques pour leurs horaires, les collégiens pour la suppression du grec, les facteurs de la poste pour leurs conditions de travail...

La nuit, les sections révolutionnaires se promènent aux flambeaux. Elles allument des feux d'artifice, donnent des soirées civiques, des bals, de grandes fêtes républicaines. En chaque occasion on plante des arbres de la liberté. La coutume nous vient de la révolution américaine. À Paris, ce sont des peupliers couverts de banderoles et de lampions, couronnés d'un bonnet phrygien, avec des drapeaux, des cocardes, des rubans. Les républicains amènent l'arbre en grande cérémonie, des gamins retiennent les branches pour qu'elles ne touchent pas terre. On dresse le peuplier, on va chercher le curé afin qu'il le bénisse, on prononce des discours, on tire des coups de fusil en l'air. Puis les participants réclament de l'argent aux spectateurs, jusque dans les étages des maisons, afin de s'offrir quelques bouteilles. En février et mars 1848, les plantations d'arbres de la liberté sont innombrables, au milieu des places et des rues, sans grand souci des commodités de la circulation. On doit à la vérité que la plupart de ces peupliers, trop hauts et transplantés trop tard dans la saison, n'ont pas survécu au printemps.

C'est aussi une explosion dans la presse : en marge des grands journaux installés qui déjà doublent leur tirage, des titres nouveaux apparaissent chaque jour, quelquefois pour un seul numéro, à dix mille ou trois cents exemplaires. Copiant la grande Révolution française, ces journaux s'appellent l'*Ami du peuple, la Carmagnole, le Drapeau des sans-culottes, le Robespierre* ; mais aussi *le Sanguinaire, l'Égout social, la Lanterne magique républicaine, l'Aimable faubourien, l'Humanitaire, organe de la guerre sociale, les Droits de l'Homme* en noir sur une feuille rouge ; ou *la Cause du peuple*, trois numéros signés par George Sand ; ou *le Salut public, journal de fantaisie démocratique* lancé par Charles Baudelaire et rédigé en deux heures dans un café de la place Saint-Michel.

Enfin il y a les clubs, près de quatre cents surgis en une semaine. Un club est tout simplement l'assemblée de quelques militants, socialistes ou républicains, lesquels écrivent un règlement et nomment un bureau ou un comité central. Le bureau ou le comité central se compose au minimum d'un président, d'un vice-président, de deux secrétaires et d'un trésorier. Les plus ardents élisent carrément dix vice-présidents et douze commissaires. Là-dessus, le club doit trouver un local pour tenir ses réunions publiques, où il exposera sa doctrine et sa solution aux problèmes sociaux. Tout convient : hangar, manège, café, magasin, théâtre, église déserte. Le local trouvé, reste à se signaler à la *Voix des clubs*, un journal de coordination qui publie les adresses, les programmes, l'heure des séances. Les clubs ouvrent le soir, et le peuple vient écouter les orateurs. Comme les journaux, ils ont des noms terribles : *Club de l'émeute révolutionnaire, Club Batterie des hommes sans peur* ou *Lycée des Prolétaires, Club des barricades* ; ou plus corporatifs : *Club des lettrés sans emploi, Club des bureaucrates* (qui rassemble les employés du commerce et de l'industrie), *Club des domestiques et des gens de maison* (les personnels de l'aristocratie et de la bourgeoisie s'y disputent), *Club des maîtres de pension...*

Le plus redouté est celui de Blanqui, *la Société républicaine centrale*, où l'on professe un communisme austère et intégral, et où l'on réclame une dictature révolutionnaire, la confiscation des fortunes, la guillotine pour les riches. Les bourgeois, mais aussi les républicains et les autres socialistes, craignent à tel point Blanqui et ses conspirations qu'ils l'enverraient volontiers, comme sous Louis-Philippe, en prison.

Quant au club le plus célèbre, c'est sans conteste le *Club des Femmes* d'Eugénie Niboyet, qui réunit des groupes de féministes au Gymnase musical ou à la salle des Soirées orientales. Les oratrices réclament l'égalité des sexes, le droit de vote pour les femmes. Leurs réunions sont très à la mode, et les organisatrices finissent par faire payer l'entrée un franc aux messieurs, vingt-cinq centimes aux dames. On court les entendre parler du divorce et du droit à l'adultère, sujets qui amusent immodérément le public. Les discours sont fréquemment et grossièrement interrompus, et les réunions se terminent dans un grand désordre qui entraîne parfois l'intervention de la police.

Voilà pour le climat révolutionnaire. Mais 1848 ne serait qu'une brève et pacifique copie de la Révolution française s'il ne s'y mêlait largement, pour la première fois chez les dirigeants politiques comme dans la classe ouvrière, les idées socialistes. Cela se voit d'abord au Palais du Luxembourg, où se réunit une Commission des travailleurs présidée par Louis Blanc, lui-même nommé par ses amis Grand Organisateur du travail ou le Premier Ouvrier de France en dépit de ses origines bourgeoises. Louis Blanc, socialiste doctrinaire et confus, était jusque-là secrétaire du gouvernement provisoire, – l'équivalent d'un secrétaire d'État aujourd'hui. Il réclama à Lamartine un ministère. Des ouvriers convoqués par lui vinrent crier sous l'Hôtel de Ville : « Abolition de l'exploitation de l'homme par l'homme ! Louis Blanc ministre du Progrès ! »

Lamartine et le gouvernement eurent peur de céder : Louis Blanc avait gagné par sa propagande une vive popularité dans les masses ouvrières. Ministre du Progrès, il renforçait tant son pouvoir qu'on pouvait craindre sa dictature. On lui refusa le ministère ; il démissionna du gouvernement.

Mais Louis Blanc dans l'opposition pouvait être dangereux. On lui offrit donc de réunir une grande Commission des travailleurs au Palais du Luxembourg, dans l'ancienne Chambre des pairs : là se rencontreraient des représentants du capital et des salariés, les grands orateurs du socialisme s'exprimeraient et soumettraient au gouvernement un plan de réformes sociales. « Un laboratoire d'idées », dit Lamartine. Louis Blanc accepta.

Pendant près de deux mois fonctionne ainsi une sorte de parlement du Travail où les ouvriers, les clubs, les philosophes, tous ceux qui ont quelque chose à dire sur la question sociale viennent débattre. Les nombreuses tendances s'affrontent : les violents, qui veulent exterminer les riches ; les socialistes chrétiens, qui veulent réconcilier patrons et prolétaires ; d'anciens saint-simoniens ; des fouriéristes ; d'autres qui veulent tout nationaliser et régenter par un État central ; d'autres au contraire qui veulent tout décentraliser et supprimer l'État ; des partisans de l'industrie ; des amoureux de l'artisanat. Comme souvent en 1848, on vante Jésus, « l'inventeur du socialisme », « le prolétaire de Nazareth ». Première mesure, on limite la journée de travail à dix heures pour Paris, à onze heures pour la province. Louis Blanc préside. Il dit aux ouvriers : « Mes amis, sachez-le, vous serez non seulement puissants, vous serez non seulement riches, vous serez rois ! Car tous les hommes sont égaux, tous les hommes sont rois. Vive la République ! qui fera qu'il n'y aura plus de riches ni de pauvres ! »

Dans les faubourgs ouvriers, on commence à croire aux promesses de Louis Blanc. Seul Proudhon, pourtant vieux combattant du socialisme, dénonce cela comme de la démagogie. Il n'a pas confiance dans la République, il trouve les politiciens imprudents, les ouvriers mal préparés, et rechigne en prédisant des lendemains de désillusion. Il ne veut pas aller au Luxembourg.

Mais Cabet, qui se préparait à partir fonder son utopie d'Icarie dans les colonies américaines, reste à Paris et s'efforce, sans succès d'ailleurs, de convaincre de nouveaux disciples. Et Karl Marx passe en France, à l'invitation du gouvernement provisoire, examiner de près la première révolution ouvrière qu'il lui soit donné de rencontrer.

Le 17 mars 1848, la gauche organise une énorme manifestation devant l'Hôtel de Ville et semble toute-puissante. Cependant le commerce et l'industrie sont en pleine régression, les possédants se réfugient en province, les capitaux passent les frontières. Les impôts augmentent, et le chômage aussi. L'argent et l'or se font rares ; on en revient au troc pour se nourrir. Dans les salons, on ricane : « Les Louis Blanc ont remplacé les louis jaunes. »

Les républicains de gauche et les socialistes veulent retarder les élections promises par Lamartine : le peuple n'est pas mûr, pensent-ils, surtout en province. Qu'on nous laisse un an pour l'éduquer.

C'est qu'en effet la province commence à s'inquiéter de ceux qu'on appelle les « rouges » et qui s'imposent à Paris. Les paysans ont peur pour leurs terres, les boutiquiers pour leur commerce.

Le 16 avril la gauche se prépare à écarter Lamartine et manifeste à nouveau ; elle échoue devant une contre-manifestation modérée appuyée par la Garde nationale.

Les élections se tiennent le 23 avril, jour de Pâques. Les paysans sont allés voter à la sortie de l'église, derrière leur maire et leur curé, en procession jusqu'au chef-lieu de canton. Pour sa première élection générale au suffrage universel direct et secret, la France vote calmement, avec dévotion. Elle élit une majorité républicaine certes, mais modérée et hostile aux socialistes, presque partout battus. Les clubs se fâchent, Blanqui est furieux. Ils parlent de « jeter à l'eau cette Assemblée de bourgeois ». Armand Marrast, maire de Paris et républicain de droite, les manœuvre : par ses agents infiltrés, il les incite à envahir l'Assemblée nationale.

Le 15 mai 1848, les hommes des clubs, Blanqui, Raspail son rival à l'extrême gauche, Barbès le révolutionnaire entraînent le peuple dans l'Assemblée nationale, une grande baraque de bois et de stuc que l'on avait dressée en arrière du palais Bourbon pour contenir l'une des plus grosses Chambres des députés de l'Histoire, plus de neuf cents représentants. Les clubistes occupent la salle des séances, ils prennent la tribune. Le président Buchez, socialiste chrétien et tranquille, est malmené. Les députés refusent de quitter leurs bancs. Les provocateurs font monter le ton. On porte malgré lui Louis Blanc en triomphe, sur une fenêtre on le montre à la foule, pour bien le compromettre. À la fin on proclame la dissolution de l'Assemblée nationale, la formation d'un nouveau gouvernement de révolutionnaires et de socialistes. Dehors, Marrast a disposé l'armée et la Garde nationale. Blanqui, plus avisé, craint déjà une provocation et se retire. Les autres partent installer leur gouvernement à l'Hôtel de Ville, où ils se font tous arrêter.

Au lendemain du 15 mai, la plupart des chefs de l'extrême gauche se retrouvent en prison. Ceux qui restent en liberté, comme Louis Blanc, sont déconsidérés. Le gouvernement disperse les Commissions socialistes du Luxembourg. Alors commence une extraordinaire propagande bonapartiste. Le prince Louis-Napoléon Bonaparte, neveu du grand empereur, vivait en exil à Londres après deux coups d'État manqués contre le régime de Louis-Philippe. Il se disait passionné par les questions sociales, avait écrit un opuscule sur *l'Extinction du paupérisme*, rencontré autrefois Louis Blanc, correspondu avec George Sand.

Ses partisans se lancent dans l'agitation populaire. Ils distribuent l'image du prince, des chansons, des brochures, des boîtes d'allumettes avec des slogans imprimés, piquent de petits drapeaux à la veste des passants, offrent gratuitement à boire : ils inventent la campagne électorale moderne. Ils disent du mal des députés, dénoncent la terreur bourgeoise, reprennent les thèmes du socialisme à leur compte. Ils assurent que le neveu de l'empereur payera de sa poche les impôts du peuple.

Pendant ce temps la classe ouvrière s'exaspère. « Donnez-nous encore trois mois de misère, avait dit le gouvernement provisoire en février, et nous établirons une République fraternelle. » Les trois mois sont passés. Le chômage s'étend toujours, à Paris les quartiers prolétaires connaissent de véritables famines. Au début du mois de juin, cent mille personnes, le dixième de la population parisienne, se sont inscrites aux Ateliers nationaux abandonnés à l'oisiveté et à la fermentation politique. Soixante mille autres cherchent à y entrer. On a pourtant baissé les salaires de moitié.

La bourgeoisie est lasse du désordre. L'Assemblée nationale prend peur : le 21 juin 1848 elle décide la fermeture des Ateliers nationaux.

Le 23 juin, c'est l'insurrection. Sans chef, puisqu'ils sont en prison, sans espoir, sans autre slogan que « du pain ou la mort », d'autre drapeau que le drapeau noir des pirates et de l'anarchie, le prolétariat parisien se révolte et couvre de barricades la moitié de la ville. L'Assemblée donne tous les pouvoirs au général Cavaignac, nommé dictateur pour réduire l'insurrection. Lamartine se retire et avoue son échec, désespéré.

Paris connaît trois jours non pas d'émeute mais de véritable guerre civile : on tire deux millions de cartouches, trois mille coups de canon, six généraux sont tués, et quatre députés. Au total, on compte officiellement 1 460 morts, et dans la réalité beaucoup plus. L'armée fait quinze mille prisonniers qui seront pour une part déportés en Algérie.

La Révolution de 1848 est terminée. Le 10 décembre, à l'élection du président de la République au suffrage universel, le prince Louis-Napoléon Bonaparte recueille cinq millions et demi de suffrages, contre dix-huit mille à Lamartine. Les classes riches ont voté pour le prince, les paysans aussi, et même les ouvriers par haine de cette République qui avait fait tirer sur eux.

L'Empire et la Commune

Le 2 décembre 1851, le prince viole la Constitution et fait un coup d'État. De nouveau des fusillades dans Paris : l'armée massacre les républicains et les socialistes qui veulent s'opposer. Dix mille citoyens déportés, quarante mille proscrits, dont Eugène Sue et Victor Hugo. Certains socialistes pourtant, écœurés par l'impuissance de la République, se rallient au nouveau pouvoir, tel Proudhon qui croit un temps que le prince va mener une politique conforme à ses idées.

Bien sûr il n'en est rien. Un an plus tard, Louis-Napoléon Bonaparte proclame l'Empire. Expansion économique, développement de l'industrialisation et de l'urbanisme, mais aussi exploitation redoublée et misère : il y a en 1866 près de trois millions de prolétaires qui travaillent dans les usines et les transports.

Sous l'Empire, les théoriciens du socialisme se taisent ou s'expatrient. Blanqui reste dix-sept ans en prison. Le mouvement ouvrier demeure traumatisé. Cependant, les grèves recommencent dès les années 1860, chez les mineurs, les typographes. Enfin en septembre 1864 à Londres se crée l'Association internationale de travailleurs, la Ire Internationale, d'inspiration proudhonienne. Les survivants du socialisme français y rencontrent les autres socialistes d'Europe et les partisans de Karl Marx. C'est encore une petite organisation : en 1866, la section anglaise, la plus nombreuse, compte vingt-cinq mille membres, et la section parisienne regroupe six cents adhérents dans son local de la rue des Gravilliers, essentiellement des ouvriers du bronze et des étudiants en médecine. Mais en 1870, il y a plusieurs dizaines de milliers d'inscrits à la section française, surtout des ouvriers.

L'Empire se faisait libéral. La révolution et le socialisme semblaient avoir perdu leurs chances. Et voilà que le 19 juillet 1870 Napoléon III déclare la guerre à la Prusse. Pour la France, c'est tout de suite les défaites : perte de l'Alsace et de la Lorraine, la principale armée encerclée dans Metz, puis, le 1er septembre, la capitulation de l'Empereur à Sedan et de la dernière grande armée.

Le 4 septembre, au palais Bourbon, le républicain Gambetta prononce la déchéance de Napoléon III et de sa dynastie devant une foule où dominent les gardes nationaux. Il faut dire que la Garde nationale, qui limitait jusque-là son recrutement à la bourgeoisie, s'était ouverte à tous depuis la guerre, et singulièrement aux ouvriers de Paris.

Comme Lamartine en 1848, Gambetta se rend à l'Hôtel de Ville. Il y empêche ainsi la possible apparition d'un gouvernement dominé par les ouvriers et les groupes socialistes. Il proclame la République et, avec dix autres députés républicains, forme le gouvernement de la Défense nationale présidé par le général Trochu.

Les socialistes affiliés à l'Internationale, les Internationaux comme on dit alors, convoquent des assemblées populaires qui nomment un comité central des vingt arrondissements. Ils revendiquent l'élection d'une municipalité à Paris : la Commune. Mais ils ne se séparent pas encore du gouvernement de la Défense nationale.

Le 18 septembre 1870, les Prussiens achèvent d'investir Paris. Pour la population assiégée, cela signifie la mobilisation de tous les hommes disponibles dans l'armée ou la Garde nationale, peu à peu la disette, les sorties manquées, puis les bombardements, dans un hiver où le thermomètre descend parfois à moins douze degrés.

Le 28 janvier 1871, Paris affamé et épuisé par le siège capitule. La France élit une Assemblée nationale au suffrage universel pour traiter avec l'occupant. Paris vote à gauche, pour Louis Blanc,

Victor Hugo, Garibaldi le révolutionnaire italien venu combattre l'invasion prussienne… La province vote à droite. L'Assemblée nationale comporte une majorité de royalistes. Sans trancher entre la monarchie et la République, elle désigne M. Thiers, ancien ministre de Louis-Philippe et opposant libéral à Napoléon III, comme « chef du pouvoir exécutif ».

Les Prussiens occupent symboliquement les beaux quartiers de Paris pendant trois jours, puis se retirent dans les forts qui cernent la capitale. Puisque l'armée qui défendait la ville est prisonnière, il ne reste alors que la Garde nationale, le peuple humilié mais en armes. Le 18 mars, Thiers veut récupérer les 277 canons de Montmartre et de Belleville achetés par la population pendant la guerre. La Garde nationale appuyée par une foule de femmes et d'enfants s'y oppose, fraternise avec la troupe et fusille deux généraux. Dans la nuit, elle massacre plusieurs gendarmes et sergents de ville. Thiers n'insiste pas : il abandonne Paris aux insurgés.

Chez lui, c'est une vieille tactique. En février 1848, ministre de Louis-Philippe, il avait proposé : « Quittons Paris, Sire, replions-nous à Versailles ou à Saint-Cloud. De là, rassemblons toutes nos troupes et marchons sur Paris. Évidemment l'émeute se concentrera à l'Hôtel de Ville et aux Tuileries, et nous serons obligés de les détruire. Mais sous ces cendres nous ensevelirons celles des républicains, et je brûlerais volontiers dix palais pour écraser une révolution. » Louis-Philippe, qui avait bien des défauts mais n'était pas sanguinaire, avait refusé. En juin 1848, quand l'émeute ouvrière submergea Paris, Thiers rencontrait des ministres et leur expliquait :

« Je m'y connais en insurrections. Sortons de Paris, transportons le gouvernement à Versailles, ou même à Bourges. Nous appellerons l'armée à notre aide.

– Si M. Thiers continue à tenir de tels propos, répondit Cavaignac alors chef de l'exécutif, je le fais fusiller. »

Mais en mars 1871 c'est M. Thiers qui est chef de l'exécutif, et il part se réfugier à Versailles près de l'Assemblée, où il reconstitue une armée capable de combattre l'insurrection.

Le 26 mars, la Garde nationale maîtresse de Paris fait élire une assemblée municipale d'extrême gauche, 78 membres, qui prend le nom de Commune de Paris. Le drapeau rouge flotte sur l'Hôtel de Ville où s'établit le nouveau pouvoir. Les troupes de M. Thiers encerclent la capitale révoltée.

Qui sont les communards ? Avant tout les ouvriers de Paris, car le Paris de 1871 est une ville ouvrière, près de deux tiers des habitants sont salariés. On voit leurs professions dans les élections à la Garde nationale : ouvriers du vêtement, du bâtiment et du textile, mécaniciens, employés des chemins de fer, relieurs, chaisiers, tailleurs de limes, galochiers, plombiers, cloutiers, typographes, prolétaires, employés de l'artisanat ou artisans (il est parfois difficile de distinguer), mais tous travaillent de leurs mains, mal payés, endettés, avec du retard dans les loyers, exaspérés par les souffrances du siège et le déshonneur de la défaite, persuadés qu'ils ont été trahis par leurs dirigeants et que le peuple révolutionnaire, lui, aurait pu l'emporter contre les Prussiens.

Ces hommes ont été pour la plupart enrôlés dans la Garde nationale. Et là, comme le gouvernement s'en méfiait déjà, on ne les a pas engagés contre l'ennemi pendant la guerre, sans toutefois oser les désarmer.

Cela fait donc des mois que la population ouvrière rassemblée, presque inactive avec des fusils et des canons, écoute les militants socialistes, qu'elle critique le pouvoir et les classes dirigeantes. Mais pour la première fois dans une insurrection parisienne du XIXe siècle, les étudiants ne sont pas favorables au mouvement.

Quant aux chefs de la Commune, intellectuels, politiques ou responsables ouvriers, ils se séparent en plusieurs tendances, et ces divergences pèseront sur les décisions et l'action. La multiplication des comités de toute nature ajoutera au désordre de leur pouvoir.

La majorité est encore républicaine comme on l'était en 1793 et rêve de recommencer une fois de plus la Révolution française. Le mot même de Commune de Paris fait référence à la Commune de la Grande Révolution. Ces jacobins veulent créer un Comité de salut public à la façon de Robespierre, et n'hésitent pas à évoquer la Terreur et la dictature contre les ennemis de la patrie, c'est-à-dire tous les modérés, la réaction versaillaise et M. Thiers. Les autres sont socialistes, influencés par Proudhon : ils souhaitent la disparition de l'État, l'apparition de Communes à travers tout le pays et leur libre fédération. À l'inverse de la majorité, ils apparaissent comme anarchistes et décentralisateurs. Et puis l'on compte encore des blanquistes (Blanqui[1], à peine libéré par la République, est aussitôt retourné en prison à Clairvaux) ; enfin quelques marxistes, mal informés du marxisme d'ailleurs, et dont l'influence sera faible. Les femmes, avec Louise Michel et Élisabeth Démitrief, réclament leur émancipation. Elles se sont emparées de trois églises, Notre-Dame de la Croix, Saint-Lambert de Vaugirard et la Trinité.

Comme en 1848, on retrouve les débats dans la rue, les affiches, les clubs, les fêtes, mais tout cela en plus sombre et en plus violent. Il faut imaginer Paris déjà marqué par les bombardements du siège, avec des immeubles défoncés, les rues dépavées. Ici ou là des barricades, des sacs de terre empilés, des canons, et les communards le fusil à l'épaule, coiffés du petit képi de la Garde nationale. Sans parler des prisons, que l'on a remplies « d'ennemis du peuple ». Symbole : le 16 mai 1871, le célèbre peintre Courbet, délégué à la mairie du VIe arrondissement, fait abattre la colonne Vendôme[2], monument bonapartiste surmonté de la statue de Napoléon Ier. On détruit dans la joie la maison de M. Thiers place Saint-Georges[3].

1. Les blanquistes disent « le Vieux » pour parler de Blanqui. Au XXe siècle, c'est Trotski que ses amis nommeront ainsi.

2. Condamné par un conseil de guerre en 1871, Courbet dut payer la réparation de la colonne, ce qui lui coûta 350 000 francs-or, le ruina et abrégea sa vie.

3. Victorieux, M. Thiers fit réédifier sa maison aux frais de la République.

Parmi les journaux qui apparaissent, c'est la gloire du *Père Duchêne*, fils du *Père Duchesne* fondé par Hebert en 1790. Par exemple, le *Père Duchêne* écrit le 14 germinal (car c'est ainsi qu'il nomme le 10 avril en 1871) qu'il est ravi de voir « que les jean-foutres de traîtres ont reçu une pile et que les patriotes s'en vont à Versailles foutre une fessée aux gredins de la ci-devant Assemblée nationale ». Ou il dénonce les bougres « qui conspirent avec les insurgés de Versailles pour foutre les citoyens dans la moutarde ». Ou il propose de prendre les églises et de « foutre au bloc la famille de calotins qui fréquente la boîte. Ça ne fait pas un pli. Et d'un ! Ensuite foutre les scellés partout ! Et puis, quand on a le temps, éclaircir l'affaire ». Tous les révolutionnaires ne parlent pas comme cela. *La Patrie en danger*, organe blanquiste, dit : « Il faut la victoire et des gens qui l'organisent, et, une fois la victoire remportée, des socialistes qui accomplissent la révolution sociale. »

Voici Pierre Denis, un proudhonien : « La Commune est la base de tout État politique, comme la famille est l'embryon des sociétés. Elle doit être autonome, c'est-à-dire se gouverner et s'administrer elle-même suivant son génie particulier, ses traditions, ses besoins. »

Le marxiste : « Le prolétaire, esclave du monde antique, serf d'avant 1789 – trois mots différents, trois termes équivalents – le prolétaire redresse son corps brisé par le travail. Martyr du salariat, cesse de souffrir, tu vas vaincre. Frères du monde entier, debout tous ! Voici l'aube. »

Le républicain jacobin : « Le salut de la France et le triomphe de la Révolution européenne dépendent de Paris. La Commune doit vivre ou périr avec la capitale. »

Enfin un expéditif, qui met cette question claire à l'ordre du jour de son club : « Faut-il fusiller les riches ou simplement leur faire rendre ce qu'ils ont volé au peuple ? »

Pendant les soixante-douze jours durant lesquels elle gouverne Paris, que fait la Commune ?

Elle satisfait les revendications populaires les plus pressantes : elle vote la remise de trois termes de loyer aux locataires, échelonne sur trois ans le remboursement des dettes contractées pendant la guerre, supprime le travail de nuit dans la boulangerie, interdit les amendes et retenues sur salaire, crée des bureaux de placement pour les chômeurs. Elle veut instaurer l'école laïque : à la différence de la révolution de 1848, elle est très anticléricale, ne pardonnant pas au clergé sa soumission à Napoléon III. Elle salue toutes les libertés républicaines, liberté de réunion, d'association, de la presse ; elle brûle la guillotine en public. Elle prend aussi des mesures à caractère socialiste en favorisant les coopératives ouvrières de production et en proposant aux travailleurs de gérer eux-mêmes les ateliers et les usines abandonnées par leurs patrons. Elle réquisitionne les locaux vacants et menace de nationaliser « tous les grands ateliers des monopoleurs ».

Plus tard Marx s'interrogera sur la Commune de Paris, « ce sphinx qui tracasse si fort l'entendement bourgeois ». Il répondra : « Le véritable secret de la Commune, le voici : c'était essentiellement un gouvernement de la classe ouvrière. » Pourtant, cinq mois auparavant, Marx au nom de l'Internationale avait déconseillé toute insurrection aux ouvriers parisiens.

Après viendront, dans la diversité des milieux socialistes, les reproches et les interprétations : la situation n'était pas mûre – ou : la Commune a manqué d'audace – ou encore : elle était privée d'un véritable parti de la classe ouvrière, une organisation disciplinée et unique avec sa théorie scientifique, elle ne pouvait qu'échouer – c'était la dernière révolte d'artisans du XIXe siècle – c'est la première révolution prolétarienne qui préfigure le XXe siècle.

Dans la réalité, la Commune eut à faire face d'abord aux problèmes militaires : contre l'armée versaillaise, elle devait maintenir – avec quelles difficultés – la cohésion de ses troupes. Elle disposait en théorie de 126 bataillons de la Garde nationale, 76 800 hommes plus 3 649 officiers élus. En fait ces chiffres gonflés n'avaient que peu de rapports avec la réalité. Les Parisiens fuyaient leur ville assiégée, et il fallut imaginer la carte d'identité[1] afin que les communards puissent demander à chacun ses papiers et contrôler les déplacements.

L'autre armée, celle de M. Thiers et des Versaillais, comprenait environ cent cinquante mille hommes, anciens soldats de l'armée de l'Est ou prisonniers revenus d'Allemagne.

Le mois d'avril se passe en combats dispersés dans la banlieue de Paris. Les communards tentent une offensive dans la direction de Versailles, ils sont au début de mai repoussés en deçà des forts du Sud (Vanves et Issy).

Le 20 mai dans l'après-midi, les Versaillais pénètrent par surprise dans Paris : un agent des Ponts et Chaussées leur a livré la poterne du bastion 66. Dans la nuit la Commune, prise de court, organise la résistance. Le 21, c'est le début de la semaine sanglante. Les portes de Sèvres et de Versailles ouvertes, l'armée de M. Thiers progresse, rue par rue, malgré une résistance parfois violente mais mal coordonnée. Alors la Commune commet l'acte qui lui sera le plus reproché : elle fait fusiller sans procès cinquante-deux otages « bourgeois » qu'elle gardait dans ses prisons, dont l'archevêque de Paris.

Les Versaillais abattent sur place les communards pris les armes à la main. Selon les historiens et leurs opinions, le nombre des morts varie de six mille à trente mille. De récents travaux anglo-saxons, plus fiables, le fixent aux environs de neuf mille, banlieue comprise[2], ce qui demeure considérable. Dans leur ultime résistance, les communards mettent le feu aux bâtiments. L'Hôtel de Ville, les Archives, l'Assistance publique, la rue de Lille, la rue du Bac, le palais de la Légion d'honneur, le ministère des Finances, la Cour des comptes, la Caisse des dépôts, les Tuileries brûlent : la Seine illuminée coule au milieu de Paris en flammes. On éteint de

1. C'est Jean-Baptiste Clément, l'auteur du *Temps des cerises*, qui inventa la carte d'identité.

2. Voir Robert Thomas, *la Guerre contre Paris, 1871*, Paris, Aubier, 1997.

justesse les incendies du Palais de justice, de la Sainte-Chapelle, de la préfecture de police ; on préserve le Louvre et Notre-Dame.

Les derniers combats se livrent le 27 mai autour du cimetière du Père-Lachaise, et non dans le cimetière lui-même comme le veut une légende tenace. L'armée arrête près de 36 000 personnes, sur lesquelles il y aura 10 137 condamnés : 93 à la peine de mort (23 exécutions), les autres à la déportation ou à la prison. Le mouvement ouvrier et socialiste français en est abattu pour longtemps.

Mais depuis 1880 les socialistes, et plus tard les communistes, ensemble ou séparément, fêtent tous les 18 mars l'anniversaire de la Commune. En 1918, les bolcheviks russes ont dansé dans la neige lorsque les soviets ont célébré le soixante-treizième jour de leur pouvoir : ils avaient déjà tenu vingt-quatre heures de plus que la Commune de Paris.

En juin 1871, l'un des responsables de la Commune réfugiés à Londres, Eugène Pottier, écrit un poème qu'il titre *l'Internationale*. Les ouvriers le chantent pour la première fois en 1888, à la fête des travailleurs de Lille. Ce sera l'hymne des socialistes, des communistes et de tous les révolutionnaires. On connaît les premières strophes et le refrain. Voici le chant dans son entier :

Debout ! les damnés de la terre !
Debout ! les forçats de la faim ;
La raison tonne en son cratère,
C'est l'éruption de la fin.
Du passé faisons table rase,
Foule esclave, debout ! debout !
Le monde va changer de base :
Nous ne sommes rien, soyons tout !

Refrain :
C'est la lutte finale
Groupons-nous et demain

L'Internationale
Sera le genre humain.

Il n'est pas de sauveur suprême :
Ni Dieu, ni César, ni Tribun,
Producteurs, sauvons-nous nous-mêmes !
Décrétons le salut commun !
Pour que le voleur rende gorge,
Pour tirer l'esprit du cachot,
Soufflons nous-mêmes notre forge
Battons le fer quand il est chaud.

(Refrain)

L'État comprime et la loi triche ;
L'impôt saigne le malheureux ;
Nul devoir ne s'impose au riche ;
Le droit du pauvre est un mot creux.
C'est assez languir en tutelle,
L'Égalité veut d'autres lois ;
« Pas de droits sans devoirs, dit-elle,
Égaux, pas de devoirs sans droits ! »

(Refrain)

Hideux dans leur apothéose,
Les rois de la mine et du rail
Ont-ils jamais fait autre chose
Que dévaliser le travail.
Dans les coffres-forts de la bande
Ce qu'il a créé s'est fondu.
En décrétant qu'on lui rende
Le peuple ne veut que son dû.

(Refrain)

Les rois nous saoulaient de fumées,
Paix entre nous, guerre aux tyrans !
Appliquons la grève aux armées,
Crosse en l'air et rompons les rangs !
S'ils s'obstinent, ces cannibales,
À faire de nous des héros,
Ils sauront bientôt que nos balles
Sont pour nos propres généraux.

(Refrain)

Ouvriers, paysans, nous sommes
Le grand parti des travailleurs ;
La terre n'appartient qu'aux hommes,
L'oisif ira loger ailleurs.
Combien de nos chairs se repaissent !
Mais si les corbeaux, les vautours,
Un de ces matins disparaissent,
Le soleil brillera toujours !

(Refrain)

Groupuscules, partis, élections

Comme après juin 1848 et le coup d'État de Louis Bonaparte, le socialisme français semble disparaître après la défaite de la Commune. Les militants et les responsables survivants déportés en Nouvelle-Calédonie ou en exil à Londres, Thiers fait voter des lois sévères : « Toute association internationale qui, sous quelque dénomination que ce soit, et notamment sous celle d'Association internationale des travailleurs, tendra : à provoquer des suspensions de travail ; à abolir le droit de propriété, la famille, la patrie, la religion ou le libre exercice des cultes, est considérée comme constituant, du seul fait de son existence et de ses ramifications sur le sol français, un attentat contre la paix publique. » Les peines vont de trois mois à deux ans de prison, avec de fortes amendes ; cinq ans de prison pour les dirigeants. Quelques syndicats s'organisent cependant, surtout à Paris et dans les métiers traditionnels, bijoutiers, bronziers, mécaniciens, typographes. Ils sont socialistes, ils veulent :

Qu'on donne la terre à qui la cultive
Le navire au matelot
Au mécanicien la locomotive
Au fondeur, le cubilot...
[...] Ouvrier, prends la machine.

On voit l'influence de Proudhon puis celle de Bakounine et de l'anarchisme : le socialisme exproprie et chasse les capitalistes, ces parasites ; les travailleurs gèrent leurs propres affaires, « la mine aux mineurs », « l'atelier sera le gouvernement », l'État est supprimé. Les premiers syndicats croient à l'éducation ouvrière, aux coopératives plus qu'aux grèves et aux barricades.

De leur côté, les groupes politiques du socialisme se reconstituent, mais dans un extraordinaire éparpillement. Les noms des dirigeants fournissent des adjectifs : il y a des socialistes barberetistes, blanquistes, guesdistes, broussistes (ou possibilistes), allemanistes, indépendants de droite ou de gauche, plus tard millerandistes, jauressistes, briandistes, sans compter les vrais et les faux anarchistes. Durant des années, en tentant de s'unir, ces groupes se divisent chaque fois un peu plus.

Mais déjà leurs polémiques nourrissent les grands débats qui vont marquer le socialisme international de la fin du XIXe siècle et du XXe. Réforme ou révolution : le socialisme naîtra-t-il d'une lente évolution et d'un aménagement progressif de la société existante, ou d'un brusque renversement du capitalisme par l'insurrection violente des travailleurs ? Électoralisme ou refus des élections : doit-on présenter des candidats au Parlement et, s'ils sont élus, comment les garder fidèles au socialisme malgré les tentations de la « démocratie bourgeoise » ? Démocratie ou dictature : le socialisme va-t-il s'édifier dans la liberté, ou suppose-t-il pendant une période transitoire la terreur et les restrictions des libertés ? Organisation ou spontanéité : le parti des travailleurs doit-il être centralisé, discipliné et hiérarchisé, ou laisser toute initiative aux groupes de la base ? Lutte économique ou lutte politique : faut-il favoriser la lutte dans les entreprises et les syndicats, ou tout subordonner à la prise du pouvoir et de l'État ? Nationalisme ou internationalisme : peut-on admettre l'existence d'une armée et voter les crédits de la Défense nationale, ou faut-il promouvoir la propagande antimilitariste ?

Bien entendu, chaque groupe a là-dessus une doctrine ferme et polémique avec ses voisins soit sur les principes, soit sur la façon de les appliquer. Quand après l'amnistie de 1880 les anciens communards rentrent en France, ils sont déçus par cet esprit groupusculaire et se reclassent – pas tous d'ailleurs – dans les diverses chapelles.

Au milieu de cette confusion, un homme – Jules Guesde – entreprend méthodiquement de construire un parti socialiste en France. Il réussit presque à l'« immortel Congrès » de Marseille, en 1879, lorsqu'il rassemble cent trente délégués socialistes et ouvriers et fonde la Fédération du Parti des travailleurs socialistes de France. Un an plus tard, les partisans des coopératives et les socialistes modérés le quittent. Deux ans plus tard, les anarchistes s'en vont. Trois ans plus tard, voilà Guesde lui-même qui s'en va, suivi par une minorité, et qui crée un petit Parti ouvrier. Il ne renonce pas. Il croit entraîner le prolétariat sur un thème fondamental : le collectivisme, la nationalisation intégrale des moyens de production. Jules Guesde est marxiste.

Il s'appelle en réalité Mathieu Bazile, il est né en 1845 à Paris dans l'île Saint-Louis, et son père est un professeur réactionnaire, directeur d'un pensionnat libre. À seize ans, Guesde se dit républicain et révolutionnaire. À vingt-six ans il prend parti pour la Commune, sans y participer. Il doit s'exiler, s'installe en Suisse, devient anarchiste sous l'influence de Bakounine : il se montre alors hostile au centralisme de Marx. À trente et un ans, il rentre en France et collabore à la presse d'extrême gauche. Peu à peu, il subit l'influence de ses amis marxistes, s'écarte de l'anarchisme. En 1878, la police l'arrête avec d'autres militants pour avoir tenu une réunion en vue d'un congrès ouvrier international. C'est lui qui parle au nom de ses coïnculpés. Le tribunal le condamne à six mois de prison.

Le voici à trente-cinq ans tel que le décrit un journaliste : « Un homme de taille moyenne, maigre. Il porte de grands cheveux châtain foncé, une grande barbe de même couleur. Un lorgnon posé sur le nez, quand il parle, complète cette physionomie. Le costume n'annonce pas la fortune[1]... La voix, claire et métallique, vibre comme un clairon de bataille ; son éloquence est entraînante, il gesticule en parlant et se penche à la tribune, comme pour magnétiser son auditoire ; il s'exprime dans une langue claire, aux allures scientifiques, en même temps que poétique et imagée. »

La doctrine est simple : les prolétaires, « tombés à l'état d'outils », sont « condamnés à descendre un à un tous les cercles de l'enfer social ». « L'explosion est proche, explique Lafargue, ami de Guesde et gendre de Marx. Il suffira du choc de deux nuages pour déterminer l'explosion au bout de laquelle il y a l'explosion humaine. » Les usines, les instruments de travail, les richesses seront alors arrachés à la « poignée d'oisifs » qui en a « dépossédé les travailleurs » et donnés à la classe ouvrière à travers les nationalisations de l'État ouvrier. Mais attention : un soulèvement inconsidéré, et réprimé par l'armée, « fournirait au capitalisme moribond la saignée populaire dont [il] a besoin pour survivre ». En conséquence, il faut former un parti discipliné et centralisé, afin de retenir les impatiences des prolétaires, les organiser, et être prêt au moment du choc inéluctable gouverné par les nécessités historiques.

De 1882 au début du siècle, Jules Guesde avec le Parti ouvrier français – le POF – allait peu à peu représenter l'une des tendances principales du socialisme et surtout servir la pénétration en France d'un marxisme un peu raide, très déclamatoire dans ses intentions et très strict dans ses moyens.

À l'autre extrême du mouvement arrivent les socialistes indépendants. Ce sont des hommes qui refusent les organisations et les doctrines trop précises. Bientôt cette tendance s'affirme, et singulièrement au Parlement où plusieurs députés radicaux et républicains de gauche se disent socialistes derrière Alexandre Millerand, un avocat connu qui plaidera pour Jules Guesde. En 1892, Jean Jaurès, républicain de gauche, les rallie.

1. Guesde gagne sa vie comme correcteur d'imprimerie.

Dans les livres, on le présente d'ordinaire comme le fils d'un pauvre paysan qui n'aurait dû qu'à ses mérites une carrière universitaire et à son éloquence un siège de député. Ce n'est pas complètement faux. Mais à la vérité le grand-père était professeur de philosophie et maire de Castres. Le père de Jaurès, ruiné dans le commerce, a fini par exploiter avec peine un petit domaine de six hectares. Comme celui de Guesde, le père de Jaurès a des opinions réactionnaires : il se dit royaliste.

En 1885, Jaurès a vingt-six ans ; il est élu député républicain à Carmaux dans le Tarn, pays des mineurs, des verriers et d'une paysannerie misérable. Mais il a été lancé par son cousin l'amiral Benjamin Jaurès, ancien député du Tarn, ancien sénateur, ancien ambassadeur de France, futur ministre de la Marine.

En 1889 Jaurès est battu aux élections ; vers 1892 il évolue vers le socialisme et rencontre Jules Guesde, sans s'entendre avec lui. En 1893, à nouveau député, il défend superbement les mineurs en grève. À la Chambre, on le considère désormais comme le meilleur orateur du socialisme.

Jaurès n'est pas marxiste. S'il croit à la lutte des classes, il se méfie des théories et des schémas rigides, des militants qui s'en remettent aux nécessités historiques, à la « dictature impersonnelle du prolétariat », à la toute-puissance de la violence. Il ne sépare pas le socialisme de la démocratie, il affirme que l'idéal socialiste est contenu dans la République, comme son épanouissement et son complément : « Ce n'est pas par le contrecoup imprévu des agitations politiques que le prolétariat arrivera au pouvoir, mais par l'organisation méthodique et légale de ses propres forces sous la loi de la démocratie et du suffrage universel. »

Jules Renard a connu Jaurès. Dans son *Journal*, il raconte : « Jaurès a l'aspect d'un professeur de quatrième qui ne serait pas agrégé et ne prendrait pas assez d'exercice, ou du gros commerçant qui mange bien. [...] De taille moyenne, carré. Une tête assez régulière, ni laide, ni belle, ni commune. Beaucoup de poil, mais ce n'est que de la barbe et des cheveux. Un nerveux clignement de paupière à l'œil droit... Il a un petit col droit sans bouton, un plastron noir usé et des vêtements râpés. Il a les mains sales. Il ne semble pas s'être débarbouillé. Il mange avec appétit, deux fois de chaque plat : il ne paraît pas en avoir assez. À chaque instant il se mouche bruyamment et crache dans son mouchoir. [...] Je lui demande s'il est sensible aux injures. – Non, dit-il, quand je ne les lis pas.

« Une intelligence très cultivée... À chaque instant il fait intervenir l'histoire... Une mémoire d'orateur toute pleine, étonnante... [Dans les réunions] [...] une simplicité de citoyen qui commence bien son discours par “Citoyens et citoyennes[1]”, mais qui s'oublie quelquefois, dans le feu de la parole, jusqu'à dire : “Messieurs”. Des gestes courts – Jaurès n'a pas les bras longs – mais très utiles. Le doigt souvent en l'air montre l'idéal. [...] Le débit lent, des mots séparés par de grands vides. On a peur : n'est-ce que cela ? Tout à coup, une grande vague sonore et gonflée, qui menace avant de retomber doucement. Il y a une dizaine de vagues de cette ampleur. C'est le plus beau. C'est très beau. [...] Il parle deux heures, et boit une goutte d'eau. »

Les années 1890 connaissent une relance de la combativité ouvrière. D'abord, c'est une période d'expansion économique : moins de chômage, et des batailles pour les salaires et les conditions de travail. Ensuite l'industrie se concentre et se modernise : la métallurgie, la mine emploient une masse croissante d'ouvriers et – chose nouvelle – de très nombreux manœuvres. Le traumatisme de la Commune oublié, la guerre civile de 1871 se transforme en épopée. Le syndicalisme révolutionnaire se développe.

Les grèves sont longues et parfois violentes dans tout le pays, des textiles du Nord aux mines de Carmaux, de Paris à Montluçon. À

1. Dans les partis socialistes français d'avant la guerre de 1914, les militants s'appellent entre eux « citoyen » ou « citoyenne ». Dans les syndicats au contraire, on se nomme « camarade ».

partir de 1888 s'organise chaque 1er mai[1] une manifestation internationale pour la journée de huit heures[2]. Le 1er mai, tous les ouvriers se mettent en grève et défilent dans les rues drapeau rouge en tête, l'armée et la police chargent : c'est une journée de terreur pour les bourgeois et les conservateurs. À Fourmies, en 1891, la troupe tire sur les mineurs, leurs femmes et leurs enfants qui défilent en portant des aubépines et du muguet : neuf ouvriers tués, dont huit ont moins de vingt et un ans. Les soldats ont utilisé pour la première fois le fusil à tir rapide Lebel. Tous les socialistes dénoncent les « massacreurs bourgeois ».

En 1895 se fonde à Paris la Confédération générale du travail, CGT (cinq cent mille adhérents).

Cependant les syndicats et les socialistes français n'entretiennent pas de bons rapports. Par traditions proudhonienne et anarchiste, les syndicats se méfient des partis, y compris des socialistes. Ils croient à la lutte indépendante des ouvriers et critiquent ces politiciens qui viennent parler à leurs troupes après chaque grève et s'efforcer de faire des adhésions. On peut presque dire que, pour le syndicalisme français, toute politique – même socialiste – paraît une politique bourgeoise. À ce titre, Guesde n'est pas mieux traité que Jaurès.

Mais le socialisme se console bientôt dans les batailles électorales. En 1881, toutes les tendances recueillaient moins de 1 % des voix et un seul élu. En 1889, 1,5 %. En 1893, 5 %, Guesde est élu, Jaurès aussi. À la Chambre, avec des radicaux et des républicains de gauche, ils forment un « groupe socialiste » d'une cinquantaine de membres.

1. Le 1er Mai vient des États-Unis : en 1886, les ouvriers font grève pour la journée de huit heures. Des anarchistes posent des bombes à Chicago. La répression est terrible. Chaque 1er mai – bientôt en Europe – on manifeste donc pour l'anniversaire et pour la journée de huit heures.

Pendant soixante ans, ce sera une journée illégale et violente. En 1941, afin de s'éviter des ennuis, le maréchal Pétain a une idée : confondre le 1er mai avec sa fête, la Saint-Philippe, et déclarer la journée chômée. Elle le restera depuis.

2. On travaille encore dix ou onze heures dans les usines, parfois plus.

Vient l'affaire Dreyfus : un capitaine de l'armée française injustement condamné. Jaurès, comme Guesde, ne réagit pas aussitôt à ce que les socialistes considèrent comme un conflit entre bourgeois. Mais en 1897 Jaurès prend le parti de Dreyfus, Zola écrit « J'accuse » un an plus tard. Un front de défense républicaine, des opportunistes – le mot n'est pas péjoratif à l'époque – de Waldeck Rousseau aux radicaux et aux socialistes, se forme face à la coalition des antisémites, des royalistes et de la droite.

1899 : le président du Conseil Waldeck Rousseau appelle pour la première fois un socialiste à un ministère. C'est Alexandre Millerand, ministre du Commerce, de l'Industrie, des Postes et Télégraphes, et par le fait ministre du Travail. Dans le même cabinet siège le général de Gallifet, ministre de la Guerre et ancien Versaillais, fusilleur de la Commune. Guesde et les groupes révolutionnaires s'indignent. Jaurès approuve discrètement Millerand, qui mène une politique sociale au gouvernement. À la Chambre s'impose le bloc des gauches, qui joint les socialistes aux radicaux et aux « opportunistes ». Jusqu'en 1905, Jaurès pèsera sur la politique gouvernementale.

Entre-temps, l'organisation du socialisme français s'est clarifiée. La plupart des groupes et partis du socialisme de gauche se rassemblent dans un Parti socialiste de France (PSDF) dirigé par Guesde, tandis que les socialistes indépendants se regroupent dans un Parti socialiste français (PSF) dirigé par Jaurès. Les deux grandes tendances du socialisme français se rencontrent et, malgré les polémiques, commencent à parler d'unité.

À la fin du XIXe siècle, dans toute l'Europe l'expansion des partis socialistes devient frappante. Le parti socialiste allemand (SPD) s'est unifié en 1875 au Congrès de Gotha. C'est le modèle du parti marxiste bien organisé. Il a encouragé la création de syndicats et de coopératives qu'il contrôle. Aux élections, il recueille cinq cent mille voix en 1877, un million et demi en 1890, trois millions en 1905, plus de quatre millions en 1912.

En Angleterre à l'inverse, les syndicats ont créé leur propre organisation politique, le Parti travailliste (1900). Il y a près de deux millions de syndiqués, de grandes grèves, un socialisme réformiste et pragmatique – et vingt-neuf élus en 1906, ce qui fait sensation dans l'Angleterre des conservateurs et des libéraux. D'autres partis socialistes apparaissent en Belgique, en Espagne, en Italie, en Suisse, en Autriche, en Hollande, en Suède, en Russie...

1891 : la IIe Internationale naît en présence de Engels. La Ire Internationale s'était défaite dans une querelle entre marxistes et anarchistes. La Deuxième adopte le marxisme comme doctrine officielle. Huit ans après la mort de Marx, elle constitue en son nom le rassemblement du prolétariat au-delà des nations, et le parti allemand y joue un rôle prépondérant.

On comprend l'enthousiasme des premiers théoriciens et militants du mouvement ouvrier. Ces hommes avaient connu la prison, l'exil, les réunions clandestines ; ils avaient rédigé des manifestes d'autant plus violents qu'ils étaient peu lus. Moins d'un demi-siècle plus tard, ils dirigent les plus formidables organisations politiques de la société moderne. L'Histoire justifie leur doctrine. En 1895, quelques mois avant sa mort, Engels décrit la marche du socialisme : « Alors (en 1848), c'était encore la pléiade des évangiles fumeux de petits groupes avec leurs panacées, aujourd'hui c'est la seule théorie de Marx universellement reconnue, d'une clarté lumineuse et qui formule de façon décisive les fins dernières de la lutte ; alors c'étaient les masses séparées et divisées selon les localités et les nationalités, unies seulement par le sentiment de leurs souffrances communes, peu évoluées, ballottées entre l'enthousiasme et le désespoir ; aujourd'hui c'est la seule grande armée internationale des socialistes, progressant sans cesse, croissant chaque jour en nombre, en organisation, en discipline, en clairvoyance et en certitude de victoire. »

1904 : l'Internationale presse les partis socialistes français de s'unifier. En 1905, le Parti socialiste de France et le Parti socialiste français, Guesde et Jaurès, se rencontrent salle du Globe, boulevard de Strasbourg à Paris. Ils créent ensemble le Parti socialiste, section française de l'Internationale ouvrière (SFIO). La charte du parti, fortement influencée par le marxisme, parle d'action de classe et s'écarte des conceptions réformistes. Pour Jaurès, c'est apparemment une défaite politique. Mais il a de tout temps voulu l'unité, et cela l'emporte chez lui sur l'idéologie. Le quotidien *l'Humanité*, qu'il a fondé un an plus tôt, devient l'organe du nouveau parti.

1905-1906 : une révolution secoue l'Empire russe, installe à Petrograd des soviets présidés par Léon Trotski. On parle de Lénine, qui a divisé le socialisme russe en créant un petit parti bolchevik. Les grèves touchent également l'Europe, la France où Clemenceau[1] réprime le mouvement, l'Allemagne où le parti socialiste craint même d'être débordé par sa base. Les grèves retombent, l'Empire russe se rétablit. Malgré tout le socialisme continue sa poussée. Dans les années 1910, les partis de la IIe Internationale représentent trois millions et demi d'adhérents dans le monde entier, ils étendent leur influence sur sept millions de coopérateurs, onze millions de syndiqués, près de douze millions d'électeurs.

1. Homme de gauche, Clemenceau, « premier flic de France », brise très durement les grèves. Mais – détail sans doute unique dans l'histoire de la police française – il interdit les passages à tabac dans les commissariats.

L'effondrement

Le 16 juillet 1914, Jaurès a fait voter une motion au Congrès extraordinaire du parti socialiste : « Entre tous les moyens employés pour prévenir et empêcher la guerre [...], le Congrès considère comme particulièrement efficace la grève générale ouvrière, simultanément et internationalement organisée dans les pays intéressés, ainsi que l'agitation et l'action populaire, sous les formes les plus diverses. »

L'extrême droite attaque une fois de plus Jaurès, qui reçoit des brassées de lettres de menaces et d'injures. *L'Action française* écrit : « Chacun sait que M. Jaurès, c'est l'Allemagne. »

La guerre entre la France et l'Allemagne : on l'avait déjà redoutée en 1912. Cette fois, le 28 juin 1914, l'archiduc François-Ferdinand, héritier de l'Empire austro-hongrois, a été assassiné à Sarajevo. L'Autriche tient la Serbie pour responsable, l'Allemagne est l'alliée de l'Autriche, la Russie l'alliée de la Serbie, la France l'alliée de la Russie. Que les hostilités commencent en Europe centrale et toutes les grandes puissances continentales se trouveront entraînées.

Les socialistes français et allemands ne croient pas trop à la guerre : la classe ouvrière ne se laissera pas mobiliser, pensent-ils, la guerre donnerait le signal de la révolution ; les gouvernements hésiteront. Fin août doit s'ouvrir à Vienne un congrès de l'Internationale consacré à la paix et à la lutte contre l'impérialisme.

Le 23 juillet, l'Autriche lance un ultimatum brutal à la Serbie.

Jaurès parle à Lyon : « Chaque peuple paraît à travers les rues avec sa petite torche à la main, et maintenant voilà l'incendie. [...] Citoyens, je dis ces choses avec une sorte de désespoir, il n'y a plus, au moment où nous sommes menacés de meurtre et de sauvagerie, qu'une chance pour le maintien de la paix et le salut de la civilisation : c'est que le prolétariat rassemble toutes ses forces, tous les prolétaires français, anglais, allemands, italiens, russes, et nous demandons à ces milliers d'hommes de s'unir pour que le battement unanime de leurs cœurs écarte l'horrible cauchemar. »

Le 27 juillet, les socialistes allemands regroupent des dizaines de milliers de sympathisants et de militants dans de grands meetings pour la paix. À Paris, la CGT organise une manifestation sur les boulevards, tandis que d'autres manifestants crient chaque soir :

« On les aura !

– Guillaume n'a qu'à bien se tenir !

– À Berlin ! »

À Berlin les nationalistes répondent : « Nach Paris ! »

Le 29 juillet à dix heures le Bureau socialiste international se réunit à Bruxelles : Jaurès et Guesde pour la France, Haase et Rosa Luxemburg pour l'Allemagne, et des représentants de toute l'Europe. En sortant, Jaurès dit : « Nous aurons encore des hauts et des bas, mais cette crise se dénouera comme les autres. » Le même jour la Russie mobilise vingt-trois divisions.

Le 30 juillet, Jaurès rencontre Jouhaux, le responsable de la CGT : ils s'accordent pour joindre leurs efforts en faveur de la paix. Pour la première fois, le parti et le syndicat envisagent une franche unité d'action.

Le 31 juillet au soir, Jaurès dîne au Café du Croissant, tout près de son journal *l'Humanité*. Il est assassiné de deux coups de revolver par un détraqué isolé et nationaliste, Raoul Villain.

Le 1er août 1914, Guillaume II déclare la guerre à la Russie. La France décrète la mobilisation générale. Les socialistes français, atterrés par la mort de Jaurès et le conflit tout proche, reçoivent

Hermann Müller, délégué du parti socialiste allemand. « Les députés de notre parti ne voteront pas les crédits de guerre, dit Müller. Que le parti français les refuse lui aussi. »

Le 3 août, l'Allemagne déclare la guerre à la France. La majorité des socialistes allemands, retournée en deux jours, vote les crédits de guerre. À l'unanimité, et sans explications, les socialistes français en font autant.

Le 4 août, aux obsèques de Jaurès, un grand drapeau tricolore flotte au milieu des drapeaux rouges avec ce mot : Valmy. Vaillant, le vieux communard, dit : « En présence de l'agression allemande, les socialistes accompliront tout leur devoir pour la Patrie, pour la République et pour la Révolution. » Gustave Hervé, le gauchiste, l'ultra de l'antimilitarisme, change le titre de son journal : *la Guerre sociale* devient *la Victoire*.

Le 26 août, deux socialistes SFIO entrent au gouvernement : Jules Guesde, ministre d'État, et l'ancien blanquiste Marcel Sembat, ministre des Travaux publics[1]. Vaillant ajoute : « Avec l'Empire allemand, tout autre contact que celui de la bataille est, par la force des choses, devenu impossible. » À la Chambre, il se réconcilie avec le Versaillais Albert de Mun.

Une formidable poussée de nationalisme a emporté les classes ouvrières française et allemande ; les partis et les syndicats oublient leurs mots d'ordre, leurs promesses, l'Internationale et suivent avec enthousiasme. Au gouvernement, avec un patriotisme inspiré de la Révolution française et de 1793, le Parti socialiste français fait la guerre. La IIe Internationale s'efface.

Comment l'expliquer ? La force révolutionnaire du socialisme européen de 1914 n'était plus qu'apparences : on parlait de lutte de classes et du grand soir, mais depuis des années cela se traduisait surtout par une politique électorale. Le socialisme allemand ou français avait trouvé sa puissance non pas contre la démocratie

1. Il prend un ami de Jaurès, Léon Blum, comme chef de cabinet.

bourgeoise mais en elle, au Parlement, dans les municipalités, dans les journaux, par les réformes qu'il avait obtenues et les lois sociales qu'il avait fait voter. Les énormes organisations militantes, les syndicats, les coopératives s'étaient peu à peu intégrés. Le prolétariat s'était transformé, plus nombreux, moins qualifié, moins autonome, dans une société où finalement les salaires avaient sensiblement augmenté.

Énergique en paroles, réformiste dans son comportement quotidien, la IIe Internationale vivait la révolution comme une promesse lointaine, une récompense qu'apporterait à coup sûr une histoire mythique. Elle n'a pas résisté à l'Histoire réelle et au choc des nationalités.

En Russie, les révolutions de février et d'octobre 1917

La guerre dure depuis trois ans. Chez les socialistes il n'y a plus d'enthousiasme mais, à part de petites minorités qui espèrent encore dans un retour de l'internationalisme, la SFIO continue de soutenir la politique du gouvernement.

En 1915, Marcel Cachin, guesdiste et futur dirigeant du Parti communiste français, est allé exhorter les Italiens à entrer dans le conflit aux côtés de la France. Il a beaucoup encouragé un jeune militant socialiste, plus antiallemand que ses camarades. Ce jeune militant socialiste s'appelait Benito Mussolini.

En 1915 également, des révolutionnaires et des pacifistes de plusieurs pays se sont réunis à Zimmerwald en Suisse. Ils ne sont pas tombés d'accord entre eux : la plupart voulaient lutter pour la paix et restaurer la IIe Internationale ; et une minorité dans cette minorité, entraînée par Lénine, souhaitait créer une nouvelle Internationale ultra-disciplinée qui relancerait l'action révolutionnaire.

La révolution, personne n'y croit en Europe lorsque, le 8 mars 1917, les femmes russes manifestent à Petrograd pour la « Journée internationale de la femme ». Elles réclament du pain. Elles appellent les hommes à les rejoindre. Le lendemain, il y a deux cent mille ouvriers en grève, les soldats refusent d'intervenir. Deux jours plus tard, des régiments se soulèvent et les premiers conseils – soviets – d'ouvriers et de soldats se constituent. La semaine suivante le tsar abdique.

Le gouvernement provisoire, d'abord dirigé par des « libéraux constitutionnels », tombe aux mains des socialistes révolutionnaires (parti bien implanté dans la paysannerie, et relativement modéré) et des travaillistes dirigés par Kerenski.

Au cours du printemps et de l'été 1917, des soviets se forment un peu partout à l'image du soviet de Petrograd et commencent à s'emparer des pouvoirs que le gouvernement provisoire se montre de plus en plus incapable d'exercer. Là s'affrontent les deux tendances du mouvement socialiste russe jadis rattaché à la IIe Internationale : les mencheviks, majoritaires restés fidèles au vieux marxisme ; les bolcheviks maximalistes qui, avec Lénine, ont transformé leur parti en une organisation révolutionnaire hiérarchisée et disciplinée, prête à tout pour établir la dictature du prolétariat.

Les généraux de droite échouent à reprendre le pouvoir. Devant l'armée allemande, l'armée russe se défait sous la propagande pacifiste des bolcheviks. Lénine, menacé d'arrestation, se réfugie en Finlande.

Lénine pense que la Russie entre dans cette situation que définit sa théorie : celle de la crise révolutionnaire, quand « ceux d'en haut ne peuvent plus commander et ceux d'en bas ne veulent plus être commandés ». La propagande bolcheviste, soutenue par une diffusion massive de journaux et de pamphlets, se révèle particulièrement efficace chez les ouvriers et les soldats : elle promet la paix, la terre aux paysans, le pouvoir aux ouvriers.

En septembre, les bolcheviks obtiennent la majorité dans les soviets de Petrograd et de Moscou, les deux capitales de l'empire. Lénine presse le Comité central de son parti : il faut s'emparer du pouvoir par la force. Le 6 novembre[1], Trotski et le Comité militaire

1. Le 24 octobre selon le russe.

s'assurent presque sans combat des principaux bâtiments publics de Petrograd.

Voici le récit d'un témoin. Le capitaine Sadoul, avocat avant la guerre et militant SFIO, écrit en France au ministre socialiste de l'Armement : « Le mouvement bolchevique s'est déclenché cette nuit. De ma chambre, j'ai entendu le bruit lointain de quelques fusillades. [...] Heure par heure, nous apprenons que les gares, la banque d'État, le télégraphe, le téléphone, la plupart des ministères sont tombés successivement aux mains des insurgés. Que font donc les troupes gouvernementales ?

« [...] Rentrant à la Mission après déjeuner, je me heurte à quatre barricades défendues par de forts détachements bolcheviques... gouvernementaux ? Impossible de le savoir. Les soldats le savent-ils eux-mêmes ? Interrogé par un camarade, l'un d'eux répond qu'il a été placé là par le comité de son régiment, mais il ne peut pas préciser s'il attaque ou s'il défend le gouvernement provisoire [...].

« Tous les carrefours sont surveillés par les gardes rouges. Des patrouilles circulent de tous côtés, quelques autos blindées passent rapidement. De-ci de-là, des coups de feu. Au premier bruit, la foule nombreuse des badauds détale, se couche, s'efface le long des murs, se tasse sous les portes, mais la curiosité est la plus forte et bientôt on va voir en riant. Devant l'institut Smolny, de nombreux détachements, garde rouge et armée régulière, protègent le Comité révolutionnaire. Des automitrailleuses dans les jardins. Entre les colonnes de la façade, quelques canons. La porte est sévèrement barrée. Grâce à ma carte d'entrée au Soviet des paysans, je fais plier la résistance des tovaritchs et je pénètre. L'institut Smolny, long bâtiment banal fin XVIIIe siècle, était sous l'ancien régime un lycée de jeunes filles de l'aristocratie. Les vastes couloirs blancs et crème sont encombrés d'une foule militante et triomphante, camarades et soldats. Immédiatement j'entre en contact avec Steklov, Kamenev, Lapinski, etc., heureux, affairés et parlant français. Ils me reçoivent fraternellement et répondent abondamment aux questions les plus indiscrètes. Ils me content leurs succès. Toute la garnison de Petrograd est avec eux, à l'exception de quelques centaines de cosaques, de junkers et de femmes. Toutes les administrations sont entre leurs mains. Le gouvernement provisoire est assiégé dans le Palais d'Hiver. Il aurait été fait prisonnier déjà si le Comité révolutionnaire avait voulu user de violence, mais il faut que la seconde révolution ne fasse pas couler une seule goutte de sang. Beaux espoirs mais bien difficiles à réaliser.

[...] Je vais rendre compte à la Mission, puis je retourne à Smolny. Il est 22 heures. Sur la place du Palais d'Hiver une fusillade violente. Le comité s'est-il déjà résigné à la bataille ?

[...] Les bolcheviks sont de plus en plus enthousiastes. Les mencheviks, quelques-uns au moins, font triste figure. Ils sont sans confiance. Ils ne savent à quoi se résoudre. Il n'y a vraiment, dans tout ce personnel révolutionnaire, que les bolcheviks qui semblent être des hommes d'action, pleins d'initiative et d'audace. »

Le 7 novembre vers deux heures du matin, les ministres de Kerenski se rendent. Un nouveau gouvernement est constitué : le Soviet des commissaires du peuple. Lénine le préside avec Trotski comme ministre des Affaires étrangères. Il abolit la propriété foncière, propose la paix séparée à l'Allemagne, nationalise les banques, réquisitionne les coffres. Le traitement des fonctionnaires est réduit. La Tcheka, police politique, s'installe dans les caves de l'institut Smolny.

Les soldats reviennent du front, dans des milliers de trains ; ils révolutionnent les campagnes et les villages, brûlent et pillent, rejoignent les ouvriers et les mots d'ordre bolcheviques. Pour le monde entier, scandalisé ou interrogatif, c'est après la Commune la première révolution prolétarienne de l'Histoire. Il y a bientôt des enthousiastes.

À Pétersbourg, le gouvernement bolchevique élimine du pouvoir tous les autres partis socialistes et assume l'effondrement de la vieille Russie. La guerre civile commence.

Échec de la révolution européenne

En France comme en Russie, des soldats refusent de monter au front. Dès le mois d'avril 1917, fatigués, démoralisés, certains se sauvent avant l'attaque ou se cachent. Les mutins sont jeunes, comptables, employés, boulangers, cultivateurs, ils viennent de toutes les provinces. Ils vont affronter pour la première fois un tribunal. Puis la rébellion se répand. Des rassemblements se forment, les gendarmes interviennent ; on voit des drapeaux rouges, on entend *l'Internationale*. À Ville-en-Tardenois, des soldats molestent un général.

Trente à quarante mille militaires français se mutinent ainsi en 1917. 10 % d'entre eux passent devant les conseils de guerre, 55 sont exécutés, 1 500 déportés aux colonies. Répression mais aussi amélioration de l'ordinaire du soldat, le général Pétain étouffe la rébellion.

La démoralisation des troupes allemandes paraît plus profonde. Après les défaites de 1918, l'armée de Guillaume II se débande par régiments entiers. Les soldats, oubliant toute discipline prussienne, se lèvent contre leurs officiers ou jettent leurs armes. Les matelots de Kiel, les ouvriers de Berlin et des grandes villes s'insurgent. Guillaume II abdique le 9 novembre 1918. Les dirigeants socialistes proclament la République allemande. La paix est signée le 11 novembre.

Des « républiques rouges », éphémères et violentes, se créent au nord et au sud de l'Allemagne.

L'Europe sort de la guerre, partout des révolutions l'agitent. Le bolchevique Bela Kun règne cent trente-trois jours en Hongrie. En Italie, les grèves se succèdent, les ouvriers occupent les usines, et Mussolini, l'ancien socialiste, organise à l'extrême droite le mouvement des « faisceaux », qui deviendra le fascisme et prendra le pouvoir en 1922.

L'Allemagne semble elle aussi emportée par la révolution. Une assemblée constituante élue donne la majorité aux socialistes modérés. En janvier 1919, la fraction révolutionnaire – le groupe Spartakus – tente de s'emparer du pouvoir. Les socialistes modérés font donner l'armée contre les révolutionnaires et écrasent l'insurrection. Les dirigeants spartakistes, Karl Liebknecht et Rosa Luxembourg, sont assassinés. Les grèves et les manifestations de rue continuent.

En mars 1919, Lénine crée une IIIe Internationale, le Komintern, qui incite tous les révolutionnaires à se séparer des socialistes et à se regrouper dans des partis communistes.

La France est touchée à son tour. Le 6 avril, trois cent mille personnes manifestent à Paris contre l'acquittement de l'assassin de Jaurès, Raoul Villain. Des soldats démobilisés viennent jeter leurs médailles au pied de la statue de Jaurès. Puis les manifestations se multiplient, s'aggravent, dégénèrent souvent. Pour le seul mois d'avril 1919, on compte 47 agents et 19 inspecteurs de police tués. On apprend que les équipages de l'escadre française envoyée en mer Noire combattre les soviets se sont mutinés : ils ont corrigé leurs officiers et rencontré des bolcheviks russes.

Le 1er mai, malgré l'apaisement que cherchent le parti socialiste et la CGT, une grande démonstration ouvrière tourne à la bataille. Il y a des barricades, un député socialiste gravement blessé, les soldats fraternisent avec les manifestants. On décompte 470 policiers blessés, et 600 gardes républicains, enfin un jeune ouvrier tué, dont les obsèques réuniront plusieurs centaines de milliers de personnes.

Les grèves se poursuivent. Le patronat exaspéré joue la provocation : il pousse au conflit pour lasser l'opinion, repérer les militants et mieux réprimer ensuite. Jouhaux, secrétaire général de la CGT, le sait ; il essaie de freiner, se fait conspuer et déborder par sa base. Grèves dans la métallurgie, dans le bâtiment, dans les chemins de fer, dans les usines de textile du Nord, chez les camionneurs à Bordeaux, chez les ouvriers coiffeurs à Nice... Quelques syndicats révolutionnaires se baptisent « Soviets » pour la circonstance. On parle de Verdun social.

Le gouvernement laisse se développer les arrêts de travail dans le métro et les tramways de Paris puis casse le mouvement en faisant conduire les transports en commun par les élèves des Grandes écoles entraînés à la hâte. Il menace la CGT de dissolution et fait arrêter des responsables ouvriers.

Fin juin, les grèves se terminent sans autre résultat qu'une répression très dure. Dans les chemins de fer, les compagnies vont jusqu'à licencier dix-huit mille cheminots pour fait de grève. De la retenue de salaire à la mise à pied définitive, il y a des sanctions pour chaque cas.

En novembre 1919, après une campagne électorale violemment antibolchevique, la France nomme l'une des assemblées les plus à droite de son histoire, la Chambre bleu horizon dominée par le « Bloc national ». Rien n'est stabilisé pour autant : crise de la famille ébranlée par les séparations et les morts de la guerre, émancipation de la femme (Victor Margueritte publie son fameux roman *la Garçonne* et on lui retire sa Légion d'honneur), crise de la culture académique avec l'explosion du dadaïsme puis du surréalisme dans la littérature et la peinture.

La gauche socialiste lance à Paris un Comité pour l'adhésion à la IIIe Internationale.

Communistes et socialistes

25 décembre 1920 : le parti socialiste réunit son Congrès à Tours. Faut-il reconstruire la IIe Internationale, la rénover avec les mêmes partis, tirer la leçon de la guerre ? Ou rallier la IIIe Internationale ? Dans les sections, les discussions ont été vives et embrouillées. On rapporte qu'un vieil ouvrier s'est levé après un long débat théorique :

« Je n'y comprends rien. L'Internationale de Lénine, laquelle est-ce ?

– La Troisième.

– Alors c'est la mienne. »

Les trois quarts des délégués au Congrès se révèlent favorables à la révolution russe. Le dernier quart veut maintenir la SFIO. L'œuvre de Jaurès, l'unité, va se défaire.

Pour accepter l'adhésion du parti français, les dirigeants bolcheviques russes posent 21 conditions. D'après celles-ci, le parti doit :

1. *Placer sa propagande et sa presse entre les mains de communistes sûrs.*
2. *Écarter tous les réformistes des postes de responsabilités.*
3. *Organiser un appareil clandestin insurrectionnel.*
4. *Mener une agitation antimilitariste systématique.*
5. *Mener une agitation systématique dans les campagnes.*
6. *Dénoncer le « social-patriotisme » et le « social-pacifisme », prôner la transformation de toute guerre impérialiste en guerre révolutionnaire.*
7. *Rompre avec tous les partis réformistes et centristes.*
8. *Soutenir dans les faits les mouvements d'émancipation des colonies.*

9. Former des noyaux communistes dans les syndicats ; ces noyaux communistes doivent être complètement subordonnés au parti.
10. Combattre l'Internationale des syndicats (réformiste) et soutenir la nouvelle Internationale des syndicats rouges.
11. Épurer le groupe parlementaire.
12. S'organiser selon les principes du centralisme démocratique et établir une « discipline de fer ».
13. Épurer périodiquement les cellules de leurs éléments « petits-bourgeois ».
14. Soutenir sans réserve toutes les républiques soviétiques.
15. Élaborer un nouveau programme dans l'esprit de l'Internationale communiste.
16. Accepter d'avance toutes les décisions de l'Internationale communiste et de son Comité exécutif installé à Moscou.
17. Prendre le nom de Parti communiste, section de l'Internationale communiste.
18. Imprimer tous les documents importants du Comité exécutif de l'Internationale.
19. Convoquer un congrès extraordinaire pour se prononcer sur les 21 conditions.
20. Veiller à ce que les deux tiers des organismes dirigeants soient entre les mains des camarades qui se sont déclarés les premiers en faveur de l'adhésion à l'Internationale communiste.
21. Exclure les adhérents qui refusent ces conditions.

Telle est donc en 1920 la définition obligatoire d'un parti communiste. La SFIO, forte de son passé et des traditions révolutionnaires françaises, demande aux Russes de tempérer le texte. Lénine refuse catégoriquement. Au Congrès de Tours, la majorité menée par Cachin et Frossard[1] décide de rompre avec la minorité et de bâtir un parti communiste.

1. Ludovic-Oscar Frossard, ancien guesdiste, sera le premier secrétaire général du Parti communiste français. Exclu pour son appartenance à la franc-maçonnerie, il

La majorité mobilise la plupart des adhérents jeunes, les fédérations paysannes, les combattants des grèves de 1919. La minorité rassemble les partisans de Jaurès, les cadres guesdistes, et Guesde lui-même, les anciens dirigeants. Reste une petite fraction, dirigée par Longuet, qui voudrait une adhésion « avec réserve » à l'Internationale communiste.

Au nom de la minorité, Léon Blum prend la parole. Son discours est resté célèbre ; il défend les thèses de Jaurès, la liberté dans le parti : « Vous, dit-il aux majoritaires, ce n'est plus l'unité que vous cherchez, c'est l'uniformité, l'homogénéité absolues. Vous ne voulez dans votre parti que des hommes disposés non seulement à agir ensemble, mais encore prenant l'engagement de penser ensemble : votre doctrine est fixée une fois pour toutes ! *Ne varietur !* Qui ne l'accepte pas n'entre pas dans votre parti ; qui ne l'accepte plus devra en sortir. Vous pensez, profitant d'une circonstance favorable, entraîner derrière vos avant-gardes les masses populaires non communistes, non averties de l'objet exact du mouvement, mais entretenues par votre propagande dans un état de tension passionnelle suffisamment intense. C'est bien là votre conception. Avec cela, qu'est-ce que le blanquisme a fait ? Pas grand-chose... Dictature d'un parti, oui, dictature d'une classe, oui, dictature de quelques individus, connus ou inconnus, cela, non. Nous sommes convaincus, jusqu'au fond de nous-mêmes que, pendant que vous irez courir l'aventure, il faut que quelqu'un reste garder la vieille maison. Sachons nous abstenir de mots qui blessent, qui déchirent, des actes qui lèsent, de tout ce qui serait déchirement fratricide. [...] Malgré tout, restons des frères, des frères qu'aura séparés une querelle cruelle, mais une querelle de famille, et qu'un foyer commun pourra encore réunir. »

---

retournera à la SFIO puis se fera « socialiste indépendant » et, cheminant de plus en plus vers la droite, finira comme ministre de Pétain en 1940. Son fils André, journaliste catholique et modéré, fut l'auteur d'un livre célèbre, *Dieu existe, je l'ai rencontré*.

Le lendemain arrive un télégramme de Zinoviev qui, au nom de l'Internationale communiste, injurie et exclut les délégués qui tentaient de préserver l'unité du parti ou d'adhérer « avec réserve » aux thèses bolchevistes.

Le 29 décembre à dix heures du soir, les délégués votent l'adhésion par 3 028 mandats contre 1 022 aux positions de Léon Blum. Il y aura désormais deux partis opposés : le Parti communiste français, SFIC (Section française de l'Internationale communiste) et le Parti socialiste SFIO (Section française de l'Internationale ouvrière).

Le PCF garde *l'Humanité* pourtant fondée par Jaurès, grâce à l'ancien communard Camélinat, détenteur d'une partie des actions et favorable au bolchevisme.

Sortant du Congrès de Tours, le Parti communiste français avait cent dix mille adhérents, la SFIO quarante mille. Un an plus tard, grand désordre dans le PCF : s'y combattent une « gauche », une « droite », un « centre », bientôt un « centre de gauche » et un « centre de droite », et même des centristes « centristes ». En 1922-1923 le parti perd son aile droite et en 1925-1927 son aile gauche. Il se fait constamment tancer et rectifier par l'Internationale communiste. Il réussit mal, manque ses campagnes, sème ses adhérents et ses intellectuels, exclut ses dirigeants, se bolchevise péniblement.

Il entraîne une scission minoritaire de la CGT, une CGTU (U pour « unitaire ») qui se débat avec les anarchistes et les anarcho-syndicalistes avant de se laisser soumettre.

Les résultats aux élections s'en ressentent : près de neuf cent mille voix en 1924, plus d'un million en 1928, moins de huit cent mille en 1932 : vingt-six, puis quatorze, puis douze députés.

C'est que le PCF pratique la tactique « classe contre classe ». Aux élections, refusant toute alliance, il se bat seul, désignant le parti socialiste comme le « principal soutien social de la bourgeoisie » : « social-traîtres », « social-dingues ». Il maintient ses candidats au second tour contre les autres candidats de gauche, quitte à faire passer la droite. Aux militants socialistes, le parti propose l'unité d'action à la base : « Dans nos rapports avec le PS, il faut s'en approcher et s'en éloigner successivement, dit Trein, secrétaire général en 1923-1924, comme la main s'approche et s'éloigne de la volaille à plumer. »

On change de stratégie selon l'équilibre des tendances et les injonctions de l'Internationale, plus violentes un jour, plus accommodantes le lendemain – toujours avec sectarisme. En 1923, les effectifs du parti tombent à cinquante-six mille adhérents, une moitié de départs depuis Tours, et à trente-huit mille en 1930.

Cette année-là, écartant une fois de plus la direction du parti, l'Internationale favorise au sein du PCF l'ascension d'un nouveau dirigeant : Maurice Thorez.

La SFIO de Léon Blum

« Buvez du Popu, c'est un apéritif naturel. J'ai assez trimé dans mon petit lopin de vigne pour soigner les raisins et faire la vendange. Aujourd'hui je suis payé de mes peines, puisque je peux vous dire : Buvez-en sans crainte, camarades. Popu, le grand apéritif rouge. »

Un ouvrier dessiné tend son verre, dans une publicité reproduite par *le Populaire*, quotidien du parti socialiste. La SFIO est une famille : on boit du Popu, on se retrouve une fois par semaine dans les sections, on aime ses dirigeants.

Voici Paul Faure, le secrétaire général venu du guesdisme, le « chef », le « cœur du parti » : « [...] son éloquence fougueuse a rassemblé, dans les jours mauvais, les socialistes épars ». « Il a tenu le gouvernail. »

Voici Léon Blum, jauressiste, secrétaire du groupe parlementaire, directeur du *Populaire* : « Artiste, juriste, l'une des plus grandes intelligences de son temps... Cravaté, chapeauté de noir, il ne pouvait se défaire d'une apparence de délicatesse. »

La petite SFIO du Congrès de Tours s'est très vite reconstituée en un grand parti socialiste : dix ans plus tard, elle a récupéré la plupart des militants qui avaient suivi d'abord le PCF, elle a près de cent mille adhérents.

En 1931, Paul Faure raconte : « Sortant de Tours, nous avions le cœur meurtri, l'âme ulcérée autour du drapeau déchiré... En face de nous, et hélas ! contre nous, le Parti communiste... Derrière lui, la classe ouvrière presque tout entière, et toute la jeunesse. [...] Mais, à défaut des masses au cœur mobile, il nous restait des cadres éprouvés, un noyau de militants sûrs, formés, mûris par vingt et trente années de luttes, une phalange irréductible et héroïque. [...] Nous avons tenu tête à l'orage, nous n'avons pas désespéré, nous disant que ceux que la mystique nous avait pris, la raison nous les rendrait. Nous avons eu raison d'avoir confiance en la raison. [...] Aujourd'hui tout est bien changé. Nous sommes redevenus le grand parti d'avant la guerre. »

Blum affirme : « Nous resterons ce que nous sommes, nous continuerons à propager le socialisme tel que nos maîtres l'ont fait. »

Paul Faure : « Notre parti est resté fidèle à lui-même et a repoussé toute idée d'une révision de nos doctrines. Il est, en un mot, resté un parti de lutte des classes. »

On déteste le communisme, on parle toujours de la « criminelle scission », des « ravages bolchevistes » : « la Russie porte témoignage contre le socialisme » et les bolcheviks français « sont réduits à n'être qu'une petite secte asservie ».

Tous les ans, les délégués du parti socialiste se retrouvent dans les congrès. Tendances – une droite, un centre, deux ou trois gauches –, querelles, grands discours sous les drapeaux rouges et les trois flèches[1], moments d'unité et d'émotion, un climat bien particulier que détaille *le Populaire*.

Par exemple, le Congrès de Nancy en 1929 : « Les camarades de Nancy ont bien fait les choses. Ils ont installé notre Congrès dans une belle salle spacieuse, bien aérée, où la lumière pénètre à flots par de grandes verrières, une belle lumière blonde et dorée à rendre jaloux nos camarades du Midi. [...] Dès dix heures, lorsque notre camarade Charles-André Doley prend la parole pour nous

1. Symbole du parti, emprunté aux socialistes allemands : une flèche anticapitaliste, une flèche antimilitariste, une flèche anticléricale.

souhaiter la bienvenue, l'affluence est grande. Voici à l'extrême droite de la tribune – ô paradoxe ! – nos camarades de la majorité de la Fédération de la Seine ; Zyromski[1], ponctuel et méthodique, étale devant lui de magnifiques dossiers. Voici Graziani, qui se contente pour le moment de griller des cigarettes, en attendant de batailler avec son ardeur coutumière. Voici Farinet, Jousse et, à la tête de l'équipe, notre brave secrétaire Léon Osmin. [...] Et les camarades de Meurthe-et-Moselle se dépensent activement. Dans un coin se pressent nos jeunes amis qui viennent de mettre debout une solide Fédération de Jeunesse et d'Étudiants... Plus loin voici Renaudel plus laborieux que jamais, qui, chaussé de lunettes, suit avec un zèle attentif les plus menus détails. Tout à côté voici notre bon camarade Gibaud, coloré et jovial. On aperçoit non loin Émile Kahn et un Marquet plus élégant que jamais. À l'autre extrémité de la salle, Hudelle suit avec passion la discussion et se prépare à en rendre compte aux camarades du *Midi socialiste*. Bracke, cordial et bourru, échange des impressions avec Lebas... L'après-midi, l'affluence est plus grande encore. Les tribunes du public sont remplies et elles suivent avec attention le débat. Je vous prie de croire que rien ne leur échappe et elles ont donné le signal d'une émouvante manifestation de sympathie, lorsqu'est entré dans la salle l'élu de Narbonne[2]. Excellente atmosphère, camaraderie affectueuse. Le Congrès s'ouvre sous les meilleurs auspices (10 juin 1929). »

Les socialistes se sentent proches du pouvoir. La gauche a gagné deux fois les élections, en 1924 et en 1932. Mais deux fois les radicaux ont d'abord formé un gouvernement soutenu par les socialistes, et deux fois ils ont ensuite rompu le pacte pour s'allier à la droite.

1. Zyromski est l'un des responsables de l'aile gauche du parti.
2. Soit Léon Blum.

Dans la dernière aventure, la SFIO a perdu un certain nombre de ses députés et de ses militants, les néosocialistes dirigés par Marquet et Déat, qui veulent un socialisme ministériel et technocratique avant d'évoluer peu à peu vers la droite.

La grande crise économique mondiale frappe la France à partir de 1933. En réplique, la SFIO réclame le pouvoir « parce que le socialisme est seul capable de mettre fin à la crise et aux méfaits du capitalisme ». Paul Faure dit : « Méditez sur les solutions proposées par le socialisme tant qu'il est encore temps d'éviter les irrémédiables catastrophes où court, et nous entraîne tous, le régime capitaliste, absurde et périmé. Capitalisme ou socialisme ? Avec le capitalisme, la science devient un élément de servitude, de misère, d'anarchie et de guerre. Avec le socialisme, ce sont les portes de la civilisation s'ouvrant à l'infini sur le bien-être, les loisirs, la joie de vivre et la grande paix humaine. La matière est révolutionnaire ; les usines fermées, les celliers pleins, les vaisseaux immobilisés dans les ports, tout appelle une révolution ; la science réclame une révolution. Qu'attendent donc les hommes ? »

L'URSS de Staline

Après l'échec de la révolution allemande, la Russie reste seule à construire une société sur le modèle du marxisme-léninisme. Lénine est mort en 1924. Le nouveau secrétaire général du parti communiste, Staline, a peu à peu accaparé tout le pouvoir, jouant les anciens compagnons de Lénine les uns contre les autres avant de les éliminer. Trotski est exclu en 1927, déporté en 1928, exilé en 1929. Cette dernière année, Staline s'attaque aux koulaks, les paysans riches : la répression de masse et la famine qui s'ensuit font plusieurs millions de morts. On agrandit les premiers camps de concentration.

Le plan quinquennal lancé, le socialisme soviétique se donne un visage constructeur, exaltant le travail et la santé de la jeunesse ; il promet un triplement de la production industrielle et un doublement de la production agricole.

Staline définit la gauche des partis socialistes comme le danger principal pour la classe ouvrière. En décembre 1929, il inaugure la période du culte de la personnalité, se faisant acclamer comme « le grand chef des travailleurs du monde entier ». En 1932, les derniers opposants bolcheviques sont exclus du parti et déportés.

En 1933, Hitler prend le pouvoir en Allemagne. Son parti s'appelle national-socialiste. Il a singé le bolchevisme pour mieux le combattre : parti unique, propagande, terreur, culte du chef. Il faut dire aussi que le parti communiste allemand, le plus grand parti communiste d'Europe, a combattu jusqu'au bout les socialistes plutôt que l'hitlérisme, voyant dans le PS, selon les mots d'ordre de Staline, le danger principal. Communistes et socialistes allemands sont arrêtés et déportés par le régime nazi.

Le Front populaire

1933-1935 : avec retard, la crise économique mondiale déstabilise la France. En quelques années le revenu moyen a baissé de 30 %, et l'on compte près de huit cent mille chômeurs.

Pendant tout le mois de janvier 1934, l'extrême droite manifeste avec violence dans les rues de Paris, en général autour de la Chambre des députés. Puissante et organisée, elle s'attaque directement au régime parlementaire et au gouvernement radical d'Édouard Daladier. Le 6 février, sur le pont de la Concorde, la police tire et tue vingt manifestants d'extrême droite, en blesse plus de deux cent cinquante.

Le 9 février, le parti communiste manifeste à son tour place de la République : quatre morts.

Le 12 février, la CGT lance une grève générale devant le danger fasciste. Les socialistes défilent sur le cours de Vincennes et, pour la première fois depuis quatorze ans, les communistes décident de les rejoindre. Les deux cortèges se rencontrent, se mêlent : c'est le début de l'unité.

L'Internationale communiste a changé de stratégie. Elle oublie ses injures aux partis socialistes, elle prêche l'alliance de toutes les gauches européennes contre le fascisme. Le 27 juillet 1934, le PCF et la SFIO signent un pacte d'unité d'action.

Un an plus tard le Parti radical les rejoint. Les trois partis organisent un énorme rassemblement le 14 juillet 1935 : cent mille personnes, dit la droite ; cinq cent mille, dit la gauche. Les manifestants promènent d'immenses panneaux où l'on peut lire le texte de l'engagement pris par tous les participants : « Nous faisons le serment de rester unis pour défendre la démocratie, pour désarmer et dissoudre les ligues factieuses, pour mettre nos libertés hors de l'atteinte du fascisme. Nous jurons, en cette journée qui fait revivre la première victoire de la République, de défendre les libertés démocratiques conquises par le peuple de France, de donner du pain aux travailleurs, du travail à la jeunesse et au monde la grande paix humaine. »

Meetings, défilés, propagandes, on attend les élections législatives d'avril-mai 1936.

Le 16 février 1936, un Frente popular pareillement composé des communistes, des socialistes et de républicains gagne les élections en Espagne. Les paysans s'emparent des terres inexploitées, on augmente les salaires de 15 %. Violences : deux cents églises brûlées et trois cents assassinats politiques.

Le 2 mars, en France, la CGT et la CGTU (communiste) s'unifient en une seule Confédération générale du travail. La droite a peur. Elle attaque. Voici les slogans des affiches :

Si vous votez pour
le Front populaire
soutenu par Moscou, c'est
LA GUERRE

Devant la faucille
et le marteau
la République crie
À L'ASSASSIN

En France comme en Russie
le communisme fera de vous
ses esclaves.

La presse conservatrice décrit le « terrible exemple espagnol » : « De hideux bandits, surgis des bas-fonds de la société, font peser dans tout le pays la dictature du crime. » « Le Front populaire a remporté en Espagne un succès électoral ; aussitôt les révolutionnaires ont exploité leur victoire en organisant des émeutes. D'abord le bulletin de vote ; ensuite la torche et le revolver. »

Viennent les élections françaises. La droite est battue. Le PC gagne 61 sièges par rapport à 1932 : près d'un million et demi de suffrages, 72 députés. La SFIO recueille près de deux millions de suffrages, 147 députés sans compter les 51 communistes ou socialistes dissidents. Les radicaux perdent des voix et près de 50 sièges : ils n'ont que 106 députés. À cette époque, les femmes ne votent pas.

Le soir de la victoire, la foule descend dans les rues, enthousiaste, fière, ravie ; on chante *l'Internationale* et *la Carmagnole* sur les boulevards, on défile dans des camions couverts de drapeaux rouges, on vend pour deux francs la liste des deux cents familles qui sont censées avoir gouverné la France par le pouvoir de leur argent, on crie : « Les soviets partout ! » Léon Blum demande à former le gouvernement au nom du Parti socialiste SFIO, mais la Constitution exige que les vainqueurs des élections attendent un mois avant de parvenir au pouvoir.

C'est dans cette situation fausse qu'une grève commence le 11 mai aux usines Bréguet du Havre, pour obtenir la réintégration de deux militants licenciés. Les ouvriers occupent l'usine. Le 13 mai, les usines Latécoère de Toulouse sont également occupées, et le 14 mai les usines Bloch de Courbevoie. Le mouvement s'étend à la métallurgie de la région parisienne, et singulièrement aux usines Renault.

Emmanuel d'Astier, alors journaliste à *Vu*, raconte la première nuit d'occupation chez Renault : « Sept heures du soir, sur la place Nationale, à Boulogne-Billancourt, devant la grande porte de l'usine Renault, deux cents curieux attendent : ouvriers en chômage, militants, femmes accourues pour entrevoir leurs maris. À la petite porte, les délégués d'atelier filtrent soigneusement les entrées ; il faut être du personnel de l'usine ou porteur de la carte syndicale pour pouvoir entrer. Et une fois dedans, on n'en sort plus. [...] Le service d'ordre ouvrier prend sa tâche à cœur. Pour plus d'un c'est l'aventure : ils sont méticuleux et sérieux comme des enfants qui se piquent au jeu. L'un casse des litres de vin avec application : "Pas de vin à l'intérieur. Calme et dignité." [...] Les nouvelles courent de groupe en groupe. Carmaud débraye : deux mille ouvriers. Les engrenages Citroën suivent. Farman au complet. Gévelot comme un seul homme. Un délégué qui pousse sa bicyclette commente : "Gévelot, c'est moi qui l'ai eu. Et demain, à moi tout seul, je vous déclencherai Peugeot." [...] Une heure du matin : les accordéons, les pistons, les flûtes se sont tus. On ne guinche plus. Les heures trop longues commencent à peser sur la nuque. Les belotes mêmes languissent. Un atelier chante encore "Sous les roses". Mais, lovés dans les coins, des groupes de dormeurs commencent à en écraser. [...] Dans un coin, un dernier accordéon et un dernier piston ont entonné : "Tout va très bien, Madame la marquise", les ouvriers reprennent en chœur : "Tout va très bien..." »

Le 24 mai, six cent mille manifestants se retrouvent au Père Lachaise pour fêter le souvenir de la Commune. Le 26 mai, la France entière est en grève, des prolétaires de l'industrie aux serveurs des bars-restaurants et aux demoiselles des grands magasins : une atmosphère de kermesse. « Cette grève est en elle-même une joie, dit Simone Weil. Une joie pure. Une joie sans mélange... Joie d'entendre, au lieu du fracas impitoyable des machines, de la musique, des chants et des rires... Joie de passer devant les chefs la tête haute... » Surpris par le mouvement, le PC l'appuie après une hésitation, et la CGT, d'abord gênée, finit à son tour par encadrer la grève.

Pour une part, l'occupation des usines fut spontanée : le contrecoup social de la victoire politique aux élections, une affirmation de l'existence ouvrière, un brusque refus de l'autorité patronale et des bas salaires. Cependant de petits groupes anarcho-syndicalistes, trotskistes, socialistes ou communistes gauchistes ont consciemment encouragé ou suscité les arrêts de travail.

Le 4 juin, le premier gouvernement du Front populaire s'installe, ministres socialistes et radicaux, présidé par Léon Blum. Les communistes soutiennent le ministère mais refusent d'y participer (malgré le désir secret, avoué depuis, de leur secrétaire général Maurice Thorez) : crainte de se compromettre dans un gouvernement qu'ils jugent malgré tout bourgeois, et volonté de ne pas trop effrayer l'opinion. Le PC reste très modéré : il s'entend avec les radicaux pour limiter les nationalisations auxquelles voudrait procéder la SFIO ; il s'intéresse prioritairement à la politique étrangère antifasciste, comme l'a recommandé Staline.

Très embarrassé par la grève, le gouvernement de Léon Blum s'efforce avant tout de remettre la France au travail. Il convoque à l'hôtel Matignon une conférence qui réunit les représentants de l'État, des syndicats et du patronat[1]. Les patrons effrayés acceptent bien des concessions et, le 7 juin, les négociateurs des trois partis signent les accords Matignon, une solennelle reconnaissance du monde du travail : libre exercice du droit syndical, augmentation de 15 % des bas salaires (7 % pour les autres), aucune sanction pour fait de grève. Quelques jours plus tard, le Parlement complète l'accord par un deuxième train de mesures sociales, conventions collectives, congés payés (quinze jours, pour la première fois dans l'histoire ouvrière[2]), semaine de quarante heures.

1. C'est le patronat qui a le premier demandé des négociations. Sous la IVe et la Ve République, les syndicats réclameront souvent de pareilles conférences : le patronat refusera en général, sauf à Grenelle en mai 1968.

2. La troisième semaine de congés payés sera accordée par le gouvernement de Guy Mollet en 1956, la quatrième par le général de Gaulle en 1969, la cinquième par François Mitterrand en 1982. Le Programme commun de la gauche promettra une nouvelle extension pour les femmes, les jeunes et les ouvriers spécialisés.

Pourtant, dans certaines entreprises, le travail tarde à reprendre. C'est alors que Maurice Thorez explique aux ouvriers « qu'il faut savoir sortir d'une grève ».

Le 14 juillet 1936 défile la plus grosse foule jamais rassemblée par le Front populaire, peut-être un million de personnes que saluent, côte à côte sur la même tribune, Léon Blum et Maurice Thorez. Il y a d'énormes portraits, Léon Blum bien sûr, mais aussi « ceux des hommes qui ont fait l'esprit français, de Voltaire à Jaurès ». On chante successivement, devant les drapeaux rouges et les drapeaux tricolores mêlés, *l'Internationale* et *la Marseillaise*.

Puis les ouvriers des villes partent pour leurs congés payés, bousculades dans les trains et les plages envahies, et ces fameux tandems sur les routes dont les photographes feront un symbole. Mais cet été-là en Espagne, le 18 juillet, le général Francisco Franco soulève la Légion étrangère contre le gouvernement républicain de Frente popular : aidé par l'Allemagne nazie et l'Italie fasciste, il transporte des troupes marocaines dans le sud de l'Espagne et, mobilisant tous les nationalistes, entreprend la reconquête militaire de son pays.

C'est l'horreur : « Pour un nationaliste tué, je tuerai dix marxistes », dit le général Queipo de Llano. Et le général Mola : « J'aurai la victoire, dût la moitié de l'Espagne y périr. » Les franquistes fusillent leurs prisonniers et achèvent les blessés.

En Allemagne, Hitler monté sur un cheval blanc ouvre les jeux Olympiques de Berlin. En Russie, Staline fait exécuter Zinoviev et Kaménev, anciens compagnons de Lénine, après les avoir déshonorés par les procès fabriqués de Moscou.

En France, la rentrée de 1936 est triste. Devant l'économie secouée par la grève du printemps et les augmentations de salaires, Léon Blum doit dévaluer le franc.

L'espoir retombe. Déjà Maurice Thorez commence à reprocher au gouvernement de Front populaire de ne pas appliquer son programme jusqu'au bout. Surtout, il y a l'Espagne : là-bas, Franco assiège Madrid et Bilbao ; l'Allemagne lui envoie des aviateurs, Mussolini quatre divisions de l'armée italienne. Des Brigades internationales, combattants révolutionnaires de tous pays, se forment pour défendre Madrid. Staline livre des chars. Le Parti communiste voudrait que la France intervienne militairement au côté des Républicains. « Madrid, écrit *l'Humanité*, est le Verdun de la liberté. »

Léon Blum refuse d'intervenir. Il craint les réactions de l'Allemagne et de l'Italie, il est sensible à la pression de l'Angleterre qui veut éviter toute complication internationale, surtout il redoute que l'intervention le sépare des radicaux, brise le Front populaire, durcisse l'opposition de la droite française et entraîne par contrecoup une guerre civile en France.

Les communistes, encouragés par l'enthousiasme que lève dans l'opinion de gauche le combat des républicains espagnols, multiplient les pressions, les meetings, les campagnes. Ils dénoncent d'autant plus vivement la non-intervention qu'Hitler et Mussolini continuent d'expédier des hommes et du matériel à Franco[1]. Dans un extraordinaire sursaut, Madrid repousse les troupes fascistes. Mais en France, le Front populaire glisse vers l'échec. Le 17 novembre 1936 Roger Salengro, ministre socialiste de l'Intérieur, se suicide au gaz, victime d'une campagne de calomnies lancée par la presse d'extrême droite. Le 5 décembre, les communistes critiquent violemment la politique étrangère de Léon Blum et s'abstiennent à la Chambre dans un vote de confiance au gouvernement, qui conserve néanmoins la majorité.

Le 17 février 1937, Léon Blum décide une pause dans les réformes sociales. Le 16 mars, les communistes et l'extrême gauche manifestent contre l'extrême droite à Clichy : la police s'interpose, on relève cinq morts et trois cents blessés. Le 18 avril, le Conseil

1. Blum fera passer clandestinement des armes aux Républicains, sans pouvoir l'avouer et donc en tirer un avantage politique vis-à-vis du PC.

national de la SFIO réuni à Puteaux dissout la tendance révolutionnaire du parti qui critiquait la politique du gouvernement[1].

Le 12 juin à Moscou, Staline fait exécuter douze anciens chefs bolcheviques. Le 21 juin 1937, le Sénat refuse les pleins pouvoirs financiers au gouvernement de Léon Blum, qui démissionne. Dès lors, l'élan est brisé. Chautemps, radical, forme un deuxième gouvernement de Front populaire, sans qu'on puisse bien y croire ; la semaine de quarante heures est progressivement abandonnée. En Espagne, les républicains reculent devant la poussée fasciste. Les communistes s'opposent aux anarchistes et les massacrent où ils le peuvent.

La France entre dans les manœuvres politiques : Blum rompt avec Chautemps, échoue à former un gouvernement d'unité nationale des communistes à la droite, Chautemps préside un ministère radical pour trois mois et démissionne. Blum revient au pouvoir le 13 mars 1938, le jour où Hitler envahit l'Autriche, et démissionne à nouveau moins d'un mois plus tard.

Le radical Daladier, alors président du Conseil, s'écarte définitivement des communistes. Le 30 septembre 1938, après avoir accepté l'invasion de la Tchécoslovaquie par l'Allemagne, il signe avec Hitler, Mussolini et Chamberlain les accords de Munich, une abdication devant la force nazie. Le parti communiste proteste contre cette capitulation. À la Chambre, le groupe socialiste approuve au contraire l'accord à l'unanimité moins une voix, puis se divise gravement entre munichois ultra-pacifistes (Paul Faure) et partisans de la fermeté envers Hitler (Léon Blum).

Le 30 novembre, la CGT entraînée par les communistes décide une grève générale pour protester contre la politique sociale du gouvernement. Daladier brise la grève.

1. La gauche socialiste se séparera de la SFIO en 1938 pour fonder un petit Parti socialiste ouvrier et paysan (PSOP).

La guerre, la Résistance, la Libération

Le 23 août 1939 apporte l'une des plus grandes stupéfactions politiques de tous les temps : l'Union soviétique antifasciste, celle qui a poussé aux Fronts populaires, qui a lutté partout contre Hitler, et jusqu'en Espagne, l'URSS a signé un pacte avec l'Allemagne nazie. Staline et Ribbentrop se serrent la main devant les photographes.

Le pacte germano-soviétique stipule : « Article premier : les deux parties contractantes s'engagent à s'abstenir de tout acte de violence, de toute manœuvre agressive, de toute attaque l'une contre l'autre... Article deux : au cas où l'une des parties contractantes se trouverait engagée dans une guerre avec une tierce puissance, l'autre s'engage à ne soutenir celle-ci d'aucune façon... Article six : le présent accord est conclu pour une durée de dix ans[1]... »

Le monde entier s'indigne. Les communistes français ne comprennent pas. La veille encore ils attaquaient le nazisme dans *l'Humanité*, dans des meetings, comme ils le faisaient chaque jour depuis des années. Ils croient à une simple ruse et que Staline va s'expliquer, en les rassurant, sur cette stratégie obscure. Ils présentent le pacte comme une manœuvre contre Hitler et pour la paix.

1. Le pacte comporte un protocole secret où Hitler et Staline s'entendent pour se partager l'Europe orientale, et singulièrement la Pologne. Il faut également souligner que le pacte inaugure une véritable coopération économique entre les deux régimes.

Le gouvernement fait saisir *l'Humanité* puis l'interdit.

Les socialistes lancent un appel : « Et vous, camarades communistes, tolérez-vous que les plis de notre glorieux drapeau rouge se mélangent avec l'infâme emblème à croix gammée ? Obligez vos dirigeants à se désolidariser d'avec cette défection honteuse. Répudiez solennellement la trahison du gouvernement de Staline. » La CGT condamne elle aussi le pacte germano-soviétique.

Le PC s'était imposé comme un grand parti grâce au Front populaire, à l'unité. Le voici isolé, déconsidéré et, dans ses propres rangs, désemparé et divisé. De nombreux militants et quelques responsables déchirent leur carte.

Le 1er septembre 1939, Hitler envahit la Pologne. Le 3 septembre, la France et la Grande-Bretagne déclarent la guerre à l'Allemagne.

Le PCF veut encore participer à la défense nationale contre l'armée allemande. De Moscou, la IIIe Internationale le rappelle à l'ordre : « La guerre a un caractère impérialiste des deux côtés. » Il faut en revenir au défaitisme révolutionnaire, mettre sur le même plan Hitler, Daladier et l'Angleterre. Le 26 septembre le gouvernement dissout le parti communiste. Le 4 octobre, le sapeur Maurice Thorez, mobilisé au 6e régiment de génie, déserte et passe en Belgique, de là en Suisse puis, au printemps 1940, en Union soviétique. Les autres responsables communistes sont poursuivis et parfois arrêtés.

En février 1940, Maurice Thorez publie un portrait de Léon Blum : « Il est simplement l'agent conscient de la bourgeoisie dans les rangs du mouvement ouvrier... Il devient hideux d'hypocrisie, jusqu'à donner la nausée à ceux qui doivent parfois l'approcher, non sans répulsion. »

« Tartuffe immonde, dit Thorez, traître, canaille politique, reptile répugnant, chacal, gredin, Blum-la-guerre, Blum-le-policier » : « [...] en tant qu'agent de l'Angleterre capitaliste [...], Léon Blum doit être hanté par les spectres de ses innombrables victimes ; comme Lady Macbeth, il doit voir avec terreur le sang innocent qui tache à jamais *ses mains aux doigts longs et crochus* ». Dans le même temps, l'URSS livre à Hitler des Juifs et des réfugiés politiques antinazis.

En France, c'est la drôle de guerre : sans se battre, on observe l'armée allemande. Hitler écrase la Pologne. Le 21 mars 1940, Paul Reynaud, un républicain de droite, forme un nouveau gouvernement où entrent six ministres socialistes.

Mai 1940 : Hitler attaque la Belgique et la Hollande, puis la France. L'armée française bat en retraite, la route de Paris est ouverte, le gouvernement se réfugie à Bordeaux. Faut-il continuer la guerre ou demander l'armistice ? Le gouvernement se divise, les socialistes aussi. Le maréchal Pétain prend le pouvoir, et il y a encore deux ministres socialistes dans son ministère. Le 18 juin, le général de Gaulle lance son premier appel à la résistance. Pétain signe l'armistice avec l'Allemagne le 22 juin.

Le 10 juillet 1940, la Chambre du Front populaire et le Sénat réunis à Vichy donnent les pleins pouvoirs au maréchal Pétain[1]. Seuls s'opposent quatre-vingts députés et sénateurs (dont Léon Blum et trente-cinq socialistes). Quatre-vingt-dix autres socialistes ont voté pour (avec Paul Faure). Pas plus qu'en août 1914, et en des circonstances infiniment plus graves, la majorité de la SFIO n'a su conserver son indépendance.

Quant au parti communiste interdit, il fait une démarche auprès des autorités allemandes : « *L'Humanité* doit pouvoir paraître normalement, écrit-il : voilà ce que pensent, ce que demandent les masses populaires françaises. » *L'Humanité* clandestine affirme : « Le général de Gaulle et les autres agents de la finance anglaise voudraient faire battre les Français pour la City et ils s'efforcent d'entraîner les peuples coloniaux dans la guerre. Les Français répondent le mot de Cambronne à ces Messieurs. »

Telle est donc la ligne de Staline, que *l'Humanité* clandestine n° 82 du 1er novembre 1940 rappelle encore : « Ni Londres ni

1. Les élus communistes ont été déchus de leur mandat en janvier 1940.

Berlin. À bas la guerre impérialiste. À la porte les forbans de Vichy, valets de l'étranger ! La France aux Français. THOREZ AU POUVOIR ! »

Pendant la guerre, le parti socialiste s'éteint, sauf sa fraction résistante. Guy Mollet, qui a participé à la SFIO clandestine, explique[1] : « Dans le parti comme dans la France, il y avait 5 à 7 % de résistants, 2 à 3 % de collaborateurs et de pétainistes, et les autres attentistes jusqu'au début de 1944. La Résistance a été une vraie rupture dans l'histoire de la SFIO, une période folle. Si on faisait de la résistance, on ne se livrait pas, même à un camarade du parti : par exemple, le mouvement Libération-Nord était en majorité composé de socialistes, ce que beaucoup de ses militants et de ses responsables ont ignoré jusqu'à la fin. »

En 1940 et 1941, la Résistance ne regroupe que quelques milliers d'hommes de toutes origines, de l'extrême droite à l'extrême gauche, mais souvent marginaux : aucun homme politique connu ne rallie les réseaux ni le général de Gaulle à Londres. Léon Blum est arrêté par Vichy, jugé par un tribunal pétainiste à Riom et, plus tard, déporté en Allemagne. La fraction résistante de la SFIO s'organise sous l'autorité d'un jeune militant courageux, Daniel Mayer, qui admire Blum et parvient à rester en contact avec lui.

À partir de 1942, le parti socialiste, représenté à Londres puis à Alger, figure dans le gouvernement provisoire de la République française que forme le général de Gaulle. Pourtant la SFIO, comme les autres formations politiques, paie sa complaisance de 1940 envers le maréchal Pétain. Discrédit des partis : c'est un thème de Vichy, mais aussi un thème pour les nouvelles générations qui entrent dans la Résistance et qui méprisent les vieilles organisations, les jeux parlementaires et leur impuissance. Bien des résistants se disent socialistes, sans beaucoup plus de précisions, mais à l'écart de la tradition socialiste française : ils veulent « une France pure, jeune et fière », un régime neuf et proche du peuple,

1. Lors d'une conversation privée en 1974.

débarrassé des notables et des intermédiaires qui ont trahi la République.

Le parti communiste, lui, entre dans la lutte contre l'occupant dès que l'Allemagne a attaqué la Russie en juin 1941. Auparavant, les actes de résistance du parti avaient été rares et isolés. Mais puisque l'invasion de l'URSS a transformé la « guerre impérialiste » en « guerre de libération », le PC jette toute son organisation dans la bataille. En moins de deux ans, il parvient à donner un caractère populaire à la Résistance, mobilise d'importantes minorités dans la classe ouvrière et apparaît – notamment à travers les Francs tireurs et partisans (FTP) – comme l'une des forces principales du combat antihitlérien. Déportés, fusillés, martyrs et héros cachent la honte et le souvenir du pacte germano-soviétique de 1939.

L'unanimité nationale, la joie, les barricades, les drapeaux, les fusils, le peuple en armes, les derniers combats contre l'occupant : à l'été 1944, la libération de Paris prend l'allure d'une révolution, « la plus grande de notre Histoire », dit le général de Gaulle. Les collaborateurs sont arrêtés, jugés, parfois exécutés. Le vieux personnel politique est balayé. Les dernières foules pétainistes se découvrent brusquement gaullistes. Le général de Gaulle et son gouvernement provisoire s'installent au pouvoir et, comme Lamartine en 1848, se rendent à l'Hôtel de Ville au milieu d'un peuple immense.

Révolution : un peu partout, les hommes de la Résistance remplacent les notables compromis ; on change de patrons, de maires, de préfets ; on nationalise des monopoles industriels et bancaires, plus encore que sous le Front populaire. Le gouvernement crée la Sécurité sociale, met au point une planification économique. La presse et l'information sont bouleversées : la Résistance occupe la Radio, s'installe dans les quotidiens et les transforme à l'écart des puissances d'argent, elle sort ses titres de la clandestinité : *Défense de la France* (qui deviendra *France Soir)*, *Combat*, *Franc-Tireur*, *Libération*... *L'Humanité* est là, et *le Populaire* pour la SFIO, et une multitude de quotidiens et d'hebdomadaires de gauche dans toutes les provinces.

Pourtant la France vit toujours le rationnement, tickets pour l'alimentation, queues devant les magasins, rareté du papier, des autos, de l'essence, des pneus. L'économie est épuisée par le conflit, par l'inflation, par la longue stagnation de l'industrie durant l'entre-deux-guerres. La crise du logement s'aggrave des destructions dues aux bombardements, dans un pays qui a si peu construit depuis des dizaines d'années et si mal entretenu ses immeubles et ses villes.

Au gouvernement, le général de Gaulle préside un ministère où siègent pour la première fois des communistes au côté des socialistes, des radicaux, et d'un nouveau parti à la fois chrétien et social, le Mouvement républicain populaire, MRP. Dans la vie publique, on dirait que la droite a disparu. Tout le monde – sauf de Gaulle – se dit plus ou moins socialiste, humaniste, révolutionnaire. On brasse de nouvelles idées sur la participation du peuple aux décisions, sur la démocratie économique. Le gouvernement accorde le droit de vote aux femmes. On assure que les valeurs ont changé, que la « civilisation est en crise », que l'on bâtit un monde nouveau.

L'Allemagne a capitulé ; le Japon a reçu deux bombes atomiques. Staline s'est entendu avec l'Angleterre et les États-Unis pour équilibrer les influences soviétiques et occidentales en Europe de l'Est. Les travaillistes ont pris le pouvoir en Grande-Bretagne.

Le Parti communiste français se proclame national, démocratique et unitaire. À la Libération, il avait dit : « À chacun son boche ! » Désormais au gouvernement, Maurice Thorez rentré d'Union soviétique ordonne : « Produire ! produire ! produire ! » Plus de grèves, plus d'action de classe : le PC s'affirme « celui de la Renaissance française » ; il veut continuer, comme l'écrit son philosophe officiel Roger Garaudy, « la France une et indivisible de Robespierre et de Jeanne d'Arc ». Il a laissé désarmer par de Gaulle les milices patriotiques, il recueille un quart des voix aux élections, prend sa place dans les administrations, la police, les sociétés nationalisées, et d'abord à la SNCF et à l'EDF qu'il investit avec méthode. Il est majoritaire dans la CGT reconstituée.

Le Parti socialiste SFIO ne retrouve plus son paysage politique : son vieil allié électoral le parti radical s'est bien amenuisé, le PCF est à l'inverse devenu le « premier parti de France », partout devant les socialistes. Et puis l'échec du Front populaire, la fin de la IIIe République, l'horreur du nazisme, la force et le prestige de l'Union soviétique de Staline : tout cela, les théories et les motions de congrès ne l'avaient ni prévu ni expliqué.

Léon Blum le sait. Dans sa prison en 1941, il a commencé un livre, *À l'échelle humaine*, qu'il publie à la Libération. Là, il condamne sévèrement la SFIO d'avant-guerre, sa « scolastique marxiste », cet opportunisme inconscient tout bardé de principes. Blum veut adapter le parti aux conditions nouvelles et tirer les leçons de l'Histoire ; dans son vocabulaire, *révolution* devient *transformation, travailleurs* remplace *prolétariat, action de classe, lutte de classes*. Il rejette le matérialisme historique, la dictature du prolétariat, il veut redonner au socialisme une dimension morale et spirituelle : « servir non l'intérêt d'un parti, d'une caste ou d'une classe, mais le seul intérêt de la nation ».

Daniel Mayer, secrétaire général de la SFIO confirmé en novembre 1944, partage cette analyse. D'abord il épure le parti, non seulement des collaborateurs mais des attentistes, ce qui lui vaut bien des haines. Puis il propose d'ouvrir largement l'organisation à tous les sympathisants de la Résistance. L'appareil de la SFIO se rebiffe : « Le parti d'abord ! » Les notables du socialisme détestent ces nouveaux adhérents que leurs titres de gloire au combat placeraient devant eux. Enfin Daniel Mayer appuyé par Léon Blum voudrait se rapprocher du catholicisme social et du MRP, pour fondre éventuellement la SFIO dans un large regroupement travailliste. Dès lors, l'hostilité de la plupart des militants devient très vive. Toute la tradition socialiste, tout le vieil esprit guesdiste, marxiste, anticlérical s'oppose aux propositions de Daniel Mayer et de Léon Blum. On les attaque en citant Engels, Marx et même Lénine.

Que représente alors le parti socialiste ? Deux cent quarante mille adhérents, selon Daniel Mayer. En réalité, reconnaîtra plus tard Guy Mollet[1], il y avait tout au plus cent vingt mille cartes effectivement distribuées et payées : environ soixante mille militants d'avant 1939 et soixante mille adhésions récentes, à peu de chose près le même nombre d'adhérents que dans l'entre-deux-guerres[2]. Mais la SFIO appliquait la vieille règle qui restera la sienne jusqu'en 1969, date de la création d'un nouveau parti socialiste : nul ne peut accéder à un poste de responsabilité s'il n'a au moins cinq ans de parti. La Résistance, comme l'épuration, n'a donc changé que les hommes du sommet, non l'esprit. Les anciens dirigeants disparaissent, les élus de 1936 – qui pour beaucoup avaient voté les pleins pouvoirs à Pétain – s'effacent, d'autres sont morts, fusillés ou déportés par les Allemands ; mais les petits cadres d'avant 1939 et eux seuls montent d'un rang et prennent la place. Peu d'hommes neufs, la transformation n'est qu'apparente. Surtout, les succès électoraux du parti – singulièrement aux élections municipales – jettent les militants dans les activités de gestion. La SFIO des années 1945-1946 a près de soixante mille élus dans les assemblées locales ou nationales, un adhérent sur deux.

En janvier 1946, exaspéré par les ambitions et les manœuvres des partis politiques, le général de Gaulle quitte le gouvernement et se retire. Le socialiste Félix Gouin forme un ministère tripartite (PC, SFIO, MRP). Négociations, compromis, répartition des postes,

1. En 1974.

2. Le Front populaire avait apporté quelques dizaines de milliers d'adhérents supplémentaires. « Mais, explique Guy Mollet, cela n'a pas duré ; ceux que la mode amène, la mode les enlève. »

même avant sa Constitution la IVe République en gestation commence à ressembler à la IIIe République déclinante et retrouve les mœurs parlementaires des politiciens.

À l'intérieur de la SFIO, les plus révolutionnaires s'allient à l'appareil pour attaquer Daniel Mayer et ses projets d'ouverture du parti. Ils condamnent le « révisionnisme », l'« embourgeoisement ». Ils ont fait voter, contre Léon Blum et l'équipe issue de la Résistance, une déclaration de principe qui maintient le premier paragraphe du statut de la vieille SFIO : le parti a pour objectif « la transformation de la société capitaliste en société collectiviste ou communiste ». Blum s'en irrite, il s'adresse aux militants : « Vous avez la nostalgie de tout ce qui peut vous rapprocher de ce parti tel que vous l'avez connu autrefois. »

Août 1946, congrès de la SFIO. Le gauchiste Dechezelles pousse contre Daniel Mayer un jeune professeur d'anglais, un homme maigre, lunettes et petites moustaches, ancien guesdiste, marxiste résolu, résistant, qui s'est fait élire maire d'Arras. Cet homme se nomme Guy Mollet. Celui-ci présente une motion rédigée par Dechezelles : « Le but de notre parti, dit la motion, n'est point l'exercice du pouvoir dans le cadre du régime capitaliste, mais la suppression de ce régime. » Soutenu par la gauche du parti et par les traditionalistes, Guy Mollet parle devant le Congrès : « Il nous apparaît nécessaire de faire reprendre à notre parti ses positions de toujours. [...] Loin de nous conseiller d'effacer de nos statuts le mot de lutte de classes, l'expérience actuelle nous prouve que cette lutte est plus actuelle que jamais. [...] Il appartient à notre parti de reprendre sur tous les terrains l'initiative du combat pour la révolution. » « Vous avez peur de la nouveauté ! » répond Léon Blum. « Nos anciens, dit Mollet, tous nos anciens, aussi bien nos grands morts que nos grands vivants, seront payés de leurs efforts et de leurs sacrifices : leurs fils ont compris et suivi leurs enseignements ; ils feront avancer l'heure de la révolution. »

Léon Blum et Daniel Mayer sont battus, Guy Mollet élu secrétaire général de la SFIO. Détail curieux : les gauchistes qui ont soutenu Mollet seront bientôt exclus de la SFIO. Quant aux amis de Daniel Mayer, c'est-à-dire l'ancienne direction du parti dans la Résistance écartée comme droitière, ils s'opposeront à la politique coloniale de Guy Mollet en Algérie dès 1956 et quitteront la SFIO en 1958 lorsque celui-ci votera « oui » au général de Gaulle. Quant à Guy Mollet, il restera secrétaire général du parti pendant vingt-trois ans.

Guerre froide

Fin 1946, début 1947, les socialistes paraissent s'installer au centre du pouvoir. Léon Blum est président du Conseil. Le premier président de la IVe République, Vincent Auriol, vient de la SFIO, élu par les députés et sénateurs réunis à Versailles – en janvier 1947 dans un château sale et glacé – sous la présidence d'un communiste, Jacques Duclos.

La gauche gouverne ; alliés au MRP, socialistes et communistes semblent unis comme jamais : ils ont voté les uns pour les autres lorsqu'il s'est agi d'élire les présidents de l'Assemblée nationale et du Sénat, et se rendent amicalement toutes les politesses. Guy Mollet parle de l'indispensable unité d'action avec les communistes. Le PC et le PS ont même envisagé un bref instant leur réunification en un seul parti de la classe ouvrière. S'ils y ont renoncé, ils mêlent leurs militants au sein des mêmes syndicats, la Fédération de l'Éducation nationale et surtout la CGT.

Janvier 1947, le socialiste Paul Ramadier forme un nouveau gouvernement. Il prend plusieurs communistes dans son cabinet, Maurice Thorez comme ministre d'État et même François Billoux à la Défense, portefeuille capital que le général de Gaulle avait toujours refusé au PC.

Ramadier dit : « Qui pourrait faire abstraction des communistes quand il s'agit d'organiser la Défense nationale ? » Et Jacques Duclos : « La fin de l'exclusive qui pesait sur nous est la reconnaissance du caractère national de notre parti. »

Mais le 19 mars, le PC déclare qu'il ne votera pas les crédits pour la guerre qui débute en Indochine. Hô Chi-minh et le Viêt-minh, les communistes vietnamiens, ont engagé la lutte armée contre le colonialisme français. À Paris, les gouvernements et leurs ministres socialistes n'ont pas voulu négocier : ils ont répliqué en envoyant des troupes, en bombardant Haiphong. Du coup, le ministre communiste de la Défense reste assis lorsque l'Assemblée rend hommage au corps expéditionnaire français. Finalement, on trouve une astuce : les députés communistes s'abstiennent sur le vote des crédits tandis que leurs ministres votent avec le gouvernement.

Le 16 avril, après la terrible répression d'une insurrection anticolonialiste à Madagascar, les ministres communistes sortent de la salle du Conseil. Puis ils reviennent à leur place la semaine suivante.

Le 24 avril, rupture à la conférence Est-Ouest de Moscou : Staline et l'Occident ne parviennent plus à s'entendre. Le lendemain, quinze cents ouvriers de Renault se mettent en grève contre la politique des salaires de Ramadier : un mouvement à la fois spontané et trotskiste que désapprouve la CGT. Quatre jours plus tard, il y a dix mille grévistes. La droite se moque, ravie de voir les communistes débordés sur leur gauche. Erreur : le lendemain, le PC et la CGT prennent le virage, se placent en tête de la grève et la généralisent.

Ramadier demande la confiance de l'Assemblée nationale. Il l'obtient, mais le PC – députés et ministres ensemble cette fois – la refuse. Nouvelle astuce pourtant : les ministres communistes ne veulent pas quitter un gouvernement qu'ils condamnent, ils gardent leurs portefeuilles et font la grève sur le tas. En fait, ils pensent obtenir la chute du ministère et négocier la formation d'un nouveau cabinet. Guy Mollet déclare d'ailleurs qu'on ne peut gouverner sans le PC.

Ramadier ne le comprend pas ainsi : le 5 mai 1947, il « démissionne » les ministres communistes et reste au pouvoir. Maurice Thorez est furieux. Ramadier craint des grèves et des manifestations : il consigne les troupes. Il ne se passe rien.

Les communistes pensent qu'à la première occasion ils pourront toujours revenir au gouvernement.

En octobre 1947, dans une maison de repos polonaise, le château de Szklarska Poreba, les représentants de huit partis communistes européens se réunissent en secret. Jacques Duclos représente le PCF.

Le délégué soviétique parle au nom de Staline : les partis français et italien ont cédé au ministérisme, dit-il, à l'opportunisme, aux illusions de la légalité bourgeoise. Il y a deux camps irréconciliables, l'impérialisme qui prépare la guerre sous la direction des États-Unis, le socialisme qui veut la paix et la démocratie sous la direction de Staline. Les partis socialistes trahissent la classe ouvrière. Partout les communistes doivent prendre l'offensive.

Jacques Duclos fait son autocritique. D'après un témoin, il se comporte avec humilité, « comme un petit boutiquier pris en fraude ». Il rentre en France penaud, discipliné et convaincu.

C'est le début de la guerre froide. Les partis communistes européens vont coordonner leurs actions sous l'égide d'un nouvel organisme, un « bureau d'information » fortement structuré par Staline, le Kominform[1]. En Pologne, en Hongrie, en Bulgarie, en Roumanie, les PC durcissent leurs politiques, éliminent les autres partis – dont les socialistes – et prennent le pouvoir. La Grèce tombe en guerre civile, communistes contre droite, et les États Unis livrent des armes à leurs partisans. Le conflit indochinois redouble de violence. En Chine, Mao Tsé-toung fait reculer les nationalistes de Tchang Kaï-ckek.

1. Le Kominform européen remplace donc le Komintern, la IIIe Internationale créée par Lénine en 1919 et dissoute par Staline en 1943 pour rassurer les alliés occidentaux, ce qui, on s'en doute, n'avait rien changé.

Novembre 1947, en France le PCF et la CGT lancent de grandes grèves insurrectionnelles : dockers, mineurs, métallos arrêtent le travail, affrontent les CRS. Jules Moch, ministre socialiste de l'Intérieur, envoie l'armée et les chars contre les ouvriers communistes. Il y a des morts. Les mineurs menacent de noyer leurs puits. La CGT va jusqu'à battre monnaie. Une atmosphère de guerre civile. Quand Jules Moch paraît à l'Assemblée nationale, les députés communistes le saluent le bras levé en criant : « Heil Hitler ! » La minorité non communiste de la CGT fait scission et crée son propre syndicat, la CGT-Force ouvrière. Le gouvernement brise les grèves.

Alors survient le coup de Prague. La Tchécoslovaquie, à la différence des autres pays d'Europe occidentale, était une vraie démocratie depuis l'entre-deux-guerres. Livrée à l'Allemagne, libérée par l'Union soviétique, elle avait un gouvernement d'union nationale dirigée par un communiste, Klement Gottwald, avec la participation de socialistes et de modérés. Et voici qu'en février 1948 le PC tchécoslovaque manipule la police, menace, renie ses promesses démocratiques, lance ses partisans dans la rue. En une semaine, les communistes s'emparent de l'État, épurent les autres partis politiques, éliminent les dirigeants socialistes, suppriment les libertés, asservissent le Parlement lui aussi épuré.

Le monde occidental proteste en vain. Les socialistes – et surtout les socialistes français – sont terrifiés. « Quelles seront les étapes suivantes ? demandent-ils. L'Autriche ? l'Allemagne ? la France ? » « Si Staline le veut, si le PC le peut, allons-nous subir le sort des socialistes tchécoslovaques pourchassés, emprisonnés, déportés ? » « Nous ne voulons pas de la démocratie populaire à la sauce moscovite. » Le vocabulaire socialiste devient brutal : « les griffes de l'ours soviétique », « le rideau de fer », « le communisme totalitaire »...

La SFIO s'identifie désormais à la IVe République, régime parlementaire et instable, qui doit pour survivre se battre sur deux fronts : contre le PC à gauche, contre les gaullistes à droite. Le socialisme français n'a plus guère d'autonomie ; il se distingue de moins en moins des autres partis du centre, plus social qu'eux mais aussi proaméricain, européen, anticommuniste que les radicaux, le MRP ou la droite du Centre national des indépendants. La République elle-même glisse à droite : depuis la chute de Ramadier en novembre 1947, les socialistes ne dirigent plus le gouvernement.

En Union soviétique et dans les démocraties populaires, le Goulag s'étend. Le régime stalinien tue ou déporte des millions d'hommes, organise des procès falsifiés, des purges violentes, relance la terreur. Chaque épisode secoue le PC qui perd des adhérents et quelques-uns de ses chefs. Mais en gros, l'appareil bolchevisé tient bon. Au-delà du culte de Staline, « le chef génial des travailleurs du monde entier », le stalinisme s'affirme comme une doctrine simple et rigide : il y a la bombe atomique russe, « bombe de paix », et la bombe atomique américaine, « bombe de guerre » ; une science prolétarienne et une science bourgeoise ; un art prolétarien et un art décadent ; des communistes « héros permanents de notre temps » et l'impérialisme international à tendances fascistes ; et des partis socialistes « traîtres », « pourris », « valets du capital et des États-Unis ». Aragon écrit :

Ô grand Staline, ô chef des peuples
Toi qui fais naître l'homme
Toi qui fécondes la terre
Toi qui rajeunis les siècles
Toi qui fais fleurir le printemps
Toi qui fais vibrer les cordes musicales
Toi splendeur de mon printemps, toi
Soleil reflété par les milliers de cœurs.

1949, Mao Tsé-toung prend le pouvoir en Chine, le pays le plus peuplé devient communiste après des années de guerre civile. 1950, Léon Blum meurt, et *l'Humanité* du lendemain insulte encore le dirigeant socialiste disparu. La même année, la Corée du Nord communiste envahit la Corée du Sud, régime dictatorial de droite. Les États-Unis interviennent, la Chine intervient, bombes, napalm, massacres, la péninsule coréenne ravagée. L'opinion européenne paniquée peut croire que la troisième guerre mondiale commence.

La SFIO dénonce « l'agresseur nordiste », en France même elle s'en prend aux « fascistes staliniens, agents officiels de l'étranger ». Le PC réplique : « Le jour où les armées soviétiques seront à Paris, nous vous ferons regretter vos paroles ! » Il promet explicitement la potence aux dirigeants socialistes. Ceux-ci répliquent à leur tour : « Assez de ce chantage odieux ! Les hommes dignes de ce nom n'ont pas plus peur du NKVD[1] qu'ils n'ont eu peur de la Gestapo, et le peuple lui-même fera taire ceux qui l'insultent en lui proposant la lâcheté. »

Tels sont les rapports entre communistes et socialistes, qui ne changeront pas fondamentalement à la mort de Staline, le 5 mars 1953, pas plus qu'à la signature, cinq mois plus tard, d'un armistice en Corée.

Quant à la petite gauche neutraliste qui s'est créée dans les années 1950, formée d'anciens communistes, d'anciens socialistes et de militants chrétiens, elle n'obtient guère de succès, sinon dans les milieux intellectuels[2].

1. La police politique soviétique.

2. Ni prosoviétique ni proaméricaine, à égale distance du PC et de la SFIO, cette « nouvelle gauche » voudrait la renaissance d'un socialisme indépendant. Isolée, brouillée avec les grands partis, elle s'exprime dans un hebdomadaire, *France-Observateur,* et quelques cercles politiques réduits.

La gauche au pouvoir avec Mendès France, puis avec Guy Mollet

C'est une Assemblée de droite qui sort des élections de 1951. C'est un gouvernement de droite[1], celui de M. Laniel, qui démissionne en juin 1954, ouvrant la quatorzième crise ministérielle de la IVe République. En Indochine, le Viêt-minh vient de battre l'armée française à Diên Biên Phu. Voilà trois ans que les fellaghas ont déclenché une guérilla contre la présence coloniale de la France en Tunisie, trois ans également que la vie politique est empoisonnée par une querelle sur le réarmement de l'Allemagne et le projet d'une armée européenne intégrée. Les communistes et les gaullistes se retrouvent d'accord pour rejeter ce projet ; les autres partis – notamment la SFIO et les radicaux – se déchirent jusque dans leurs propres rangs, au bord de la scission, sans que jamais le Parlement ne parvienne à trancher le débat. Le pays est démoralisé, la IVe République déconsidérée.

René Coty, président de la République, nomme un président du Conseil marqué à gauche, membre du parti radical et partisan de la paix en Indochine : Pierre Mendès France. Celui-ci obtient la confiance de l'Assemblée conservatrice à une si forte majorité que seule l'inquiétude peut l'expliquer : 419 voix pour, 47 contre. Mendès refuse pourtant de prendre en compte les 91 voix des députés communistes qui ont voté en sa faveur. Le PC ne lui pardonnera jamais.

1. Membre de ce gouvernement à ses débuts, François Mitterrand l'a quitté. François Mitterrand est alors dirigeant d'un petit parti de centre gauche souvent allié au Parti radical, l'Union démocratique et socialiste de la résistance, UDSR.

Pierre Mendès France est populaire, intransigeant, mal vu par tous les chefs de parti. Il veut restaurer l'État, entraîner une gauche rénovée en dehors des schémas et des notables, rajeunir le Parti radical et le transformer en un parti de masse ouvert et dynamique. Un jeune hebdomadaire le soutien, *l'Express* que dirige Jean-Jacques Servan-Schreiber. Mendès s'entoure d'une équipe de techniciens, il consulte, il écoute, il s'explique : c'est un style neuf qui lève en France un grand espoir. Il forme un gouvernement composé de radicaux, d'indépendants, de gaullistes, de démocrates chrétiens, dont François Mitterrand, Edgar Faure, Christian Fouchet, Jacques Chaban-Delmas... La SFIO et son secrétaire général Guy Mollet soutiennent le gouvernement mais refusent d'y participer, méfiants devant le modernisme et l'indépendance.

Mendès aborde les problèmes un par un, avec une rapidité et une maîtrise exceptionnelles dans la IVe République.

Le 21 juillet 1954, il signe à Genève l'accord de paix en Indochine.

Le 30 août, il fait rejeter le projet d'armée européenne par l'Assemblée.

Le 4 septembre, il négocie l'autonomie interne de la Tunisie avec les nationalistes.

Le 3 octobre, il accepte un réarmement partiel de l'Allemagne, ce qui le fâche avec les gaullistes et les communistes.

Le 9 octobre, les troupes françaises évacuent Hanoi.

Le 28 octobre, Mendès décolonise les comptoirs français en Inde.

Mais le 1er novembre éclate la révolution algérienne. Partagé entre la répression et le libéralisme, le gouvernement Mendès France est renversé le 6 février 1955 par l'Assemblée qui réclame une politique algérienne plus dure. Les communistes et l'extrême droite crient de joie.

Investi comme nouveau président du Conseil, le radical Edgar Faure gouverne moins d'un an et dissout l'Assemblée nationale. La guerre d'Algérie s'est entre-temps considérablement aggravée.

1956 : la France vote à gauche, pour la paix, et donne une majorité relative au Front républicain qui regroupe les socialistes de Guy Mollet, les radicaux de Pierre Mendès France, la petite UDSR de François Mitterrand et une fraction gaulliste menée par Jacques Chaban-Delmas. Le parti communiste gagne des sièges, l'extrême droite poujadiste remporte un certain succès.

Guy Mollet et Pierre Mendès France peuvent tous deux prétendre former le gouvernement qui devra ramener la paix en Algérie. Le président de la République René Coty préfère Guy Mollet et le nomme président du Conseil. Mendès est ministre d'État sans portefeuille, François Mitterrand ministre de la Justice.

Le 6 février 1956, après avoir fêté sa nomination dans sa mairie d'Arras, Guy Mollet part installer à Alger le nouveau ministre de l'Algérie, le général Catroux. La population européenne d'Alger s'effraye devant le libéralisme du ministre et manifeste : une émeute contre le gouvernement légal. L'histoire veut que Guy Mollet ait été bombardé à coups de tomates, ce que la saison exclut. Mais il cède devant les ultras d'Alger, impressionné par cette foule d'ouvriers, de petits-bourgeois, de femmes qui veulent l'Algérie française ; il accepte la démission de Catroux son ministre et renonce à toute véritable initiative pour ramener la paix.

Dès lors, il lui faut battre militairement les nationalistes algériens. Il demande à la Chambre des pouvoirs spéciaux que lui accorde une large majorité, y compris les communistes qui viennent de changer de ligne trois ans après la mort de Staline et ont décidé, quoi qu'il en coûte, de se rapprocher des socialistes pour les influencer. Guy Mollet rappelle plusieurs classes de réservistes – où figure le lieutenant Servan-Schreiber – et les envoie en Algérie avec le contingent. Il y a des révoltes, des appelés arrêtent les trains. Le parti communiste ne les soutient pas et reste réservé devant les nationalistes algériens. Guy Mollet réprime : désormais, l'ensemble de la jeunesse française devra participer à la guerre.

En désaccord avec cette politique, Pierre Mendès France démissionne sans éclat du gouvernement, et demande à ses amis radicaux d'y rester. François Mitterrand demeure ministre de la Justice.

La Nouvelle Gauche, *France-Observateur*, *l'Express* font campagne pour la paix en Algérie ; ils accusent Mollet de trahison. Ce même printemps, il se passe quelque chose de considérable à l'Est : dans un rapport secret – mais bientôt connu – au XXe Congrès du Parti communiste soviétique, le premier secrétaire Nikita Khrouchtchev dénonce les crimes de Staline. Il avoue les millions de déportés, les génocides, les fusillades, la terreur dans le Parti, la folie des dernières années du dictateur. En France, la droite s'étonne et la gauche discute. Le Parti communiste français et son secrétaire général Maurice Thorez désapprouvent et minimisent.

Arrive l'un des automnes les plus sinistres de l'après-guerre.

Le 22 octobre 1956, l'armée française arraisonne par ruse l'avion qui emporte cinq dirigeants nationalistes algériens, dont Ben Bella. Les chefs du FLN sont faits prisonniers. Guy Mollet, prévenu après coup, couvre l'opération et relance ainsi brutalement la guerre d'Algérie.

Le 23 octobre, la population de Budapest se soulève contre le parti communiste hongrois. Deux jours plus tard, les troupes soviétiques interviennent puis se retirent. La révolte ouvrière tourne à l'insurrection antirusse, le gouvernement de Nagy, communiste libéral, s'écarte de l'Union soviétique. Le même mois, les centres ouvriers de Pologne se soulèvent.

Le 4 novembre, les troupes russes pénètrent une deuxième fois dans Budapest : deux mille cinq cents morts, deux cent mille réfugiés. Le PCF approuve bruyamment l'intervention et assure : « Budapest a retrouvé son sourire. » À Paris, des manifestants anticommunistes, et parmi eux des socialistes, font le siège de l'immeuble du comité central de *l'Humanité* et se battent contre les militants du PC. De nombreux intellectuels rendent leur carte au parti ou se font exclure, et parmi eux Roger Vaillant.

Dans le même temps, les armées franco-anglaises et Israël attaquent l'Égypte de Nasser, qui vient de nationaliser le canal de Suez. Les socialistes assurent : « Les fellaghas algériens sont les nervis du fascisme égyptien. » En fait, il s'agit pour Guy Mollet de frapper le principal allié arabe du FLN. Mais l'Union soviétique et les États-Unis menacent la France et l'Angleterre, qui retirent leurs troupes. Le canal de Suez demeure bloqué, l'essence rationnée en France. La guerre se généralise en Algérie, où le gouvernement confie les pouvoirs de police au général Massu et à ses parachutistes : ce sont les débuts de la bataille d'Alger, les ratissages et la torture.

Les Français ne s'en préoccupent guère et seuls quelques intellectuels s'indignent au milieu du silence de la classe politique.

Le 21 mai 1957, la Chambre renverse le ministère Mollet. En fait les députés lui reprochent davantage l'inflation, l'augmentation des impôts, la création de la vignette automobile et le déficit extérieur que la guerre en Algérie. Mollet répond qu'il a tout de même fait voter la troisième semaine de congés payés, réduit les zones de salaires et institué le Fonds national vieillesse.

La gauche sort accablée de cette expérience gouvernementale : la SFIO s'est identifiée au colonialisme et au coup de Suez. Elle s'est coupée d'une jeunesse qu'elle a envoyée combattre en Algérie. De son côté, le PC apparaît comme le complice des Russes à Budapest.

Devant l'Histoire, et aujourd'hui pour le parti socialiste lui-même, Guy Mollet représente l'esprit de trahison. Et pourtant, quiconque l'a interrogé demeure frappé par sa sincérité et ses convictions. Jean Touchard raconte comment Mollet a pu retourner un « tribunal universitaire » venu critiquer sa politique algérienne. « Il a joué l'homme de bonne volonté, le patriote, le démocrate, l'homme qui n'est pas si sûr de lui qu'on veut bien le dire, l'homme qui peut se tromper, non pas l'homme d'État, mais l'homme de conviction, non pas l'intellectuel mais le militant, le simple militant. Toutes les personnes qui ont assisté à cette séance ne se sont pas précipitées pour prendre une carte de la SFIO mais presque tout le monde se disait : “Après tout, ce Guy Mollet, il doit être plus compliqué qu’on ne pense. Puis, jouait-il ou était-il sincère ? S’il jouait, c’était vraiment très fort. Mais pourquoi ne serait-ce pas sincère ?” » La scène se passait en 1957.

Guy Mollet se réfère avant tout à la tradition et à la doctrine socialiste : « Je suis un homme de parti, je me définis par ma fidélité à ce parti auquel j’ai adhéré en 1923. » Il explique lui-même qu’il a été socialiste parce qu’il était pion dans un collège, que son itinéraire intellectuel ressemble à celui du Petit Chose d’Alphonse Daudet. Depuis il a toujours été marxiste, un peu sectaire, attaché aux mœurs de l’organisation. Symboles : dans le bureau qu’il occupait juste avant sa mort, il y avait cinq portraits aux murs – Jaurès, Guesde, Bracke (premier traducteur en France du *Manifeste du parti communiste* de Marx et Engels), Robespierre et Blum. En face, une photo d’Arras, le beffroi illuminé de la ville dont il était maire. Et puis un petit drapeau rouge monté sur un bâton, une lampe de mineur, une collection d’ours en bronze ou en bois taillé, pour représenter l’OURS, l’Office universitaire de recherches socialistes qu’il dirigeait. Son secrétaire disait : « Il a le culte des grands ancêtres, ce qui est devenu rare aujourd’hui, hélas, surtout dans la jeunesse. »

En 1956, Mollet s’est senti l’héritier de Jaurès et de Blum : il n’a pas voulu engager l’héritage dans les risques de la décolonisation, voir le parti socialiste accusé d’antipatriotisme, brusquer les sentiments conservateurs de la population française. En réalité, il a moins gouverné le pays qu’exprimé le sentiment de la majorité des militants et des électeurs de la SFIO, la vieille gauche laïque, républicaine : un attachement au parlementarisme préservé contre les communistes, à l’alliance américaine, à l’Europe, à la présence française en Algérie. Mollet s’est senti plus proche du prolétaire ou de l’instituteur de Bab el Oued que du nationaliste arabe. Il a cru pouvoir gagner la guerre, traverser les tactiques politiciennes sans mettre en cause les principes, sauver la France et la République du panarabisme, comme ses pères socialistes les avaient sauvées de la menace allemande en 1914 : le socialisme viendrait plus tard. Il n'a jamais renié ni sa politique algérienne ni l'opération de Suez, fier d'avoir défendu Israël contre l'Égypte, « alors que Léon Blum n'avait pu sauver l'Espagne républicaine ». Reste le plus grave, les tortures qu'il a couvertes et cachées. À cela il n'y a pas d'explication, sinon que tous les dirigeants de la IVe République – et du début de la Ve – ont participé à l'horreur.

Guy Mollet appelle le général de Gaulle

1958, la IVe République va mourir. Il y a eu deux gouvernements radicaux depuis le gouvernement socialiste de Guy Mollet, et toujours la guerre d'Algérie. En mai 1958, au milieu d'une crise ministérielle, la population européenne d'Alger manifeste avec violence. Le 13 mai, l'Assemblée nationale accorde l'investiture à un gouvernement présidé par Pierre Pfimlin, MRP. Les socialistes donnent leur soutien mais refusent d'y participer. Le même jour, Alger se soulève pour imposer à la France une politique plus dure envers le FLN, l'armée rejoint les mutins. Affolement à Paris. Le 15 mai, Guy Mollet entre dans le gouvernement, suivi deux jours plus tard par Jules Moch qui prend le ministère de l'Intérieur.

Le régime discrédité est incapable de se maintenir contre la rébellion des ultras et de l'armée. Motions, protestations, inquiétudes, puis abandon : on fait appel au général de Gaulle, Guy Mollet lui-même se rallie. Lorsque de Gaulle présente son gouvernement, le 1er juin 1958, Mollet est ministre d'État. Mais 49 socialistes votent avec les communistes, contre le gouvernement.

La rébellion algéroise s'apaise au nom du général de Gaulle. Pendant l'été celui-ci fait préparer la Constitution de la Ve République, à laquelle Guy Mollet et Michel Debré, le futur Premier ministre, travaillent ensemble. Lorsque se tient le référendum sur la Constitution, les socialistes votent « oui » à une grande majorité. Seuls quelques militants s'insurgent, quittent la SFIO et forment un Parti socialiste autonome (PSA) : ce sont Daniel Mayer, le secrétaire général de la Résistance, et ses amis, Depreux, Verdier, André Philip... Gaston Defferre hésite à les rejoindre puis reste avec Guy Mollet. Parmi les hommes politiques notoires, seuls Pierre Mendès France et François Mitterrand votent contre la Constitution, ainsi que le PCF.

Les Français approuvent la Constitution de la Ve République par près de 80 % des suffrages exprimés. Aux élections législatives qui suivent, les socialistes s'allient avec les gaullistes et toute la droite. Les communistes perdent un million et demi de voix et passent à la Chambre de 144 sièges à 10 ; la SFIO de 94 à 41.

Le parti socialiste irrité par le « pouvoir personnel » de Charles de Gaulle retourne dans l'opposition en avril 1959, sans bien savoir ce qu'il peut y faire, ennemi des communistes et fort silencieux sur la guerre d'Algérie. À sa gauche, le Parti socialiste autonome rencontre les petits groupes antigaullistes, une Union de la gauche socialiste, Mendès France, des exclus du PCF, et fonde le Parti socialiste unifié (PSU). Ceux-là protestent contre la guerre, contre les attentats de l'OAS et des fascistes, manifestent avec les étudiants de l'UNEF et les syndicats chrétiens de la CFTC, plus difficilement avec le parti communiste et la CGT.

C'est de Gaulle qui, au printemps 1962 et après bien des péripéties, fera la paix et accordera l'indépendance à l'Algérie.

Les belles années 1962

1962. Pour la première fois depuis vingt ans, l'armée française n'est pas engagée dans un combat. La France qui avait été au centre des événements mondiaux avec la guerre, l'Occupation, la Résistance puis la décolonisation de l'Algérie, la France sort de l'Histoire. Elle se découvre soudain en paix, nation moyenne, sans autre problème qu'un retard économique et social sur les grands pays de l'Occident développé.

Elle découvre aussi un paysage international bouleversé. La guerre froide est terminée depuis longtemps et les États-Unis ont pris l'habitude de négocier avec l'Union soviétique. Deux hommes symboles ont accédé au pouvoir : Kennedy et Khrouchtchev. À Rome un nouveau pape, Jean XXIII, réforme l'Église et supprime la messe en latin. Les États-Unis promettent l'abondance et le libéralisme ; l'URSS un communisme antistalinien. « Le socialisme est une bonne chose, dit Khrouchtchev, mais avec du beurre, il est encore meilleur. » Il ajoute : « Plus on a à manger, plus on est démocrate. »

Les spoutniks russes tournent autour de la planète ; *Lunik II*, frappé de la faucille et du marteau, touche la Lune avant les fusées américaines. Les pays du tiers-monde décolonisé siègent à l'ONU et se disent « pays en voie de développement ».

Une crise internationale pourtant : les Russes installent des missiles nucléaires à Cuba, où la révolution de Fidel Castro a triomphé voilà trois ans. Kennedy menace Khrouchtchev, un frisson de guerre atomique parcourt le monde. Les deux K négocient au bord du drame absolu. Kennedy l'emporte mais accepte de respecter la souveraineté de Cuba ; Khrouchtchev retire les missiles. L'unité du bloc socialiste se brise : la Chine de Mao Tsé-toung accuse l'Union soviétique de « reculade devant l'impérialisme américain ».

En France, le général de Gaulle propose que l'élection du président de la République se fasse au suffrage universel. Tous les partis de la IVe République s'indignent : bonapartisme, pouvoir personnel, plébiscite, – vieilles argumentations. La SFIO de Guy Mollet rejoint les radicaux, le MRP et les Indépendants dans un Cartel des non. Maurice Thorez, toujours secrétaire général du PCF, voudrait bien sortir son parti de l'isolement. Il tente de se rapprocher de Guy Mollet, celui-ci refuse, Thorez ne renonce pas et dit : « Marcher séparément pour frapper ensemble. »

Seuls les gaullistes de l'UNR et les amis de Giscard d'Estaing soutiennent le général de Gaulle, qui l'emporte par 61 % de « oui ».

Élections législatives : les gaullistes bousculent la gauche jusque dans ses fiefs. La SFIO tombe à 12,7 % des voix, 3 % de moins qu'en 1958. L'ensemble des vieux partis de la IVe République se retrouve en minorité au Parlement.

Il s'est cependant produit un événement remarquable entre les deux tours des élections. Guy Mollet, sur le point d'être battu dans sa circonscription d'Arras, a lancé un appel aux communistes : que l'unité de la SFIO et du PC contre les gaullistes se fasse le temps d'un scrutin. On oublie les querelles durant une semaine, des électeurs communistes votent pour des socialistes, des électeurs socialistes votent pour des communistes. On voit François Billoux, député du PCF, tenir meeting à Sète et présenter à la salle « le camarade Jules Moch », comme si le ministre de l'Intérieur Jules Moch n'avait pas en 1948 envoyé la troupe contre les grévistes communistes. À Arras, le PC fait semblablement applaudir Guy Mollet. Les communistes vont loin dans le compromis, jusqu'à se désister pour le chanoine Kir, candidat de droite contre l'UNR à Dijon.

Il s'agit simplement de « barrer la route à l'aventure gaulliste », dit le PC. Et la SFIO : « C'est une tactique de circonstance. » Mais les deux partis se sont rencontrés, emportés l'un comme l'autre par l'antigaullisme de leurs cadres et de leurs dirigeants.

Les tristes années 1965

Après les années 1962, les années 1965 : Kennedy a été assassiné, Khrouchtchev écarté du pouvoir par Brejnev et les chars du maréchal Joukov, Jean XXIII est mort. L'Amérique se bat au Viêtnam, l'Union soviétique arrête la déstalinisation et Paul VI, le nouveau pape, interdit solennellement l'usage de la pilule aux couples catholiques. Le réformisme et l'optimisme s'effacent.

Maurice Thorez est mort lui aussi : Waldeck Rochet, Bourguignon tranquille, lui succède au secrétariat général du parti communiste. Sans se libéraliser dans ses mœurs le PCF propose à la SFIO, inlassablement et sans succès, l'union des forces démocratiques et réclame avec nostalgie une « démocratie rénovée » qui ressemble beaucoup à la IVe République. La pensée marxiste s'est assoupie. Roger Garaudy, philosophe communiste, fait sensation le jour où il avoue qu'il aime Kafka, Saint-John Perse et Picasso. Guy Mollet régente encore la SFIO qui perd ses militants. Coupés de la jeunesse et de toute révolte, les notables socialistes conservent leurs mairies et les places fortes du Nord et des Bouches-du-Rhône.

Le socialisme ? On ne sait plus très bien ce que veut dire ce mot. Que gardent en commun les pays ou les mouvements qui s'en réclament, l'URSS et son nouvel adversaire la Chine, Bourguiba et la Tunisie anticollectiviste, Cuba et son radicalisme, la Yougoslavie neutraliste, la Suède social-démocrate, la Birmanie inconnue, les États d'Afrique noire encore féodaux et déjà bureaucratisés, les travaillistes anglais, et, en France, outre la SFIO et le PC, des chrétiens progressistes et des anarchistes partisans de la violence ?

Les nouvelles générations qui accèdent à la politique ne trouvent plus un seul parti où elles se sentent à l'aise. Elles protestent contre les vieux appareils et cherchent un nouveau langage. Les grandes organisations françaises vivent une crise dans leurs mouvements de jeunesse : entre 1964 et 1965, le PCF exclut les étudiants communistes, la hiérarchie catholique les étudiants catholiques, la hiérarchie protestante les étudiants protestants, la hiérarchie juive les étudiants juifs. Quant aux étudiants socialistes, ils sont vraiment trop peu nombreux pour prêter à dissolution.

Puisqu'il ne se passe rien en Europe, une jeunesse regarde au-delà des frontières la Révolution renaître et s'armer contre l'impérialisme américain. Là-bas, face aux côtes de Floride, Cuba devient le modèle d'un communisme héroïque et libre. Ernesto « Che » Guevara quitte son poste de ministre des Finances pour s'en aller lutter en Bolivie ; le curé rouge Camillo Torres meurt au combat dans le maquis de Colombie ; aux États-Unis mêmes, la population noire se lève contre le racisme et brûle ses ghettos. Ho Chi-minh incarne la résistance du Viêt-nam bombardé par les B 52 américains. À Saigon, des bonzes s'immolent publiquement par le feu et l'on magnifie la mort intrépide du héros viêt-cong Nguyen Van-troi, fusillé pour son action révolutionnaire.

Les sierras et les rizières séduisent d'autant plus les jeunes Occidentaux que les sociologues expliquent l'intégration de la classe ouvrière à la « société de consommation ». La grande grève des mineurs français de 1963, qui défie le général de Gaulle, n'empêche pas les discours technocratiques sur la mort des idéologies et la fin de la lutte des classes.

La déchéance progressive des partis politiques français crée une inquiétude au-delà des facultés et du quartier Latin. Des hauts fonctionnaires, des professeurs, des responsables syndicaux se rencontrent. À l'écart du PC et de la SFIO, sans rejoindre le PSU qui s'épuise dans des batailles de tendances, ils fondent des Clubs. Rien à voir avec les clubs révolutionnaires de 1793 ou 1848 : ce sont de paisibles groupes de réflexion qui s'appellent *Club Jean Moulin*, *Citoyens 60*, *Cercle Tocqueville*... On y discute de la « démocratie moderne », des idées de Mendès France ; on y parie sur les « forces vives », expression qui désigne à la fois les jeunes agriculteurs, les étudiants et l'UNEF, leur syndicat, les ouvriers chrétiens de la CFTC.

Et puis il faut songer à l'élection présidentielle de 1965. Qui présenter contre de Gaulle ? *L'Express* définit un candidat, Monsieur X, un homme de gauche modéré qui saura mobiliser les « forces vives ». Monsieur X se révèle : c'est Gaston Defferre, deuxième personnage de la SFIO et rival de Guy Mollet. Il veut fondre dans une Grande Fédération la SFIO, le MRP et les Clubs : « La gauche d'opposition, dit-il, doit se transformer en gauche de gestion. » Il affirme son anticommunisme, bannit le marxisme et la lutte des classes, propose de regarder au-delà du gaullisme vers la société future de 1980. Le projet ressemble à celui de Léon Blum et de Daniel Mayer en 1946.

Il aura le même ennemi, gardien et sauveur de l'appareil : Guy Mollet. Le secrétaire général ne négocie avec Defferre, le MRP et les Clubs que pour casser la Grande Fédération. Tout se termine par une dispute sur la laïcité. Defferre renonce à se présenter contre le général de Gaulle.

La gauche n'a plus de candidat. Quelques dirigeants radicaux hésitent, Mendès France refuse. Le 9 septembre 1965, à moins de deux mois de l'élection présidentielle, le général de Gaulle donne une conférence de presse. En plein milieu, les agences reçoivent un communiqué : François Mitterrand sera le candidat unique de la gauche.

Les Français avaient un peu oublié Mitterrand, l'un des rares députés non communistes qui aient dit « non » à de Gaulle dès le début. L'homme est presque solitaire. Il entraîne une toute petite

Convention des institutions républicaines, réunion de quelques amis et des clubs les plus factices. Il est dans l'opposition, il n'est pas vraiment socialiste. Venu de l'extrême droite et des Ligues d'avant-guerre, il a été onze fois ministre sous la IVe République et mêlé à un scandale, un faux attentat monté contre lui dans les jardins de l'Observatoire. Au Parlement, on l'écoute parce qu'il est bon orateur mais il ne représente que lui et le style d'une République dépassée. Un jour où il attaque le gouvernement, Pompidou le coupe : « Taisez-vous, vous n'êtes qu'un fantôme. »

On ne sait trop s'il a du caractère, une volonté politique, ou s'il aime simplement jouer et parier sur son destin. Puisqu'il est candidat, Guy Mollet l'appuie faute de mieux, et sans y croire ; le PC lui apporte ses voix, par crainte d'avoir à se battre sous ses propres couleurs. Tout le monde est persuadé que le général de Gaulle va écraser ses adversaires. L'extrême gauche intellectuelle ricane : « La gauche va atteindre le niveau le plus bas depuis le IInd Empire. »

5 décembre, premier tour de l'élection présidentielle. Les chiffres sont incroyables : le général de Gaulle est en ballottage avec 45 % des voix. Mitterrand atteint 32 %. Il pousse aussitôt son avantage, se fait nommer président de la Fédération de la gauche démocrate et socialiste (FGDS) qui regroupe les socialistes, les radicaux et certains clubs. Au second tour, seul candidat de l'opposition, Mitterrand recueille plus de dix millions de voix, 45 % des suffrages, presque la moitié de la France. Le général de Gaulle est élu sans gloire.

Voilà qui redonne confiance à la gauche et la pousse à l'unité. En 1966, socialistes et communistes se rencontrent officiellement pour parler de politique, renonçant à vingt ans d'insultes. Aux élections législatives de 1967, le PC, la SFIO et les radicaux s'allient et, avec le centre, manquent de faire basculer la majorité gaulliste. Cette demi-victoire compense une initiative malheureuse de Mitterrand, la constitution d'un contre-gouvernement, moqué par la presse unanime et composé de :

François Mitterrand, président ;
Guy Mollet, Affaires étrangères et Défense nationale ;
Ludovic Tron, Affaires économiques et financières ;
Gaston Defferre, Affaires sociales et administratives[1] ;
Étienne Hirsch, Plan ;
René Billères, Éducation nationale ;
Michel Soulié, Droits de l'homme et du citoyen ;
Pierre Mauroy, secrétaire d'État à la Jeunesse ;
Christian Labrousse, secrétaire d'État à la Recherche scientifique ;
Marie-Thérèse Eyquem, secrétaire d'État à la Promotion de la femme ;
Georges Guille, secrétaire d'État aux Collectivités locales ;
Robert Fabre, secrétaire d'État à l'Aménagement du territoire.

Gouvernement imaginaire et peu exaltant. On ne s'en soucie guère au quartier Latin où réapparaît progressivement une extrême gauche révolutionnaire. Trotskistes, maoïstes et militants de groupuscules se définissent d'abord par leur hostilité à Mitterrand et à la gauche réformiste. Ils cherchent plutôt leurs idées dans les publications de la librairie Maspero, les livres de Guevara, de Régis Debray, de Mao Tsé-toung, de Rosa Luxemburg et du général Giap. Ils se trouvent des frères sur tous les continents : des étudiants décidés secouent les universités de Berkeley aux États-Unis, de Tokyo, puis d'Italie et d'Allemagne. En Chine, Mao a lancé sa révolution culturelle, les Gardes rouges contre les bureaucrates : les Gardes rouges ont dix-sept ans. À Paris, des groupes d'étudiants exclus du PC applaudissent aux frustres mots d'ordre de Pékin ; Jean-Luc Godard met en scène les premiers maos français dans son film *la Chinoise*.

1. On note que personne n'est chargé du ministère de l'Intérieur.

Le 1er janvier 1968, le général de Gaulle souhaite une bonne année aux Français. Il déclare : « Au milieu de tant de pays secoués par tant de saccades, le nôtre continuera de donner l'exemple de l'efficacité dans la conduite de ses affaires. »

Waldeck Rochet, secrétaire général du parti communiste, dit à ses militants : « Les efforts pour parvenir à un programme commun de gouvernement doivent être poursuivis, sinon il n'y aura pas de gouvernement de gauche en France. »

En février, Jules Moch évoque dans *le Figaro* l'anniversaire du coup de Prague de 1948. Le même jour, les négociateurs de la Fédération de la gauche et du PC signent une plate-forme commune. Ce n'est pas encore un programme de gouvernement, mais le document condamne avec fermeté la gestion gaulliste, esquisse des objectifs économiques et ne cache pas les divergences qui subsistent sur l'Europe. Le parti communiste s'oppose à l'entrée de la Grande-Bretagne dans le Marché commun.

Mitterrand se trouve désormais fort d'une alliance, d'un programme, d'un électorat. Lors d'une émission de télévision, il proclame avec assurance : « Lorsqu'on parle aux Français au nom de près de la moitié d'entre eux, cela confère de nouvelles responsabilités. On ne peut plus être simplement l'élu de son parti. On est, pour une certaine part, comptable du peuple tout entier. »

Mai 1968

À Nanterre, quelques étudiants s'agitent et la France n'y prête pas attention.

En Tchécoslovaquie, le système hérité du stalinisme se fissure. Les communistes libéraux parviennent au gouvernement, les ouvriers et les étudiants manifestent, la censure n'est plus si rigoureuse : on invente l'idée d'un socialisme à visage humain. À l'autre bout du monde, au Viêt-nam, le corps expéditionnaire américain dépasse cinq cent mille hommes. Le Vietcong lance sa grande offensive du Têt : les gouvernementaux bombardent Saigon envahie par les révolutionnaires.

Le quartier Latin s'émeut. Pour les militants d'extrême gauche, l'Indochine est devenue « la clé de voûte de la Révolution mondiale ». Jeunes gauchistes et jeunes fascistes, casqués, se battent à coups de manches de pioche. Les fascistes du groupe Occident saccagent un local des comités Viêt-nam, les comités Viêt-nam saccagent une exposition des fascistes, représailles et contre-représailles : le 3 mai 1968, quatre cents militants révolutionnaires attendent Occident dans la cour de la Sorbonne.

À l'appel du recteur, c'est la police qui arrive. Mais la préfecture n'avait pas prévu assez de cars pour embarquer tout le monde. Les gauchistes interpellés doivent attendre ; les cars, d'antiques Citroën noirs et bosselés, font la navette sous les yeux des étudiants qui sortent de leurs cours. Attroupements, protestations. Les étudiants les plus résolus ont des visages imités du « Che », cheveux flous sous un béret frappé de l'étoile. Ils tranchent sur la série ordinaire des blazers, des cartables et des cheveux courts. Les policiers s'énervent, les étudiants aussi. Qui a donné le premier coup de matraque ? Qui a ramassé le premier pavé ? L'émeute commence, une violence inconcevable dans la France de Charles de Gaulle et de François Mitterrand.

L'Humanité, dans un article du secrétaire à l'organisation du parti, Georges Marchais, condamne sans nuance « les groupuscules gauchistes dirigés par l'anarchiste allemand Cohn-Bendit ». Paris vit cinq jours de manifestations en une semaine. Les CRS lancent des grenades lacrymogènes, les étudiants lancent des pavés. Les CRS, les Gardes mobiles, la police matraquent, excédés, empêtrés dans de lourds uniformes bleus ou noirs, de grosses lunettes antigaz et des boucliers hétéroclites, ronds comme des couvercles de poubelles, ou carrés, avec une meurtrière de grillage. Les étudiants n'ont plus de blazers mais des anoraks rembourrés de papier et des lunettes de moto.

Le 10 mai, c'est la nuit des barricades, la plus longue, le quartier Latin, hérissé de tas de moellons et de voitures renversées, se transforme en redoute insurrectionnelle. Au rebord des fenêtres, des transistors : on y suit les négociations entre les révolutionnaires et le gouvernement, puis, l'assaut donné, la progression de la police. Dans le dernier carré de l'émeute, une rumeur court, la même qu'à Saint-Merri en 1832 : « Des milliers d'ouvriers marchent à notre secours. » Les ouvriers dorment. Il y a des centaines de blessés, matraqués au sol, aveuglés par les gaz, des centaines d'arrestations. La brutalité des forces de l'ordre rallie l'opinion et les partis à la révolte étudiante. Les syndicats appellent à la grève nationale.

Le 13 mai, dixième anniversaire du retour du général de Gaulle, Paris se retrouve paralysé par la grève et par une manifestation énorme. Un million de personnes, disent les syndicats. Cent soixante-dix mille, dit la télévision. On crie : « Bon anniversaire, mon général ! » et « Dix ans, ça suffit ! ». On rit. On chante *l'Internationale.* Puis les ouvriers, les employés rentrent chez eux. Les étudiants occupent la Sorbonne, y dressent un piano et dansent jusqu'à l'aurore.

Est-ce la Révolution ?

15 mai. Comme à Renault en mai 1936, ou en mai 1947, une grève à la fois spontanée et trotskiste éclate aux usines Sud Aviation de Nantes, Renault de Cléon et sur les chantiers navals de Bordeaux. Comme en 1936 ou en 1947, la CGT, débordée au départ, perçoit la profondeur du mécontentement ouvrier. Elle coiffe la grève en l'étendant. En trois jours on passe de quelques milliers à deux millions de grévistes. En cinq jours à cinq millions. Chaque matin on écoute à la radio l'interminable liste des nouvelles usines et administrations où l'on cesse le travail, et que souvent l'on occupe, sous le drapeau rouge.

La violence de la rue et le sommeil des machines déracinent les institutions. Les manifestants sont passés un soir devant le palais Bourbon, au pas de course, sans le voir. Ils oublient l'Hôtel de Ville, cible de tous les émeutiers du XIXe siècle. Ils occupent la Sorbonne et la rue, cela leur suffit, traversent Paris au hasard des carrefours, des murs de policiers qui gardent les ponts, cars en quinconce. Ils couchent dans les facultés occupées, beaucoup font l'amour pour la première fois, beaucoup se fâchent avec leur famille.

Que se passe-t-il ? Si Mai 68 est une révolution, même manquée, c'est la première révolution sans massacre. On ne compte que cinq morts : deux ouvriers de Sochaux, un maoïste noyé dans la Seine, un manifestant tué par une grenade boulevard Saint-Michel et un commissaire de police à Lyon[1]. Bien sûr, on relève des dizaines de morts imaginés. Les étudiants miment la Commune. En face, les policiers miment la Terreur blanche : ils font des prisonniers par

1. Encore que ce dernier cas semble relever d'une confusion.

milliers, qu'ils parquent une nuit à Beaujon, ancien hôpital devenu école des gardiens de la paix. Le lendemain, ils libèrent les prisonniers qui retournent à leurs barricades.

Comme en 1848, on parle de tout, on publie tout, on affiche tout. Rien que pour se montrer et discourir, on occupe le théâtre de l'Odéon, que des milliers d'orateurs empilés menacent de faire crouler. Des inconnus s'abordent dans la rue pour reconstruire le monde. Les footballeurs occupent le siège de leur Fédération, ils exigent d'une seule voix plus de considération pour leur travail et de meilleurs contrats d'engagement. On dit qu'à Nantes le peuple contrôle les entrées de la ville, que les paysans solidaires livrent des poulets aux grévistes, qu'aujourd'hui la Vendée est rouge. Vue de la Sorbonne, Nantes est aux mains des comités de grève, des comités de ravitaillement, des comités de surveillance des prix :

« Mais non ! Il n'y a même plus de prix. Le troc a remplacé l'argent pourri !

– En tout cas, c'est une situation de double pouvoir !

– Comme à Petrograd avec les soviets. »

Les maoïstes ont affiché leur certitude : « Les ouvriers prendront des mains fragiles des étudiants le drapeau de la lutte contre le régime antipopulaire. » Mais lorsque les cortèges étudiants vont visiter Renault en grève, la CGT, toujours contrôlée par le PCF, leur ferme les grilles de l'usine au nez.

Au Parlement, on vote. L'opposition a déposé une motion de censure : elle estime qu'elle pourrait renverser le gouvernement puis refait ses calculs et échoue de justesse. Les socialistes ne comprennent rien à la rue. Que faire ? Mitterrand l'avouera plus tard : « Nous parlions de l'Université quand il s'agissait déjà de politique générale, nous parlions de politique générale quand il s'agissait de la société, et nous parlions de société quand il s'agissait de civilisation. »

À Pékin, le 21 mai, cinq cent mille ouvriers chinois et Gardes rouges clament sur la place Tien An Men leur soutien à la lutte héroïque du prolétariat révolutionnaire français. En Allemagne, en Italie, en Espagne, les jeunes gens manifestent sous les drapeaux rouges et les portraits de « Che » Guevara. À Venise, à Milan, à Santiago du Chili, à Dakar, les étudiants occupent les facultés. Au Viêt-nam, les révolutionnaires ont repris l'offensive et assiègent la grande base américaine de Khe-sanh.

Le 24 mai, deuxième grande journée de barricades, des combats dans tout Paris. Le gouvernement fait distribuer aux policiers des cartouchières cousues, ultime mesure avant l'ordre d'ouvrir le feu. Au quartier Latin la bataille se termine dans une extraordinaire violence. Si le matin les révolutionnaires semblent avoir perdu, le gouvernement sait que l'émeute aurait pu facilement prendre un ministère, peut-être faire céder une police épuisée et démoralisée.

Neuf millions de grévistes, et plus d'essence pour les voitures. La France est immobile, la province inquiète. Soudain, le 29 mai, cette question : « Où est de Gaulle ? » De Gaulle a quitté Paris en hélicoptère pour une destination inconnue. L'Élysée s'affole, la gauche s'interroge, la Sorbonne exulte. Pour conjurer le vide et le communisme, de nombreux hommes politiques se tournent vers Mendès France : « Je ne refuserai pas, déclare Mendès, les responsabilités qui pourraient m'être confiées par toute la gauche réunie. » Mendès, l'avant-veille, était au grand meeting du stade Charléty, face à soixante mille étudiants qui n'arrivent ni à détester ni à aimer cet homme politique bizarre, sans parti et sans préjugé.

Le 29 encore, ces clameurs : « Gouvernement populaire ! Adieu de Gaulle ! » Elles viennent des boulevards où défilent, à l'appel du PC et de la CGT, des centaines de milliers de personnes. L'après-midi, on a vu les camions de la CGT traverser Paris, bondés d'ouvriers de Billancourt, poing levé, drapeau rouge. Les beaux quartiers ont peur.

En dix minutes le lendemain, le général de Gaulle sauve son régime. La télévision est en grève, il parle sans image, d'une voix dure. Il reste, il dissout l'Assemblée nationale. Les beaux quartiers affluent sur les Champs-Élysées, y mêlent leur joie à celle de concierges, d'épiciers, de paras en tenue léopard. Il y a aussi des ouvriers, des étudiants. Trois cent mille gaullistes saluent l'Arc de Triomphe. Plus tard, on saura que de Gaulle est revenu d'Allemagne, de la base de Baden-Baden où le général Massu lui a remonté le moral. Il isole les étudiants en attirant la gauche sur le terrain électoral. Pour le parti communiste, plus question de « gouvernement populaire ». La police reprend la Sorbonne.

Le 1er juin à l'aube, des files d'automobiles attendent l'ouverture des stations-service : l'essence revient. Les négociations au sommet entre le patronat et les syndicats, entamées depuis cinq jours, aboutissent aux accords de Grenelle. Le travail reprend d'abord dans les petites entreprises puis dans la fonction publique. Paul Huvelin, dirigeant du patronat, conclut : « La confrontation a été dure mais vraiment constructive. »

La France vote en juin. Avec 36 % des voix, l'Union de défense de la République, le parti gaulliste, remporte 293 sièges de députés. Dans l'histoire électorale du pays[1] jamais aucune formation n'avait eu pareille majorité.

La Commune étudiante, radicale et minoritaire, a brisé les grandes habitudes politiques et sociales. Dans les années 1970 tous les groupes, toutes les professions sont touchés et, comme les étudiants, se découvrent un goût pour la violence et les actions d'éclat : les camionneurs bloquent les autoroutes avec leurs camions, les cadres manifestent dans la rue, les prostituées de Lyon occupent une église avec l'accord du curé. Une troupe d'épiciers et de restaurateurs marche à l'aube sur Grenoble, elle pille des perceptions : ce sont les petits commerçants qui s'abandonnent eux aussi au romantisme de l'illégalité.

1. Il s'agit bien entendu des élections libres, ce qui exclut les scrutins influencés du Ier et du IInd Empire.

Le nombre des heures de grève augmente, celui des divorces aussi. Les femmes revendiquent l'égalité et l'indépendance. Des prêtres se marient. On découvre sans cesse de nouvelles minorités opprimées : des homosexuels peints qui tiennent meetings et exigent le droit au déguisement, des paysans bretons qui séquestrent leur ministre dans une cour de ferme. Sur le plateau du Larzac réquisitionné par l'armée, d'autres paysans refusent de vendre leurs terres à moutons, ils se battent contre les gendarmes et les huissiers. Partout des luttes, et des chrétiens de gauche dans toutes ces luttes, et des maoïstes, et des trotskistes. « La bourgeoisie, disent les mao, occupe la France comme jadis les nazis, nous sommes les nouveaux résistants. » Les mao posent des bombes dans les chantiers navals de Dunkerque ou, bousculant les contrôleurs, ouvrent le métro gratuit aux ouvriers de Renault.

Plus besoin de héros exotiques, le « Che » Guevara est mort en Bolivie. Quand les Russes occupent la Tchécoslovaquie, l'été 1968, les combattants de Mai oublient les combattants de Prague, comme ils oublient les deux millions de Biafrais qui tombent pour l'indépendance, quelque part en Afrique. L'aventure politique rôde à nouveau en Occident. *Le Monde* ouvre une rubrique « Agitation ». On étudie le marxisme avec passion, les collections de poche rééditent les classiques du mouvement ouvrier. La tête de Trotski paraît sur les affiches de cinéma : le film est de Losey, avec Alain Delon dans le rôle de l'agent de Staline.

Les syndicats recrutent. La CGT dépasse deux millions d'adhérents, la CFDT sept cent mille : les gouvernements doivent composer. Ils réforment avec prudence mais répriment avec fracas : M. Marcellin, qui voit des gauchistes partout, est ministre de l'Intérieur. Il est vrai que pour aller au bout de l'idée révolutionnaire, des centaines de gauchistes « s'établissent en usine » et rencontrent enfin le prolétariat. D'autres, qui veulent tout et tout de suite, se fatiguent du militantisme et cessent de se couper les cheveux. Les voici en Ariège, où ils élèvent des chèvres. Ou bien en

Inde, d'où ils ramènent l'habitude du haschisch. Ils ont sacrifié la révolution politique à la musique rock, ils préfèrent changer l'homme comme au temps des utopies et du socialisme naissant : ils créent des communautés dans leurs banlieues ou dans le midi de la France. Bientôt ceux-là débordent les militants par le nombre et l'imagination, car le gauchisme a déjà sa routine, celle des tracts à ronéoter, des meetings à encadrer, des congrès à préparer. Les trotskistes se présentent à toutes les élections.

Mitterrand et le nouveau PS

Bien entendu, la Fédération de la gauche ne survit pas à Mai. Personne ne la dissout, elle disparaît d'elle-même après la défaite électorale. Mitterrand se replie avec les clubs de sa Convention. Il subit les critiques des députés socialistes battus, qui estiment néfaste l'alliance avec les communistes. Période de transition : Guy Mollet est toujours secrétaire d'une SFIO en pleine décadence mais autour de lui on parle de construire un « nouveau parti socialiste ».

Le 27 avril 1969, le général de Gaulle perd un référendum et démissionne. Il faut élire un président de la République. Contre Pompidou, Defferre et Mendès France se présentent en duo au nom de la gauche non communiste. Désastre : ils recueillent 5 % des voix ; le socialisme électoral n'a jamais été si bas depuis les débuts de la IIIe République. Normal, expliquent les gauchistes : dans la France sauvage de l'après-Mai, il n'y a plus de place pour les réformistes. Ils se trompent : ce n'est que la SFIO qui va disparaître.

Deux mois plus tard en effet, la SFIO se transforme en un maigre Nouveau parti socialiste et Alain Savary, ancien militant du PSU, succède à Guy Mollet. Le Nouveau parti n'enthousiasme personne jusqu'au jour où François Mitterrand décide de s'en emparer.

C'est au congrès d'Épinay en juin 1971. Mitterrand et ses amis de la Convention adhèrent au parti socialiste et réduisent Alain

Savary soutenu par Guy Mollet. Belle manœuvre : Mitterrand s'est allié simultanément à tous les antimolletistes, tant ceux de l'aile droite que ceux de l'aile gauche du parti. Mollet, qui n'avait pas prévu une coalition si ouvertement hétéroclite, s'avoue vaincu et se retire définitivement.

À Épinay, il n'y a que cinquante mille adhérents qui d'ailleurs ne militent pas tous. Mais déjà le climat se transforme : « Finis les notables en cravate, dit un cheminot délégué de Longwy, finis les banquets. Les camarades bouffent des casse-croûte dans les couloirs du Congrès. Un tournant véritable ! »

François Mitterrand se fait élire premier secrétaire. Pour marquer le renouveau jusque sur le drapeau, il change le sigle des trois flèches en un poing à la rose. Il fixe la stratégie : le PS doit renoncer à toute alliance avec le centre ou la droite, s'ancrer à gauche, retrouver ses traditions et son vocabulaire de combat, s'entendre avec le parti communiste. Le mode de scrutin l'impose : sans alliance au second tour, on court à la débâcle électorale. Et puis l'unité, c'est le vieil espoir de Jaurès, le souvenir des victoires du Front populaire et de la Libération, l'oubli des abandons social-démocrates et du stalinisme, un ressort puissant.

Le PC se méfie et polémique un an encore. Au printemps 1972, *l'Humanité* commente le programme socialiste : « Il n'a de socialiste que le nom. » Pourtant, trois mois plus tard, c'est l'unité : communistes, socialistes et radicaux de gauche signent le Programme commun de gouvernement. Ils affirment leur volonté d'aller au pouvoir ensemble et de transformer profondément la société française. Nationalisations, planification, contrôle des travailleurs, le texte porte souvent la marque du verbe et des thèses communistes. Pendant six ans, il servira de repoussoir à la droite inquiète et de charte de combat pour la gauche.

Cette fois l'engagement paraît irréversible. Mais quelle est la part de la tactique ?

En 1832, chez les saint-simoniens de Ménilmontant. Le gilet se boutonne dans le dos et on ne peut le fermer sans se faire aider : c'est pour rappeler constamment à la solidarité humaine. (© Roger-Viollet)

DÉPART DÉFINITIF DU PÈRE CABET POUR... LA CALIFORNIE.
— Allez toujours tout droit, mes amis... c'est le chemin de l'Icarie je vous suis.

Calomnie anti-communiste (vers 1850) : la presse conservatrice accuse Cabet d'abandonner ses disciples pour mener la belle vie. (© Roger-Viollet)

1848 : Le club des Femmes vu par Daumier. (© BnF)

Sur la suggestion du peintre Courbet, la Commune fait abattre la colonne Vendôme, monument bonapartiste. (© L'Illustration)

Fin mai 1871, les communards mettent le feu aux Tuileries, à l'Hôtel de Ville et à une bonne part du centre historique de Paris. (© L'Illustration)

Allégorie militante publiée par *Socialismo popolare* (Venise, 1892). Le taureau buté du capitalisme ne résistera pas à la poussée de la locomotive triomphante du socialisme. Les phares de la science éclairent les rails de la raison historique. Chaque wagon représente un pays de l'Internationale. (© Roger-Viollet)

Naufrage de l'ordre bourgeois. La barque du socialisme menée par Karl Marx met le cap sur la cité future. (Droits Réservés)

Publicité parue dans le *Populaire*, organe du Parti socialiste S.F.I.O, dans les années 1930.
(© L'Ours)

La propagande de la droite contre le Front populaire en 1936 : un dessin de Sennep.
(© Adagp, Paris 2011)

1939. Le pacte germano-soviétique vu par le dessinateur américain Berryman. (Droits Réservés)

LE POPULAIRE DE PARIS

ORGANE CENTRAL DU PARTI SOCIALISTE (S. F. I. O.)

Directeur : LÉON BLUM — LE NUMÉRO : 2 francs — ÉDITION SPÉCIALE

LEVONS-NOUS ! et donnons à Sedan pour réplique L'Europe en liberté ! J'attends la République ! (VICTOR HUGO).

PARIS LIBÉRÉ !

Et maintenant, rassemblement autour du Socialisme

Le premier Manifeste de la Libération

PEUPLE DE FRANCE le Parti Socialiste t'appelle à l'ultime combat !

"...Si la République reste l'accusée, nous resterons à notre poste de combat comme ses témoins et ses défenseurs".

(Procès de Riom). LÉON BLUM.

NOS MARTYRS

BIEN des nôtres, des centaines, des milliers, sont morts au cours de ces dernières années qui furent des années de lutte.

Ils sont tombés face à l'ennemi, sur les champs de bataille de la liberté qui furent aussi des champs d'honneur...

Ou criminellement exécutés, sans défense, dans les geôles de la Gestapo.

Ou assassinés traîtreusement par les tueurs à gages des hitlériens français, par les Doriotistes, par les Miliciens.

Ou bien ils sont morts en captivité, en détention, dans un camp, dans une forteresse, dans un bagne...

25 août 1944 : la libération de Paris.
(© L'Ours)

FRANCE nouvelle

HEBDOMADAIRE CENTRAL DU PARTI COMMUNISTE FRANÇAIS

20 FR. – N° 378 – 14 MARS 1953

AFRIQUE DU NORD par avion : 25 fr.

DIRECTEUR POLITIQUE : – FLORIMOND BONTE – DÉPUTÉ DE PARIS

LE CŒUR DE STALINE

l'illustre compagnon d'armes et le prestigieux continuateur de Lénine le chef, l'ami et le frère des travailleurs de tous les pays

A CESSÉ DE BATTRE

MAIS LE STALINISME VIT IL EST IMMORTEL

Le nom sublime du maître génial du communisme mondial resplendira d'une flamboyante clarté à travers les siècles et sera toujours prononcé avec amour par l'humanité reconnaissante

A STALINE, A TOUT JAMAIS NOUS RESTERONS FIDELES

LES COMMUNISTES S'EFFORCERONT DE MÉRITER

par leur dévouement inlassable à la cause sacrée de la classe ouvrière, du peuple, de la démocratie et du socialisme, de la souveraineté, de l'indépendance nationale et de la paix

LE TITRE D'HONNEUR DE STALINIEN

GLOIRE ETERNELLE AU GRAND STALINE

dont les magistrales œuvres scientifiques impérissables nous aideront à rassembler la majorité du peuple et à devenir la force dirigeante de la Nation

SOUS LE DRAPEAU INVINCIBLE DE STALINE

en prenant pour modèle son glorieux Parti Communiste nous marcherons sur le chemin de la victoire

NOUS FERONS UNE FRANCE LIBRE, FORTE ET HEUREUSE

Le serment du PCF après la mort de Staline : il sera presque tenu.

Populaire Dimanche

11eme ANNEE - N° 492
12 OCTOBRE 1958

LE NUMERO : 30 FRANCS
Algérie, Maroc, Tunisie : 35 francs

HEBDOMADAIRE NATIONAL DU PARTI SOCIALISTE S.F.I.O

61, RUE LA FAYETTE, PARIS (9e) TEL. TRU 35-18 (Administration) - TRU 34-13 (Rédaction) Abonnement : 1 an : 1.000 francs - 6 mois : 500 francs. - C.C. Paris 410-15

LE PARTI SOCIALISTE
à l'avant-garde de la Ve République

Les socialistes approuvent la Constitution de la Ve République : c'est l'époque où Guy Mollet dialoguait avec Michel Debré. (© L'Ours)

À Lille, les mineurs acclament le général de Gaulle.
(© Gamma-Rapho)

ACTION

N° 37 • VENDREDI 24 JANVIER 1969 • PRIX : 0,50 F • REALISE AU SERVICE DES COMITES D'ACTION • ACTION : 52, RUE GALANDE, PARIS-5e, Tél. 633-76-61 et 633-26-67

quand c'est insupportable on ne supporte plus

Action, quotidien du mouvement de Mai lancé en trois jours par dix militants.
(© BDIC)

Allégorie pharaonique publiée en première page de Combat Socialiste, mensuel du PS, en novembre 1974. (© L'Ours)

François Mitterrand en jacobin de la Grande Révolution : c'est un dessin d'Arriens publié en couverture de l'hebdomadaire allemand *Der Spiegel* après la victoire socialiste aux élections législatives de juin 1981. Le titre dit : « Triomphe de la gauche ». (© Der Spiegel)

Dernier effort avant la victoire de 1981. (Elliot Erwitt / Magnum Photos – Collection FJJ-CAS)

1987-88 Mitterrand se transforme en Tonton. (Manuel Litran – Collection FJJ-CAS)

Fin 1987, Mitterrand se refuse toujours à dire s'il sera ou non candidat
à l'élection présidentielle de 1988. (© Willem)

1965 (Georges Beauchamp / IFM)

1981 (Patrick De Mervelec / Collection FJJ-CAS)

Les affiches de François Mitterrand pour les élections présidentielles de 1965, 1974, 1981 et 1988. On passe de : « Un président jeune pour une France moderne » sur fond de pylône E.D.F. à « La force tranquille » sur fond d'église à la croix rognée puis à Tonton « La France unie ».

1974 (Slogan : Claude Perdriel, Conception : Robert Delpire – Bernard Cuau / CIRIP Alain Gesgon)

1988 (Droits Réservés / Collection FJJ-CAS)

Les socialistes pensent à tout.
Affiche non datée.
(Droits Réservés / Collection FJJ-CAS)

Affiche pessimiste du parti socialiste
pour les élections de 1986.
(Daniel Robert / Collection FJJ-CAS)

Affiche peu convaincante de Jospin en 2002.
(Tandem / Collection FJJ-CAS)

Campagne de Ségolène Royal en 2007.
(Droits Réservés / Collection FJJ-CAS)

Le lendemain de la signature du Programme commun, François Mitterrand s'explique à Vienne devant les dirigeants modérés de l'Internationale socialiste : « Notre objectif fondamental, c'est de refaire un grand parti socialiste sur le terrain occupé par le PC lui-même, afin de faire la démonstration que, sur cinq millions d'électeurs communistes, trois millions peuvent voter socialiste. »

À la même époque, devant le Comité central du PCF, Georges Marchais présente un rapport longtemps tenu secret. Il craint bien que le parti socialiste ne se serve du PC pour arriver au pouvoir et renverse ensuite ses alliances. Il insiste : « Il serait dangereux de se faire la moindre illusion sur la sincérité et la fermeté du Parti socialiste à cet égard. [...] Pour nous, ajoute-t-il, les dispositions adoptées ne constituent évidemment pas un point d'arrivée ou, selon l'expression significative de Mitterrand, un "seuil maximum". Il s'agit au contraire de priorités de départ pour une puissante action des masses. » En d'autres termes, le PC rêve de déborder le PS, qui projette d'affaiblir le PC. À la base, on ignore ces arrière-pensées ; l'élan unitaire nourrit le militantisme et la progression des deux partis.

Printemps 1973 : la gauche unie est battue aux élections législatives mais le parti socialiste et les radicaux de gauche (20,8 %) ont presque rattrapé le parti communiste (21,4 %). Le PC inquiet menace : « Le PS a déployé des efforts parallèles à ceux de la grande bourgeoisie pour tenter d'affaiblir notre parti. »

Printemps 1974 : la mort du président Pompidou réconcilie la gauche. Mitterrand se présente, candidat unique des socialistes, des communistes et des radicaux de Robert Fabre. À moins d'un pour cent des suffrages, il échoue derrière Valéry Giscard d'Estaing. Son prestige étourdit les militants, cimente un électorat. La France oublie les gauchistes. Malgré la courte défaite, la campagne électorale a définitivement lancé le parti socialiste.

Des journalistes décrivent ce qui paraît un miracle : « Cent cinquante mille adhérents. On y trouve presque de tout, vraiment.

Des vieux notables qui portent la rosette, la bedaine et la couperose. Des ingénieurs qui veulent aérer leur laboratoire. Des économistes qui veulent voir chanter le PNB. Des bourgeois bien vêtus qui peuvent enfin parler pour de bon à leur épicier. Des arrivistes sûrement, et, paraît-il, quelques bonnes crapules, comme partout, mais en petit nombre. Des patrons même, et qui ne se déguisent pas. Des paysans que le socialisme a longtemps négligés puisqu'ils allaient mourir aux champs. Des ouvriers qui reviennent peu à peu, rendus méfiants par le souvenir de grands mots et d'actes trop petits. Des syndicalistes enfin, qui cherchent un débouché politique aux luttes. Tout ce monde s'agglutine et cela fait une soupe chinoise où flottent un marxisme sec, des traditions jaurésiennes et républicaines, le désir du pouvoir et le désir de révolution, l'énergie militante et une désinvolture de bons vivants. »

Les nouvelles couches frappées par Mai sont finalement entrées en politique, et au PS. Avec Mitterrand, le parti s'est doté d'un programme et tente de récupérer l'énergie libertaire de 1968 : le texte s'appelle « Changer la vie ». On y vante l'autogestion, on affirme que « les travailleurs doivent prendre leurs affaires en main, ici et maintenant ». C'est assez pour séduire des chrétiens de gauche, des syndicalistes de la CFDT, le tiers du PSU avec Michel Rocard : des milliers d'adhérents, et souvent les plus efficaces. Mais le PS multiplie aussi les bureaux d'études, les sections dans la haute administration. À l'université, chez les professeurs comme chez les étudiants, on peut enfin se dire socialiste sans avoir honte de Guy Mollet.

On se veut démocrate, on est donc divisé. Une aile gauche très marxiste, le CERES, et très émue : « Sommes-nous des révolutionnaires ? se demande l'un de ses dirigeants. Vingt-quatre heures avant notre mort, seul le ministre de l'Intérieur serait capable de le dire. » Et des maires de province, des syndicalistes de Force ouvrière qui critiquent à voix basse l'alliance avec les communistes : « Les mariages contre nature finissent toujours mal. »

Le parti socialiste n'est toujours pas un parti ouvrier. Les sections d'entreprise revivent depuis 1969 : on en compte sept cents, dix fois moins qu'au parti communiste qui s'inquiète, pourtant, de cette concurrence. La grande force du PS, préservée même pendant les années tristes, ce sont les mairies. Lille, Marseille, où Mauroy et Defferre bâtissent, et quatre mille autres communes administrées par des édiles modérés et peu soucieux d'autogestion. Les deux maires les plus jeunes de France sont socialistes : une femme dans un bourg de la Creuse, et un avocat à Hérouville-Saint-Clair, dans la banlieue industrielle de Caen.

Bien au centre, entouré de ses conseillers, Mitterrand tient l'appareil. Au-delà de la conjoncture, il règne sur le PS. Il tranche lors des congrès, avec de beaux discours lyriques. Il est pressé par des courtisans, adulé par la plupart des adhérents. Les deux scrutins présidentiels de 1965 et de 1974 ont aboli son passé de ministre sous la IVe République, il devient même malséant de l'évoquer et un historien de ses amis s'écrie un jour d'enthousiasme : « Vous êtes plus grand que Jaurès ! »

Que veut François Mitterrand ? On le sent alors attiré par le marxisme, et parfois si anticapitaliste qu'il trouve des excuses aux régimes de l'Est. En d'autres circonstances, il avoue : « Le réformisme me paraît être la seule voie possible, mais il a si mauvaise réputation qu'on hésite à la dire. »

À l'automne 1974, des élections partielles manifestent une nouvelle poussée socialiste. Le PC s'en offusque. Il attaque le PS sur tous les sujets : l'analyse de la crise économique comme celle de la révolution portugaise qui vient de triompher du vieux régime autoritaire.

Où vont Georges Marchais et son parti ? En janvier 1976, ils font à l'inverse un pas vers l'eurocommunisme lors de leur XXIIe congrès, le plus unitaire. Les voici qui renoncent au dogme de la dictature du prolétariat pour saluer un « socialisme aux couleurs de la France ».

La gauche gagne les élections cantonales de 1976 et surtout les municipales de 1977. PC et PS s'installent ensemble dans de nombreuses mairies. La gauche est désormais majoritaire en France.

On attend les élections législatives de 1978. Là aussi, les sondages donnent la gauche victorieuse. La majorité prend peur, Chirac lui-même croit à sa défaite. Certains ministres s'assurent déjà qu'on leur livrera à temps des cartons pour embarquer les archives de leurs ministères.

Reste à actualiser le Programme commun. Socialistes, communistes et radicaux de gauche l'avaient rédigé en pleine période d'expansion économique. Depuis la crise avait frappé, récession, inflation et chômage, les chiffres dataient, et le texte exigeait une mise à jour. Au printemps 1977, ça paraît tout simple, en juillet ça se complique, en septembre Georges Marchais prend un virage ultrasectaire. Robert Fabre, président des radicaux de gauche, quitte la négociation. Le PS cherche un compromis que le PC repousse. C'est la brouille.

Apparemment la rupture intervint sur les nationalisations. Le PC en réclamait toujours davantage ; surtout, il voulait exproprier toutes les filiales ou supposées telles des grandes sociétés. À le suivre, la moitié de l'économie y serait passée, ce que les radicaux de gauche et les socialistes ne pouvaient admettre. Voilà du moins la version officielle. Mais dans son livre paru en 1980, *Ici et Maintenant*, François Mitterrand donne une explication beaucoup plus grave. Les communistes tentaient carrément de mettre la main sur une partie de l'État. Dans les dernières heures du débat commun, le PC transmit en effet une note écrite au parti socialiste. Cette note disait : nous autres communistes, nous concevons l'État comme ci et comme ça. La note était très claire. Il ne s'agissait plus d'un gouvernement mais d'un butin. Et les communistes ne choisissaient pas au hasard. Comme ils savaient qu'on ne leur accorderait jamais les ministères clés des Finances et de l'Intérieur, ils proposaient de les désarticuler et s'en attribuaient ainsi des morceaux en prenant les nouveaux portefeuilles du Plan et de la Réforme administrative. Ils cherchaient à contrôler le mécanisme des subventions et des finances d'État, surtout l'aide aux municipalités. Ils se donnaient les moyens de noyauter la fonction publique. Ils désiraient limiter considérablement les pouvoirs du Premier ministre qui aurait perdu tout droit de regard sur ce qui se passait dans les autres ministères. Autrement dit, chaque département devenait un blockhaus inattaquable et des commissions interministérielles dominées par le PC allaient pouvoir décider sans tutelle. Les communistes appliquaient exactement la même tactique de grignotage qu'en Tchécoslovaquie deux années avant le coup de Prague. Le PS a refusé.

Les deux partis de gauche se présentent donc à l'élection en pleine querelle. Le PC, insultant pour François Mitterrand, parle de « virage à droite du parti socialiste », expression inlassablement répétée contre tout bon sens dans sa presse et sa propagande. À l'évidence, il préfère renoncer au pouvoir plutôt que d'y accéder en position d'infériorité. L'opinion et le monde politique en restent stupéfaits. Les socialistes, désorientés par la manœuvre et le cynisme qu'elle révèle, n'ont pas de stratégie de rechange.

Miracle pour Giscard et Chirac qui gagnent le premier tour. Pourtant le PS et les radicaux de gauche (24,7 %) s'installent devant le PC (20,5 %). Il faut bien sauver des sièges au second tour. Communistes, socialistes et radicaux de gauche acceptent tout de même de se désister les uns pour les autres et fabriquent un accord de dernière minute. Un accord bâclé et triste, auquel l'opinion ne croit guère. C'est la défaite.

Une immense déception à gauche. On dirait une malédiction : chaque fois que l'opposition semble devoir l'emporter, en 1974, en 1978, elle échoue au dernier moment. De peu, mais toujours. Le soir de la défaite, à l'inverse d'autres dirigeants socialistes embarrassés, Michel Rocard parle net : « La gauche vient de manquer un nouveau rendez-vous avec l'Histoire, le huitième depuis le début de la Ve République... »

Rocard n'apparaît pas comme un politicien classique, il a l'air jeune et Giscard a séduit par la jeunesse. Il a déjà été candidat à la présidence de la République, pour le PSU en 1969. Il s'est toujours montré réservé sur le Programme commun. Depuis son adhésion au PS, il entraîne une gauche moderniste et réaliste, à la colère des marxistes. Il séduit. Rocard monte dans les sondages, il apparaît vite comme un candidat crédible à l'Élysée. Parce qu'il symbolise une stratégie d'union qui a échoué, François Mitterrand risque de payer l'échec des législatives. D'autant plus que la gauche se tasse aux élections européennes de 1979, que le PC reste aussi agressif, que bien des militants socialistes se découragent.

Mitterrand n'abandonne pas. Face au PC, il choisit de répondre le moins possible et de garder un visage unitaire : déjà l'image de la force tranquille. Il assure ensuite ses positions dans le PS. En avril 1979 au congrès de Metz, il s'est allié à l'aile gauche, le CERES, pour isoler les rocardiens. Il gagne la bataille d'appareil, il tient toujours son parti, et c'est le parti qui désignera le candidat pour 1981. Puis il attend, sans laisser deviner s'il va ou non se présenter. Le 19 octobre 1980, dans sa mairie de Conflans-Sainte-Honorine, Michel Rocard se déclare : « J'ai décidé de proposer aux socialistes d'être leur candidat... »

Mitterrand marque sa mauvaise humeur mais ne se découvre pas davantage. Plus d'un an auparavant, pour respecter l'unité du PS et se concilier des alliés, Rocard avait pris un engagement : « Si François Mitterrand est candidat, je ne le serai pas. » C'est donc toujours l'incertitude, et une vive lutte de tendances dans le parti.

En 1980, personne ne doute de la réélection de Valéry Giscard d'Estaing. Les sondages sur le premier tour lui donnent régulièrement entre 40 et 30 % des suffrages, et sur le second tour entre 60 et 55 %. *Le Monde* assure que Giscard ressemble à un

Carter[1] français mais qu'aucun Reagan de droite ou de gauche ne parviendra à l'abattre.

À la fin des années 1970, dans le monde entier la réputation du socialisme est en baisse. Il y a eu les révélations de Soljenitsyne et des dissidents sur le système de répression soviétique, le surarmement de l'Union soviétique, la chute d'Allende au Chili, l'échec des travaillistes en Grande-Bretagne et en Israël, de la social-démocratie en Suède, l'affaissement de l'idéologie marxiste chez les intellectuels, le génocide organisé par Pol Pot au Cambodge, l'expansionnisme de Hanoi, les *boat people* fuyant par centaines de milliers le Viêt-nam communiste, la dictature à Cuba, les interventions de Brejnev et de Castro en Afrique, la folie des Brigades rouges en Italie et de la Bande à Baader en Allemagne, la mort de Mao et la vérité sur les massacres de la révolution culturelle chinoise. Il va y avoir l'invasion de l'Afghanistan et la révolte des ouvriers polonais.

1. Président démocrate américain qui n'était pas parvenu à se faire réélire en 1980.

Tout le pouvoir

Tout semble jouer contre la gauche. Sauf, en France, l'effet Rocard : peu à peu, dans certains sondages, il apparaît que Michel Rocard pourrait battre Valéry Giscard d'Estaing au second tour tandis que François Mitterrand en semble toujours incapable.

Mitterrand va-t-il céder la place ? Pas du tout. Il ne se soucie pas trop des sondages, il a déjà connu l'impopularité sous de Gaulle en 1958 et après Mai 1968, il sait que cela peut se remonter. En fait, il mijote une tactique solide, il raisonne : la crise, le chômage, les critiques de Chirac desservent le pouvoir en place, si je me présente, je me trouverai en meilleure posture que la dernière fois ; tous les antigiscardiens d'il y a sept ans le sont restés, chez les partisans du président sortant on trouve de nombreux mécontents ; et comme Giscard, gêné par l'affaire des diamants, joue les monarques, cela facilitera une belle mobilisation républicaine.

Le 8 novembre 1980, François Mitterrand présente enfin sa candidature et Michel Rocard, fidèle à sa parole, retire la sienne. Mitterrand mène doucement sa campagne. Sans élan au départ, l'opinion de gauche l'accepte à nouveau. Les communistes, qui ont présenté Georges Marchais, l'attaquent. Peuvent-ils jouer la défaite comme en 1978 ?

Le PC semble déboussolé. Troublés par le sectarisme et la rupture de l'unité, bien des militants ne se mobilisent pas. Les souscriptions rentrent mal. Depuis dix ans, l'influence communiste recule en France. Ce n'est pas encore visible dans les élections générales mais la CGT perd régulièrement des voix dans les élections professionnelles tandis que le PC se tasse dangereusement dans ses fiefs de la banlieue parisienne. Alors les dirigeants communistes usent de tous les arguments. Contre Giscard et Mitterrand à la fois, mais aussi contre les immigrés à Vitry et dans les municipalités rouges, à la limite du racisme. Contre la délinquance, une page dans *l'Huma* chaque jour. Contre la drogue, avec des appels insensés à la délation. Contre les riches, comme en 1950. On dirait que le Parti, sentant son électorat lui échapper, essaie de le retenir à n'importe quel prix. Mais Georges Marchais plafonne à 15-17 % dans les sondages.

Mitterrand continue sa campagne républicaine. *Le Nouvel Observateur* l'aide bien en faisant sa couverture et sa publicité sur Giscard, « l'Homme qui voulait être roi » : désormais chacun connaît une anecdote bouffonne où le président de la République sortant se prend pour Louis XV. L'effet est redoutable parce qu'en France, à gauche et dans une bonne fraction de la droite, on n'aime pas les aristos.

Début 1981, un sondage sur deux donne désormais Giscard et Mitterrand à 50-50 pour le second tour. L'évolution justifie point par point la stratégie de Mitterrand à laquelle personne ne croyait trois mois plus tôt. Le 26 avril 1981 au premier tour, Valéry Giscard d'Estaing fait un score médiocre pour un président sortant : 28 %. François Mitterrand approche les 26 %. L'événement se produit ailleurs : un recul historique du PC, qui tombe à 15 %, de loin le résultat le plus bas depuis la Libération. Contre toute attente, François Mitterrand a brusquement gagné son pari de 1972 : mordre largement sur l'électorat communiste. Curieusement, Valéry Giscard d'Estaing lui-même avait expliqué que l'alternance deviendrait possible en France le jour où le PC serait réduit à 15 %.

Les communistes furieux se voient contraints d'appuyer Mitterrand. Ils l'accusaient jusque-là de servir la politique de la droite, ils le menaçaient de grèves au cas où il serait élu, et voici qu'ils appellent à voter pour lui. Oh, sans beaucoup d'enthousiasme.

Mais la dynamique de la victoire est lancée. Le 10 mai 1981, au second tour, François Mitterrand l'emporte nettement avec 51,7 %. La foule se précipite à la Bastille pour fêter cette extraordinaire victoire, celle d'une gauche écartée du pouvoir il y a vingt-deux ans, lorsque sous de Gaulle Guy Mollet avait démissionné sans gloire du gouvernement de Michel Debré, et qui n'avait pas remporté de véritable victoire électorale depuis 1956.

François Mitterrand est le deuxième président socialiste de la République française, après Vincent Auriol, mais avec bien d'autres moyens. Autrefois, il a critiqué la Constitution gaullienne, le principe de l'élection du président au suffrage universel, maintenant il en assume souverainement tous les pouvoirs. Il prend Pierre Mauroy comme Premier ministre, le maire de Lille qui se place au centre du parti. Il compose un gouvernement bien équilibré, où chaque tendance importante du PS reçoit un ministère d'État, de Rocard à Chevènement. Il dissout l'Assemblée nationale.

Dès lors, nul ne se montre plus unitaire et plus conciliant que le PC. Georges Marchais proclame « qu'il a pleinement contribué à la victoire électorale » et que les communistes appartiennent « de façon positive et sans restriction à la majorité nouvelle ». Peu confiant devant ce nouveau retournement, le PS garde ses distances.

Avant le second tour, Mitterrand avait inventé une formule : élu, disait-il, il bénéficierait d'un état de grâce. C'est bien ce qui se passe. La droite accablée par sa défaite, la gauche heureuse, les syndicats conciliants, une facilité à gouverner comme si les principaux obstacles demeuraient pour un temps suspendus : quel curieux climat politique. À part quelques rassemblements ou cérémonies organisées et assez sages, pas de mouvements dans la rue. Pas de grèves, pas de surenchères, pas de mobilisation révolutionnaire, et c'est en cela que 1981 ne ressemble ni au Front populaire ni à la Libération. Pour parler méchamment, on dirait que la France entière a tout simplement retourné sa veste. Quiconque a possédé un jour une carte du parti socialiste se précipite pour la mettre à jour et acheter ses timbres. Au siège du PS, on fait la queue pour s'inscrire : il y aurait eu en quelques semaines plus de cinq cent mille demandes ! Certains insistent pour que l'on date leur adhésion d'avant le 10 mai : ils auront moins l'air de courir au-devant des vainqueurs. Les anciens gauchistes reviennent parfois à la politique, mais pour approuver Mitterrand qu'autrefois ils vilipendaient dans les meetings et bousculaient au Larzac.

Notre pays, qui par tradition s'offre une crise politique environ tous les dix ans, ne nous avait pas habitués à tant de calme. Les dirigeants socialistes, eux, découvrent la planète inconnue du pouvoir. Dans leur immense majorité, les membres du gouvernement se retrouvent ministres pour la première fois. On les sent étonnés d'occuper les palais nationaux, d'être salués par des huissiers à chaîne ou par la garde républicaine. Surtout, c'est un nez à nez étrange avec la réalité du pouvoir : on ne tient pas à la tête du pays des discours de congrès ou de meeting.

On se prépare à gérer un pays ballotté par la crise économique mondiale. Aux Finances et à l'Économie, les ministres sont les plus réalistes et les plus modérés, mais ailleurs les anciens responsables de l'aile gauche n'oublient pas leur marxisme. Dans le parti lui-même, les militants veulent aller vite et loin, obnubilés par le souvenir des trahisons social-démocrates et désireux, selon la doctrine, de régler son compte au grand capitalisme. C'est la loi dans tous les mouvements socialistes qui parviennent au pouvoir : le parti se place toujours à la gauche du gouvernement comme l'intransigeant gardien du programme et de l'idéologie. Entre les ministres et les militants, où se trouvera le point d'équilibre ?

Le gouvernement Mauroy prend quelques mesures simples et populaires : SMIC + 10 % ; minimum vieillesse + 20 %. Pour le reste, on verra plus tard. À l'extérieur, on ne touche pas grand-chose à la politique du septennat précédent et l'on s'efforce de rassurer les États-Unis.

Viennent les élections législatives de 1981. La France bascule. Au premier tour, 16,1 % pour le PC : le recul historique se confirme. Mais surtout l'énorme victoire socialiste, une poussée unique dans l'histoire électorale de la France : 37,5 %. Au second tour, c'est la majorité absolue à la Chambre : 265 députés socialistes, 14 radicaux de gauche, et seulement 44 pour le PC qui recule dans ses fiefs ouvriers et voit la plupart de ses dirigeants éliminés de l'Assemblée.

Dernier épisode : l'entrée de quatre ministres communistes dans un deuxième gouvernement Mauroy. On n'a pas vraiment besoin d'eux, on leur offre des postes de second rang après une dure négociation où le PS les a contraints à de fortes concessions. Ils apparaissent comme des otages, le PS craignant qu'un PC abandonné à lui-même ne cherche à se refaire dans une opposition de gauche. Quoi qu'ils en pensent au fond, les ministres communistes acceptent tout cela avec un grand sourire.

Bien sûr, on se souvient de cette fatalité qui a toujours brisé les expériences de la gauche au bout de deux ans : le Cartel des Gauches de 1924 qui dérape sur la politique financière ; Daladier soutenu par Blum en 1932 et qui tombe en 1934 devant l'émeute d'extrême droite ; le Front populaire qui se défait de 1936 à 1938 ; les gouvernements de la Libération qui finissent par une guerre entre socialistes et communistes ; et Guy Mollet qui mène la IVe République à sa perte.

Désormais, les dirigeants du PS profitent de pouvoirs constitutionnels autrement puissants que ceux de leurs prédécesseurs de la SFIO. François Mitterrand a pris la succession du général de Gaulle. Majoritaires à l'Assemblée, les socialistes pour cette fois n'ont pas à redouter l'habituelle défection de leurs alliés de droite ou de gauche. Ils n'ont à craindre que leurs propres divisions, une débâcle économique ou l'assaut d'une extrême droite pour l'instant presque inexistante. Le seul péril qui les menace, c'est de décevoir.

Ils se souviennent que depuis le printemps 1977 ils ont chanté dans l'enthousiasme leur nouvel hymne, *Changer la vie*, sur une musique de Mikis Theodorakis et des paroles d'Herbert Pagani :

Les voix des hommes et les voix des femmes
Ont dû se taire beaucoup trop longtemps
Ne croyons plus aux lendemains qui chantent
Changeons la vie ici et maintenant [...]

Prendre la parole
Décider nous-mêmes
Libérer nos vies des chaînes de l'argent
Écrire notre histoire à la première personne
Être enfin des hommes et non des instruments [...]
Faire du bonheur notre monnaie courante
Maîtriser la science et dominer le temps [...]

France socialiste, puisque tu existes
Tout devient possible ici et maintenant.

Les socialistes français détiennent pour la première fois un pouvoir sans partage : au-delà de leurs espérances, ils sont responsables de tout.

Réalités

L'Assemblée nationale de 1981 compte un nombre impressionnant de barbus. Un journaliste d'*Actuel* s'y intéresse[1] : « Jetez un coup d'œil au trombinoscope de nos nouveaux députés : la barbe qui, brusquement, s'est imposée à Paris n'a rien à voir avec celle du "Che" ou celle du vieux sage. Tout le contraire ! Elle est taillée comme un buisson d'if dans les jardins de Rambouillet. Loin de faire négligé, elle donne à son propriétaire une allure stricte et soignée. »

Eh oui, comme jadis sous Gambetta, à la naissance de la IIIᵉ République, une nouvelle couche accède au pouvoir, au pouvoir législatif s'entend. Car dans l'exécutif « ni Mitterrand ni Mauroy ne portent le moindre poil au menton, ni Defferre ni Delors ». À l'image de leurs ancêtres, ces récents députés sont des militants, des instituteurs, des professeurs, des fonctionnaires, des syndicalistes, des maires de petites villes, bien différents des caciques de la droite. Ils croient au socialisme, veulent aller vite et loin. François Mitterrand ne va pas les décevoir. Il sait que les grandes réformes ne passent que dans la popularité des premiers instants : il pense à Bonaparte après Brumaire et, malgré lui, au de Gaulle de 1958-1959.

Le 1er juillet, le gouvernement Mauroy augmente les allocations familiales de 25 %, pour les handicapés de 20 %, l'aide au logement de 25 % (elle le sera à nouveau de 25 % le 1er décembre).

1. Roger Sacrain, « les Barbus sont de vrais Français », *Actuel* n° 24, octobre 1981.

Le 8 juillet, les ministres débattent des nationalisations. Dans la tradition ouvrière et l'histoire de ceux qui s'en réclament, la collectivisation des biens de production forme le cœur de la doctrine, la définition du socialisme. Mais que nationaliser et jusqu'où ? L'État doit-il prendre la totalité des parts, une majorité, une minorité de blocage ? Que faire des filiales ? Les nationaliser aussi ? On n'oublie pas que là-dessus survint en 1977 la rupture entre socialistes plus tempérés et communistes maximalistes.

Tirée du programme commun de la gauche signé avec le PCF neuf ans plus tôt, la liste des entreprises visées paraît considérable : trente-six banques parmi les premières, dont Paribas, la banque d'Indochine et de Suez, les grands établissements de province ; la sidérurgie ; onze grands groupes industriels dont Saint-Gobain, Péchiney, Rhône-Poulenc... Jacques Delors, ministre des Finances, Michel Rocard, ministre d'État au Plan, craignent les effets pervers d'une industrie administrée : selon les cas, ils demandent des nationalisations partielles. Ils raisonnent en économistes. François Mitterrand raisonne en politique : il veut 100 %. Au nom de la rupture promise avec le capitalisme, il s'impose sans mal.

Avec les nationalisations du Front populaire et de la Libération, voici l'État maître de la production et du crédit. « En fait, écrit *le Monde*[1], la puissance publique se trouvera contrôler tous les grands produits clés dans l'industrie. » C'est bien ainsi que l'entend Pierre Mauroy : « Nous voulons que l'État s'assure la maîtrise des pôles industriels qui nous paraissent commander une politique dynamique de l'investissement et de l'emploi. » Malgré les votes hostiles du Sénat, forteresse de la droite, la loi sur les nationalisations sera promulguée le 13 février 1982.

Dans le même état d'esprit, Pierre Mauroy se prononce pour l'embauche de cent cinquante mille nouveaux fonctionnaires par an et propose de porter la production de charbon de vingt à trente

1. Daté du 10 juillet 1981.

millions de tonnes en recrutant cent mille mineurs supplémentaires[1].

En cet été 1981, les décisions se succèdent : suppression de la Cour de Sûreté de l'État, une généreuse amnistie qui libère six mille deux cents détenus sur les quarante-deux mille prisonniers, une circulaire qui permet la régularisation exceptionnelle de trois cent mille immigrés sans-papiers.

À l'automne, le gouvernement autorise enfin les radios libres mais ne leur donne guère les moyens de vivre : il leur refuse l'accès au marché publicitaire. Sur l'évolution des mœurs, les socialistes se sentent frustrés. Dépénalisation de l'avortement, majorité à dix-huit ans, un ministre à part entière pour la condition féminine, Giscard avait déjà comblé une bonne part de l'incroyable distance qui séparait la loi des comportements réels et des désirs des citoyens.

Enfin, le 9 octobre l'événement qui restera dans l'histoire : Robert Badinter, garde des Sceaux, fait voter à l'Assemblée nationale et au Sénat une loi qui commence ainsi : « La peine de mort est abolie. » Pour François Mitterrand, c'est un acte de courage : il l'avait annoncé avant l'élection à une époque où la majorité des Français tenait encore à la peine capitale. C'est sans doute un acte de remords : en 1956-1957, au premier rang comme garde des Sceaux de Guy Mollet à la pire époque de la guerre d'Algérie, il s'était montré un ferme partisan de la guillotine et avait couvert quarante-cinq exécutions capitales de nationalistes algériens[2]. Il détestait parler de cette période et concédait parfois – chez lui aveu rarissime – qu'il avait alors commis une erreur.

Par malheur, après l'abolition, Robert Badinter ne peut ou ne veut agir contre l'effroyable inhumanité des prisons françaises. On

1. On devine que, tant pour les fonctionnaires que pour les mineurs, cette prodigue politique d'embauche ne passa pas l'année.

2. Plus sept exécutions de détenus de droit commun (cf. François Malye et Benjamin Stora, *François Mitterrand et la guerre d'Algérie*, Paris, Calmann-Lévy, 2010).

s'y suicide de plus en plus, guillotine sèche et sournoise qui frappe cette fois non les grands criminels mais des êtres vulnérables et souvent condamnés à de faibles peines. Le chiffre de ces victimes finit par monter à près de cent par an.

L'abolition de la peine de mort fait négliger un autre événement, pernicieux celui-là. Cinq jours plus tôt, le 4 octobre 1981, le gouvernement a dû dévaluer le franc, 3 %, ce n'est pas beaucoup, mais si l'on y ajoute une réévaluation concertée du mark et du florin, cela mène à 8,5 %.

Michel Rocard maugrée. Depuis mai 1981, il jugeait la dévaluation inévitable. Dans ces cas, il faut la décider en arrivant au pouvoir. Sinon, les marchés l'imposeront, et dans de mauvaises conditions. Autre avantage d'une dévaluation immédiate : on peut encore en charger le régime précédent. François Mitterrand s'y opposa avec orgueil : il refusait que le premier geste des socialistes fût de toucher à la monnaie. On les avait trop accusés de dilapidation dans l'histoire ! Mais ce 4 octobre, c'est Michel Rocard qui avait raison.

Le gouvernement décrète en vain un blocage des prix pour six mois. Pour les classes populaires, l'inflation ronge les avantages recueillis au printemps. Le nombre des chômeurs continue de grimper pour passer les deux millions. La relance de l'économie, que les socialistes avaient cru servir en augmentant massivement salaires, pensions et retraites, ne vient pas. Pour une bonne part, le surcroît de consommation ainsi provoqué se porte non sur des productions françaises mais étrangères, des magnétoscopes japonais aux voitures allemandes... À l'inverse, malgré la politique industrielle du gouvernement, les exportations ne progressent guère. La balance des paiements s'en déséquilibre d'autant. Par sa relance dans une conjoncture mondiale défavorable, son appel à l'État alors que l'Amérique de Ronald Reagan et la Grande-Bretagne de Margaret Thatcher s'en dégagent, la France se retrouve à contre-courant.

Le parti socialiste voit son grand projet cerné par le capitalisme international, saboté par les forces de l'argent et leurs complices dans les entreprises comme dans les médias. Au congrès de Valence[1], les militants se dressent, pourfendent, en appellent à un cours plus radical et une accélération des réformes.

Gaston Defferre, homme d'expérience et jusque-là de mesure, se fait applaudir en réclamant de placer sous surveillance les dirigeants des sociétés et des banques nationalisables. Il s'exclame : « C'est eux ou nous ! » Sur un ton de jacobin, un Paul Quilès en rajoute. Il s'exclame : « Des têtes vont tomber ! » Il précise que le gouvernement doit « dire lesquelles et le dire rapidement ».

Le propos fait peur, ou rire. On parle de Quilès Robespierre. On rappelle que de semblables menaces avaient entraîné la chute de l'Incorruptible. François Mitterrand garde ses distances.

Un mois plus tard, en sens inverse, Jacques Delors demande une *pause* dans les réformes. Pause : expression maudite. Les militants connaissent l'histoire du Front populaire. Ils se souviennent qu'en février 1937 Léon Blum décréta lui aussi une pause : neuf mois après la formation de son gouvernement, celle-ci marqua le commencement de la fin. En 1981, Delors n'a pas attendu six mois. Pour les militants et la majorité des ministres, il n'en est pas question. D'ailleurs, comment arrêter les réformes ?

Le 30 décembre 1981, l'Assemblée vote l'impôt sur les grandes fortunes. Entre janvier et mars 1982, le gouvernement instaure la semaine de trente-neuf heures et la cinquième semaine de congés payés, la retraite à soixante ans. Français Mitterrand promulgue les lois sur les nationalisations, la décentralisation et présente ses projets de grands travaux.

Toujours en mars, un avertissement : la droite remporte les élections cantonales.

1. Les 23-25 octobre 1981.

La situation de l'emploi ne s'arrange pas, les prix grimpent toujours. La cote de popularité du président de la République, qui malgré des soubresauts se maintenait au-dessus des 50 %, commence à baisser. Le nombre des mécontents passe celui des satisfaits.

À la surprise des socialistes et des gaullistes, la vague des réformes n'atteint pas les institutions. François Mitterrand s'installe avec naturel dans le statut présidentiel établi par le général de Gaulle et ne touche pas aux principes de cette Constitution de la Vᵉ République qu'il avait tant vilipendée. Il accepte la force de frappe, la politique d'indépendance qu'ont respectée ses prédécesseurs, il n'augmente pas les pouvoirs du Parlement et à la fin contrôle bien davantage l'action du gouvernement que ne le faisait un général de Gaulle plus distant. Il n'établira pas le quinquennat bien qu'il l'ait promis.

Il régente la politique étrangère. On le voit au printemps 1982 lorsqu'à Versailles il éblouit de réceptions royales, de feux d'artifice, de concerts d'époque et de gardes républicains à cheval les dirigeants des sept pays les plus industrialisés du monde.

Le virage obscur

Un an a passé depuis la victoire de la gauche. Le 9 juin 1982, François Mitterrand annonce qu'il entame « une nouvelle phase de son action ». Il ajoute qu'elle relève « de la même politique ». La même politique ? Trois jours plus tard, une deuxième dévaluation du franc et Jacques Delors qui bloque les prix et les salaires. Le ministre des Finances parle de « la dure loi de notre époque », déclare qu'« il ne sert à rien d'injurier le monde entier » et laisse prévoir « un nouveau tour de vis ». Trois mois plus tard, le gouvernement présente un budget de rigueur.

Le 31 décembre, lors de ses vœux pour 1983, le président de la République se donne quatre objectifs : la formation professionnelle des jeunes, la famille, la solidarité, enfin l'entreprise « qui commande tous les autres ». La rupture avec le capitalisme a disparu.

En 1983, l'arrivée prochaine de l'an 1984 sonne comme une menaçante prophétie. *1984*, c'est le titre du livre d'Orwell qui annonce un avenir écrasé par des totalitarismes modernes inspirés de Staline et d'Hitler. En réalité, Orwell n'a fait qu'inverser les deux derniers chiffres de 1948, date à laquelle il publia son ouvrage. Qu'importe : si la prédiction se révélait exacte ?

Depuis quelque temps, des soviétologues, polémologues et stratèges prétendent qu'en 1984, et pour une brève période, le potentiel militaire de l'Union soviétique dépassera celui des États-Unis. L'URSS va-t-elle profiter de l'occasion ? Sous la dictature régressive de Brejnev, elle a déjà envahi l'Afghanistan après la Tchécoslovaquie et étouffé la Pologne sous un coup d'État. En Afrique, elle appuie des tyrannies à prétention marxiste-léniniste de l'Éthiopie à la Guinée et de l'Angola au Mozambique... Elle entretient Cuba, le Viêt-nam son allié domine le Laos et le Cambodge. Elle s'impose au Proche-Orient avec ses imitateurs de Syrie et d'Irak.

Cet irrésistible expansionnisme donne d'autant plus de poids aux vaticinations d'Orwell que l'Union soviétique vient d'implanter des batteries de missiles SS20 pointés sur l'Europe. En riposte, les Américains veulent protéger l'Allemagne de l'Ouest par des missiles Pershing.

Soljenitsyne a déconsidéré le communisme, et d'abord chez les intellectuels qui jusque-là l'absolvaient. Les socialistes paraissent gênés : le PCF, toujours aussi prosoviétique, demeure leur allié et il a quatre ministres au gouvernement. Quant à l'Allemagne, elle sombre dans une crise de fatalisme. Partout en République fédérale, une jeunesse refuse les fusées américaines aux cris de : « Plutôt rouges que morts ! »

Et la France ? Les socialistes vont-ils céder aux poussées anti-américaines qui, phénomène nouveau, gagnent les militants ? Mitterrand ne s'en soucie guère. En visite à Bonn, il tranche avec une exceptionnelle clarté : il approuve l'installation des Pershing. Plus tard, il y reviendra avec une formule essentielle : « Le pacifisme est à l'Ouest, les euromissiles à l'Est. »

La guerre froide se ravive et le socialisme français, loin de tout neutralisme, préfère la démocratie conservatrice de Reagan au totalitarisme de Brejnev. Les communistes râlent mais ne rompent pas.

En ce début de 1983, on raconte qu'à la nuit passent de discrets personnages dans le bureau de François Mitterrand. On les appelle les visiteurs du soir. Il existe aussi des visiteurs de jour. Tous viennent conseiller un président de la République partagé, ou plutôt le convaincre. On s'en doute, les diurnes et les nocturnes ne défendent pas la même cause. C'est que François Mitterrand se trouve pris dans un dilemme sévère. En l'état du déficit, de l'inflation et du chômage – le nombre des inscrits a dépassé les deux millions –, il faut choisir : ou la rigueur pour rester dans la construction européenne ou le protectionnisme et l'isolement afin de poursuivre la politique du programme commun. Mais celui-ci, conçu en 1972, c'est-à-dire avant même le premier choc pétrolier de 1973-1974, n'avait pas prévu la crise.

Les visiteurs du jour veulent poursuivre et assumer l'austérité, assainir les finances, moderniser l'appareil de production et ouvrir les frontières. Parmi eux, Jacques Delors, bien sûr, et le Premier ministre Pierre Mauroy... La question impose une décision urgente : faut-il ou non sortir du Système monétaire européen (SME) ? Celui-ci, liant les monnaies entre elles, et d'abord le franc au deutschmark, protège la France tout en la contraignant. François Mitterrand n'oublie pas qu'à l'été précédent le premier plan de rigueur lui a fait perdre près de dix points de popularité en quelques mois. Continuer dans cette voie, c'est renoncer à construire un socialisme par étape et accepter le cadre du capitalisme.

Entre 1971 et 1982, poussé par ses conseillers en lutte des classes Jean-Pierre Chevènement, Jacques Attali, Pierre Joxe, Régis Debray, a-t-il eu l'ambition de réussir ce que tous avaient raté depuis 1917 : inventer un socialisme démocratique et durable ? Pensait-il réaliser dans un pays développé ce qu'Allende avait manqué dans un Chili encore trop pauvre ? Ce rêve correspond peu à sa culture et son tempérament, davantage à son ambition esthétique : y parvenir après tant d'abandons, de dictatures et d'échecs, c'était à coup sûr entrer pour toujours dans les manuels d'histoire. Y a-t-il vraiment cru ? Peut-être. Mais dès le printemps 1982 et le fâcheux résultat des finances et de l'économie, il pense, comme une excuse : « C'est l'inadaptation des hommes qui représente le principal obstacle. »

En cet hiver 1983, il ne renonce pas encore : il tient pour la solution des visiteurs du soir et décide de sortir du serpent monétaire, une quasi-rupture avec l'Europe. Il le décide mais ne l'annonce pas.

Il attend le résultat des élections municipales qui se tiendront en mars.

Cette confusion alimente les on-dit. On craint un nouveau plan de rigueur. Pierre Mauroy réplique de deux phrases imprudentes : « Tous les indicateurs de la politique gouvernementale se remettent tranquillement au vert » et « il n'y a pas une politique pour avant les élections et une autre pour après ».

Aux municipales, par malheur, l'abstentionnisme de gauche pèse lourd : les résultats se révèlent plus mauvais que prévus. Gaston Defferre lui-même, ministre de l'Intérieur et invincible maire de Marseille depuis trente ans, manque de se faire battre. Les communistes, les plus hostiles à la rigueur, reculent partout, y compris dans leurs fiefs.

Maintenant, il faut trancher : la France doit-elle sortir du serpent monétaire et poursuivre, seule, une expérience socialiste ? Les conseillers comme Jacques Attali, les économistes de l'entourage s'y opposent. Ils insistent auprès de François Mitterrand. Laurent Fabius plaidait jusque-là en sens inverse. Au vu des réserves de la Banque de France, il se retourne : la situation financière du pays ne permet aucune échappée solitaire. Les visiteurs du soir semblent moins assurés. François Mitterrand comprend et cède : il choisit l'Europe et son serpent monétaire. On remarquera que le débat et la décision ont totalement échappé au Parti socialiste. Huit jours plus tard, Pierre Mauroy dévalue pour la troisième fois, l'Allemagne réévalue : le franc perd encore 12 % de sa valeur. Puis il forme un troisième gouvernement. Jacques Delors reste aux Finances. C'est pour présenter un second plan de rigueur plus rude encore que le premier.

Il y avait bien « une politique pour avant les élections et une autre pour après ». Emprunt forcé, croissance zéro, augmentation des impôts et des cotisations sociales, baisse du pouvoir d'achat en préservant les plus pauvres, voilà qui semble plus sévère que la gestion de Giscard et Barre jusque-là tant vilipendés. Delors conseille aux Français de prendre leurs vacances en France. Mieux, il les y contraint en inventant un « carnet de change », soit un rationnement drastique des devises. Croyant bien faire, il en rajoute : il propose d'ouvrir les camps militaires pour les accueillir. C'est assez pour faire passer un frisson de goulag dans la bourgeoisie.

L'expérimentation du programme commun n'avait pas duré deux ans. On ne construit pas le socialisme, si tempéré et démocratique soit-il, dans un seul pays. Ce virage d'importance, François Mitterrand ne veut pas le reconnaître. Pour lui, il s'agit de la même politique avec d'autres moyens, ceux qu'exigent les circonstances. Sur le sujet, il n'a jamais avoué la moindre erreur ni le moindre reniement. « Pourquoi ne pas convenir que vous vous êtes trompés, que vous avez changé et le monde aussi ? lui demande un jour le directeur d'*Actuel*, Jean-François Bizot, lors de ces conversations personnelles qu'ils tiennent parfois à l'Élysée. Cette franchise servirait votre popularité. » « Un homme d'État n'avoue jamais une erreur, répondit Mitterrand, jamais, jamais. » Rien d'autre : il ne bouge pas. Ses amis parlent de continuité, de renaissance industrielle. « Ça représentait vraiment une coupure de générations, son côté IVe République, racontait Bizot. Je ne le comprenais pas et il ne me comprenait pas. »

Le premier secrétaire du PS, Lionel Jospin, imagine une théorie à succès, celle dite de la parenthèse : la rigueur ne sera que temporaire, les socialistes retrouveront bientôt la politique de 1981 là où ils l'ont laissée. C'est, comme toujours, accuser la faiblesse des hommes et la méchanceté des choses : selon les vieux principes hérités de Jules Guesde et toujours en vigueur dans le subconscient socialiste, rien de tout cela ne peut remettre en cause la doctrine. Bref, nul dans la majorité du PS ne se risque à analyser les raisons de l'échec et du retournement. Seuls les rocardiens et l'aile réformiste s'y essaient, mais comme ils ont eu raison trop tôt, les autres ne les écoutent pas. À la fin de l'année, au congrès de Bourg-en-

Bresse, la motion majoritaire assure encore : « Nous n'avons pas bien sûr changé de politique. »

Le monde, lui, a changé. Une célèbre émission d'Antenne 2 présentée par Yves Montand, *Vive la crise*[1], le démontre avec force au début de 1984. Stupéfiant : elle décrit sans rien en manquer non seulement la situation contemporaine, mais l'évolution et les malheurs des trente années qui vont suivre. Dans les termes les plus clairs elle annonce l'accélération de la mondialisation, le recul de l'Europe, la montée des puissances émergentes, l'imprévoyance et l'impuissance des gouvernements, un effondrement possible du système financier (on a tout prévu pour l'éviter mais...), les pulsions contre les étrangers, la tentation du protectionnisme et, bien sûr l'explosion de l'informatique – le tout suivi d'un appel à une urgente lucidité et à l'adaptation au monde postindustriel. Yves Montand concluait : « L'ennui, c'est qu'on a perdu trois ans. » 1984 moins trois, cela donne 1981.

Qui s'intéresse à cela au parti socialiste, hors les rocardiens et pour une part Laurent Fabius à l'époque en plein pragmatisme libéral ? Ce déni de la réalité, la vieille habitude de ne pas faire ce que l'on dit et de ne pas dire ce que l'on fait, explique quelques déboires à venir. Ils étoufferont la créativité du parti socialiste et empêcheront sa rénovation jusqu'au début du XXIe siècle.

Sous la contrainte des faits, l'action du troisième gouvernement Mauroy va pourtant toucher au cœur de la classe ouvrière : il s'agit de restructurer la sidérurgie lorraine, archaïque et déficitaire comme partout en Europe. L'avant-garde du prolétariat historique, celui du fer, du charbon et de l'acier, se retrouve à l'arrière-garde d'un monde industriel et d'une culture révolus. Cela signifie des dizaines de milliers de reclassements, de licenciements dans des entreprises nationalisées, une région bouleversée. La restructuration frappe de front l'électorat de gauche. Ruse de l'Histoire, la

1. Elle donne lieu à un hors-série de *Libération*, « Vive la crise », février 1984.

tâche en revient à un gouvernement socialiste qui compte toujours quatre ministres communistes. « La bataille économique, dit Jacques Attali, le conseiller du Président, ce sera pour Mitterrand ce que fut l'Algérie pour de Gaulle. » Comme le Général, Mitterrand va devoir jouer contre ceux qui l'ont porté au pouvoir.

Le 13 avril 1984 marque l'une de ces dates historiques qu'oublient les manuels : la sidérurgie lorraine tout entière défile à Paris pour la dernière fois et crie en vain qu'elle ne veut pas mourir. L'énorme cortège de ces hommes en blouson et casquette à l'ancienne ressemble à un sinistre enterrement. Le soir, tout est fini : Mitterrand refuse de recevoir une délégation des manifestants, la demande d'une impossible grâce.

Ce printemps 1984 voit d'autres cortèges, et bien différents. Cinq cent mille personnes à Versailles en mars, cent cinquante mille à Paris en avril : des foules catholiques s'insurgent contre le gouvernement et ses projets pour l'école privée. Pourquoi des rassemblements d'une pareille ampleur, si exceptionnelle à droite ?

Après le recul politique et idéologique du second plan de rigueur, les dirigeants socialistes ont cherché un sujet de riposte. Ils pensent remobiliser le peuple de gauche sur leur terrain d'élection, l'Éducation nationale et la laïcité. En application du programme commun, ils présentent donc un projet de loi qui vise à intégrer l'enseignement privé dans un grand service public et laïc. À l'Assemblée nationale, l'opposition proteste et tente de bloquer le texte en déposant deux mille amendements. Les évêques et les dirigeants des organisations catholiques multiplient les pressions.

C'est dans ce climat qu'en juin 1984 la gauche perd avec fracas les élections européennes. L'abstention, l'une des plus élevées sous la Ve République, grimpe à 42 %. Les socialistes tombent à 22 % des suffrages exprimés, les communistes à 11 % : 33 % pour une gauche qui avait atteint 54 % aux législatives de 1981 !

Le PS s'inquiète autant de son score que de celui du PC : ce dernier s'effondre beaucoup plus vite que prévu et que ne le souhaitait

François Mitterrand. Surtout, ses électeurs ne se reportent guère sur les candidats socialistes, ils filent à l'extrême droite, s'éparpillent ou s'abstiennent. Quant au Front national de Le Pen, il se retrouve au même niveau que les communistes, 11 %. Il dépassait à peine 1 % cinq ans plus tôt.

Une semaine après le scrutin, nouveau rassemblement à Paris pour la défense de l'école libre. Le défilé semble assez considérable pour que les organisateurs puissent parler d'un million de manifestants, chiffre aussi convaincant qu'invraisemblable[1].

François Mitterrand, qui a l'esprit historique, songe sans doute au radical Herriot et son gouvernement du Cartel des gauches qui, soixante ans plus tôt, en 1924, avait dû capituler devant semblables démonstrations. Il les imite et retire le projet. Pierre Mauroy présente la démission de son gouvernement.

Le 17 juillet 1984, François Mitterrand donne « un jeune Premier ministre à la France », Laurent Fabius, trente-huit ans, comme un fils spirituel. Jean-Pierre Chevènement, homme de traditions, prend l'Éducation nationale, Pierre Bérégovoy les Finances. Jacques Delors part pour Bruxelles présider la Commission européenne.

Depuis le second plan de rigueur, les communistes assurent que François Mitterrand ne respecte plus « ni l'esprit ni la lettre » de l'accord passé entre le PS et le PCF : ils refusent de figurer au gouvernement. Georges Marchais, leur secrétaire général perpétuel, affirmera bientôt que le président de la République « pratique une monarchie de fait ». Mais le PC a besoin du PS à chaque élection. Sinon, il n'existe plus.

Après le socialisme à l'ancienne de Pierre Mauroy, Laurent Fabius représente la jeunesse et la modernité. Il veut à tout prix arracher

1. Un million de personnes, cela représenterait un défilé de vingt mètres de large sur cinquante kilomètres de long, soit davantage que la distance qui sépare l'aéroport de Roissy, au nord de Paris, de celui d'Orly en banlieue sud.

la France à son archaïsme. C'est avec vigueur qu'il poursuit les restructurations, la sidérurgie toujours, les charbonnages, les mines à fermer, les chantiers navals, l'automobile, toute la grande industrie issue du XIXe et du début du XXe siècle, celle qui avait inspiré le marxisme. La gauche exécute avec retard ce que Giscard n'avait osé réaliser par crainte de la CGT.

Tant sous l'effet de la rigueur que d'un retournement de la conjoncture mondiale, l'inflation se tasse. Le pouvoir d'achat remonte un peu. La croissance repart. La balance commerciale se rapproche de l'équilibre. La Sécurité sociale est bénéficiaire. Mais le nombre des chômeurs va bientôt passer les deux millions et demi. Apparaissent, si différents du clochard éternel, les nouveaux pauvres. Coluche crée les Restos du cœur.

Laurent Fabius veut à tout prix arracher la France à son déclin industriel. Il pratique avec les entreprises nationalisées un néolibéralisme, parfois le faisant, parfois le disant, mais sans jamais le théoriser. Encore la figure de la parenthèse : la situation l'impose – « il n'y a pas d'autre politique possible », dit Mitterrand –, mais la dureté et les restrictions d'aujourd'hui permettront seules de revenir plus tard à une politique enfin tournée vers les classes populaires. Fabius lâche même la phrase tragique qui coûtera si cher à Jospin quand il la répétera lors de la campagne présidentielle de 2002 : « L'État ne peut pas tout faire. » Un libéralisme éphémère au service du socialisme ? Sinon, comment s'en sortir ? Il n'y a pas d'argent.

La prestation, menée avec autant de fermeté que de talent, ne séduit guère. En mars 1985, 70 % des Français se disent mécontents du gouvernement et la droite emporte les élections cantonales avec près de 58 % des suffrages. Implacable présage : les élections législatives doivent se tenir un an plus tard en mars 1986.

Depuis 1983, François Mitterrand sait qu'il n'aura pas le geste gaullien de démissionner et de partir. Fidèle à la lettre de la Constitution mais non à l'esprit, il se prépare de longue main à une cohabitation avec son futur vainqueur : la droite.

Pour limiter les dégâts, car dans ce type de reflux la brutalité du scrutin majoritaire peut s'avérer ravageuse, il fait voter une loi qui instaure le scrutin proportionnel. Double avantage : même minoritaire, il conservera un nombre appréciable de députés ; il favorisera le Front national pour empoisonner la droite. Manipuler le mode de scrutin moins d'un an avant une consultation, est-ce bien convenable ? Mitterrand peut se défendre : l'adoption de la proportionnelle figurait dans ses propositions de candidat en 1981.

Michel Rocard ne l'entend pas ainsi. Le scrutin proportionnel est un scrutin de division : avant l'élection comme au pouvoir, il dispense de toute alliance durable. Il réduit la vie politique aux combinaisons des partis, fabrique l'instabilité gouvernementale. Il a perdu la IVe République. Ministre de l'Agriculture, Rocard déclare un ferme désaccord et démissionne.

Un mois plus tard, il annonce sa candidature à l'élection présidentielle de 1988. Il précise que cette fois, il ne se retirera pas.

La victoire de 1981 avait estompé l'opposition entre François Mitterrand et Michel Rocard. Avec l'exercice du pouvoir et le virage inavoué de la rigueur, tout concourt à la raviver. Ajoutons que les deux hommes, d'origine, de culture et de passés si différents, ne s'aiment pas.

Au-delà des personnalités, leur discorde se confond avec celle des deux gauches. La première gauche, celle de Mitterrand, tient la majorité au PS comme autrefois Guy Mollet à la SFIO. C'est une gauche de nationalisations, volontiers doctrinaire, qui entend gouverner l'économie dans la tradition du socialisme français. Elle croit d'abord au parti et à l'État. Sauf chez son chef, elle garde les traces d'un marxisme ancien qui souvent lui sert d'alibi.

La deuxième gauche, celle de Michel Rocard, ne goûte pas l'économie administrée. C'est une gauche de réseaux, de participation, d'expérimentation et d'autogestion. Elle se méfie du communisme. Elle craint qu'une laïcité excessive ne serve à cacher l'immobilisme des idées. Une part de ses militants vient du christianisme.

Le débat n'est pas neuf. À la fin du XIXe siècle, Édouard Bernstein, premier révisionniste de la social-démocratie allemande alors marxiste, définissait déjà deux gauches : l'une plus dogmatique et jacobine, l'autre plus gestionnaire et girondine.

Dans le socialisme français, la fracture remonte à la guerre d'Algérie. En 1956, la gauche officielle au pouvoir, Guy Mollet comme Mitterrand, couvre l'armée, les parachutistes, la bataille d'Alger. De là naît la deuxième gauche : une minorité de la SFIO, des chrétiens, des journaux tel *France-Observateur*[1] se dressent contre la guerre coloniale. Ils dénoncent la torture et la montée du fascisme. Mais au-delà d'une révolte morale, tous veulent concevoir un socialisme moderne à l'aune de la société industrielle et postindustrielle qui, à l'insu de la SFIO et du PCF, se transforme chaque jour. On parle de révolution technologique, de néocapitalisme, de nouvelle classe ouvrière. Leurs militants se retrouvent dans les clubs qui agitent une pensée enfin contemporaine comme le célèbre club Jean Moulin, au PSU[2], à la Confédération française des travailleurs chrétiens, dont la majorité allait abandonner la référence religieuse pour devenir la CFDT, Confédération française démocratique du travail.

En 1958, leur antigaullisme commun aurait pu rapprocher les deux écoles. Mais la deuxième gauche rassemblée pour dire non au Général refuse l'adhésion de François Mitterrand, trop compromis pour elle dans la répression en Algérie ; à l'inverse, elle accueille celle de Pierre Mendès France avec les honneurs. C'est un affront, et Mitterrand ne l'a jamais pardonné.

1. L'ancêtre du *Nouvel Observateur*.
2. Parti socialiste unifié né d'une scission de la SFIO, des cercles mendésistes et de divers groupes d'extrême gauche. Michel Rocard fut l'un de ses fondateurs avant d'en devenir plus tard le secrétaire national.

Treize ans plus tard, il réussit ce que le PSU de Michel Rocard, dévoré d'un gauchisme querelleur, a manqué : prendre le parti socialiste et le revivifier. Ainsi Rocard finit-il par s'incliner en adhérant au PS, mais alors dans la minorité.

Voici que Fabius, Premier ministre, pratique un rocardisme d'apparence et sans Rocard, que Mitterrand risque l'équilibre des pouvoirs pour limiter une défaite électorale. C'est assez pour relancer le conflit.

Au moins cet antagonisme repose-t-il sur une question de fond. Un autre affrontement, celui-là plus intéressant pour l'historien des mœurs que pour celui des idées, va tourmenter le PS pendant plus de vingt ans : la rivalité entre Laurent Fabius et Lionel Jospin, deux mitterrandiens. Là, nulle dispute idéologique mais le heurt des ambitions.

En voici l'origine : chacun, l'un comme Premier ministre, l'autre comme premier secrétaire du parti, veut diriger la campagne des législatives de mars 1986, cependant perdues d'avance. François Mitterrand tranche : ce sera Jospin. Les rancunes demeurent.

L'été 1985 tourne mal pour le gouvernement. Le 10 juillet, avec l'aval du ministre de la Défense Charles Hernu et sans doute de la présidence de la République, les services secrets français font sauter un bateau de Greenpeace dans le port d'Auckland, Nouvelle-Zélande. Il s'agit de protéger les nouveaux essais nucléaires décidés par François Mitterrand.

Les commanditaires de l'attentat n'avaient pas prévu deux événements tragiques : un journaliste portugais perd la vie dans l'explosion ; un faux couple d'agents français se fait prendre par les Néo-Zélandais. Charles Hernu dément toute responsabilité, François Mitterrand couvre cet ancien compagnon venu du mendésisme.

La vérité perce peu à peu puis éclate. Pour se protéger, Laurent Fabius avoue et obtient, avec peine, la démission de Charles Hernu.

Le scandale couvre tout l'été : la bombe atomique, un pouvoir de gauche qui fait sauter un bateau d'écologistes, qui ment et, débusqué, capitule, cela intéresse toujours.

À l'hiver, c'est un coup de froid. François Mitterrand reçoit à Paris le sinistre général Jaruzelski. Celui-ci a pris le pouvoir en Pologne quatre ans plus tôt à la suite d'une innovation : un coup d'État militaire communiste dans un pays communiste. Il a dissous Solidarnosc, le syndicat libre, emprisonné ses chefs et ses militants par milliers, quadrillé le pays avec sa police et ses soldats. La Pologne socialiste s'abîme dans la pauvreté et la peur. Au peuple ulcéré, il ne reste qu'à chanter des cantiques dans les églises.

Ce général cadavérique avec ses petites lunettes fumées et sa parole saccadée semble un robot absurde dressé contre l'évidence. Gorbatchev et sa *perestroïka* commencent à ébranler l'Europe de l'Est et l'Empire soviétique craque de toutes parts.

François Mitterrand va recevoir cet homme-là ? À droite comme à gauche, on renâcle. Laurent Fabius, lui, se dit « troublé ». C'est une nouveauté : jusqu'ici sous la Ve République, aucun Premier ministre n'avait osé prendre pareille distance vis-à-vis de son président de la République.

« Au secours, la droite revient ! » disent les affiches d'un PS qui part battu. En effet, le 16 mars 1986, la gauche perd les élections législatives, mais sans s'effondrer. La proportionnelle comme prévu amortit le choc, le PS conserve 216 députés, le PC 36. Les néogaullistes de Chirac et les centristes de l'UDF l'emportent avec 291 sièges. Le Front national, servi lui aussi par la proportionnelle, triomphe : il obtient 36 élus.

La France va entrer en cohabitation, situation inouïe : un président de gauche, un Premier ministre de droite. Comment la Constitution gaullienne peut-elle y résister ?

Quand l'Histoire repasse les plats

François Mitterrand nomme Jacques Chirac Premier ministre. Voici la rencontre du président de la République et du nouveau gouvernement : « Un silence tendu dès que le président, précédé par le Premier ministre, pénètre dans la salle du Conseil. Le visage fermé, plus blême que jamais, François Mitterrand prend place entre Édouard Balladur et André Giraud[1], face à Jacques Chirac [...]. Contrairement à l'usage, le chef de l'État n'a pas fait le tour de la table pour serrer la main des ministres. [...] Tous les regards sont fixes. Personne ne parle ni ne bouge[2]. » En sortant, François Mitterrand dit à ses collaborateurs qu'il avait eu « l'impression d'être entouré d'une équipe d'hommes dont 60 % le haïssent et 80 % le combattent ».

À partir de là, le président de la République use autant du silence qu'il s'était jadis servi de la parole, à croire qu'il relit *le Fil de l'épée* où le général de Gaulle fixe le comportement hiératique du Chef. Il se pose en garant de la Loi fondamentale et des libertés face à Jacques Chirac qu'il assimile à la droite dure.

Celui-ci veut-il aussitôt dénationaliser soixante-cinq sociétés ou institutions, effaçant la politique de 1981 d'un train d'ordonnances ? Mitterrand refuse de signer puisque la Constitution l'y

1. Le premier est ministre d'État, ministre de l'Économie, des Finances et de la Privatisation, le second ministre de la Défense.

2. Pierre Favier, Michel Martin-Roland, *la Décennie Mitterrand*, t. 2 : *les Épreuves*, Paris, éd. du Seuil, 1991, p. 476.

autorise. Jacques Chirac devra en passer par la loi, procédure plus lente mais à laquelle le président de la République ne peut s'opposer. Le gouvernement supprime aussi l'impôt sur les grandes fortunes, l'autorisation administrative de licenciement et libère l'ensemble des prix. C'est un libéralisme inspiré de Thatcher et Reagan, mais à la française, c'est-à-dire fort tempéré par l'emprise de l'État jacobin.

Aux regrets de sa minorité centriste, la droite rétablit le scrutin majoritaire et entame un nouveau découpage des circonscriptions. Enfin, dénonçant le laxisme des socialistes, elle agite les problèmes de l'insécurité et de l'immigration. Charles Pasqua, ministre de l'Intérieur, renvoie par charter cent un Maliens dans leur pays, ce qui fait scandale à gauche. Enfin il entreprend une réforme du code de la nationalité qui remettrait en cause le droit du sol.

François Mitterrand, dès qu'une décision passe à portée de ses pouvoirs, rogne, récuse ou impose.

Président ou Premier ministre, chacun guette l'erreur de l'autre. On s'épie, on se nuit par ministres interposés. On manœuvre en vue de l'affrontement final, l'élection présidentielle de 1988. Cependant la France est gouvernée, l'administration égale à elle-même, la politique étrangère maintenue et tenue.

Au début, tous les sondages le prouvent, les Français apprécient cette unité nationale forcée : c'est qu'ils croient à l'addition des talents plus qu'à la multiplication des hostilités secrètes. Jacques Chirac satisfait plus d'une moitié de l'opinion ; la cote de popularité de François Mitterrand passe de 25 à plus de 50 % et, au début de l'été, dépassera les 60.

Il faut attendre l'automne 1986 pour que commencent les ennuis de Jacques Chirac. La relance libérale ne marche guère mieux que la relance socialiste de 1981. Le chômage monte toujours et s'approche des deux millions six cent mille inscrits. En novembre, l'aggravation des déficits bancaires américains précipite une crise boursière : le CAC40 perd 25 % en deux mois. Les

Français, même ceux qui avaient acheté les actions des sociétés privatisées, ne s'affolent pas. Mais l'opinion commence à douter du libéralisme.

Surtout, le ministre délégué à l'Enseignement supérieur, Alain Devaquet, présente un projet de loi qui tend à rétablir, comme avant 1965, une sélection à l'entrée de l'Université.

Les étudiants s'enflamment. Tout part des facultés de la périphérie parisienne, les plus démunies, et d'abord de Villetaneuse. Grèves et défilés gagnent Paris, les enseignants bougent à leur tour. Le 27 novembre, une énorme manifestation étudiante secoue la capitale ; le 4 décembre, une foule plus considérable encore attend des concessions du ministère, qui ne viennent pas.

L'affaire tourne mal : heurts violents avec la police et les casseurs qui s'en mêlent, de très nombreux blessés.

Le lendemain 5 décembre 1986, lors d'affrontements au quartier Latin, une brigade mobile de Pasqua matraque à mort un jeune homme, Malik Oussekine. Une génération entière et toute la gauche s'en indignent. Devant les foules rassemblées, le gouvernement capitule, Alain Devaquet démissionne. Comme François Mitterrand en 1984, et à la satisfaction amusée de celui-ci, Jacques Chirac retire son projet.

Dix jours de pause : le 18 décembre, les cheminots bientôt rejoints par les agents du métro parisien lancent une grève qui va durer trois semaines. François Mitterrand s'offre le plaisir de recevoir une délégation syndicale au fort de Brégançon, résidence mise à la disposition des présidents de la République. On devine qu'il jubile : la popularité de Jacques Chirac dégringole tandis que la sienne grimpe toujours.

Les premières affaires surgissent : celle des Irlandais de Vincennes et ses preuves fabriquées par un conseiller de François Mitterrand, celle du Carrefour du développement, grave détournement de fonds dans une association gérée par les socialistes. Par chance, le ministre de l'Intérieur Charles Pasqua accapare l'attention avec une histoire de « vrai-faux passeport » délivré à un accusé en fuite.

La centrale nucléaire de Tchernobyl a explosé le 25 avril 1986. En novembre, les extrémistes d'Action directe assassinent le PDG de Renault. Comme sous les gouvernements Mauroy et Fabius, des terroristes venus de Téhéran ou de Beyrouth tuent à l'aveugle dans Paris. La France a récupéré ses otages.

Et le parti socialiste ? Il survit, se protège et s'indigne. En avril 1987, au congrès de Lille, l'ensemble des courants se serre autour de Lionel Jospin, toujours premier secrétaire, et vote une motion commune. Il reste exclu de débattre sur les causes profondes de la défaite : on attend une miraculeuse victoire à la présidentielle de l'an prochain.

Surtout, le PS est jaloux.

Avec l'encouragement de l'Élysée et le savoir-faire de jeunes socialistes venus du trotskisme naît un mouvement, SOS-Racisme, qui séduit. Toute une jeunesse porte son badge, une petite main marquée « Touche pas à mon pote ». Elle découvre un nouveau militantisme loin des sections et des motions, un discours chaleureux, des réunions ouvertes, des concerts monstres.

Les responsables socialistes, qu'ils viennent des combats solitaires des années 1960 ou de la reconstruction des années 1970, se sentent tenus à l'écart. On dirait que le parti n'intéresse plus guère un Mitterrand attentif au mouvement dit « des potes ». Mieux : celui-ci rallie des intellectuels et des artistes qui s'étaient détournés du pouvoir socialiste en 1981.

Renaud, chanteur de la révolte en pleine gloire, s'adresse au Président : « Tonton, laisse pas bé-ton ! » Pour ceux qui se moquent, Mitterrand s'appelle désormais Dieu, pour ceux qui l'apprécient, Tonton, – étrange familiarité vis-à-vis d'un chef d'État si distant et cérémonieux. Dans les manifestations, des pancartes surgissent : « Tonton, tiens bon, nous reviendrons ! » Jack Lang, ministre de la Culture et familier du Prince, ordonne cette tontonmania dont le plus enthousiaste vient du trotskisme lambertiste, un bolchevisme brutal, et se nomme Jean-Luc Mélenchon.

Gérard Depardieu assure : « Mitterrand ou jamais. » Le parti socialiste, troublé, se rattrape avec une campagne d'affiches « Génération Mitterrand ».

Quant à Mitterrand lui-même, nul ne sait s'il se représentera ou pas.

Là encore, il imite le général de Gaulle qui en 1965 avait laissé courir l'incertitude jusqu'à la Saint-Charles, soit un mois et un jour avant le scrutin. Dans *Libération*, Willem dessine le président de la République en sphinx, plus figé que la pierre. Un homme qui le fixe dit : « Il a bougé. »

Jacques Chirac, lui, se veut candidat depuis toujours, Le Pen aussi. Raymond Barre se présente : la droite est divisée.

Au parti communiste, Georges Marchais échaudé pousse en avant un camarade au parler lent et terne, André Lajoinie. Un communiste dissident se présente aussi, deux trotskistes et un écologiste.

Dès l'été 1987, Michel Rocard sait qu'il va devoir renoncer. Ses rapports avec François Mitterrand s'améliorent et les deux hommes, nouveauté, se voient assez souvent.

Le 22 mars 1988, François Mitterrand répond enfin « oui » à la question « Serez-vous candidat à la présidence de la République ? ». Le slogan « La France unie », propos aussi vague que rassurant, remplace « Changer la vie » et « La force tranquille » de 1981. Le mot de socialisme n'apparaît pas dans la campagne.

Au premier tour, le 24 avril, Mitterrand domine avec 34 % devant Chirac qui n'atteint pas les 20 ; Barre, parti favori, s'arrête à 16,5 ; Le Pen dépasse les 14. Le PCF se délite : Lajoinie tombe à 6,7 % quand son lointain prédécesseur Jacques Duclos avait fait 22 et Georges Marchais 15,5. En dix ans le parti communiste a perdu plus des deux tiers de ses voix, débâcle exceptionnelle dans l'histoire électorale.

Pour le second tour, Mitterrand et Chirac se heurtent avec dureté. Le 8 mai 1988, François Mitterrand efface la défaite de 1986 : il est réélu président de la République française avec 54 % des voix, un score à la de Gaulle et une grande leçon de stratégie politique.

Tonton et le ni-ni

Le 10 mai 1988, deux jours après son élection, François Mitterrand nomme Michel Rocard Premier ministre. Pourquoi Rocard, son adversaire depuis les années 1960 ? Parce qu'il correspond le mieux à la situation présente, explique Mitterrand. À Jean-François Bizot, le directeur d'*Actuel*, il tient un autre propos : « Rocard a beaucoup attendu. Il le mérite. C'est son tour. »

Le Président et le Premier ministre ont-ils oublié les définitions qu'ils donnaient l'un de l'autre ? « Quelle inculture ! » s'était un jour exclamé François Mitterrand en parlant de Michel Rocard qui avait répliqué : « Quelle incompétence ! »

Ils n'ont rien oublié, et Mitterrand moins qu'un autre. En privé, il répète : « Rocard ne tiendra pas six mois » ou « au bout de dix-huit mois, on verra à travers[1] ». Le jour même de la nomination, Jean Glavany, son chef de cabinet à l'Élysée, lui demande :

« En le nommant à Matignon, vous vouliez lever l'hypothèque Rocard ?

– L'expression est un peu sévère, mais rien ne sera possible tant que cela n'aura pas eu lieu », répond le Président[2].

Tout cela, Rocard le sait. « Nous étions toujours en méfiance », dit-il. Par ses phrases glacées et le jeu appuyé du protocole,

1. Voir Michel Rocard, *Si la gauche savait. Entretiens avec Georges-Marc Benamou*, Paris, Robert Laffont, 2005, p. 271.

2. *In* Pierre Favier, Michel Martin-Roland, *la Décennie Mitterrand*, t. 2 : *les Épreuves*, p. 757.

Mitterrand le contraint, cherche à l'humilier, le borde de domaines interdits. Rocard encaisse à condition de pouvoir engager les quelques réformes auxquelles il tient. Il vit dans la prudence. Il sait comment se terminent les oppositions nettes entre un président de la Ve République et un Premier ministre : près de vingt ans plus tôt, Pompidou avait chassé Chaban-Delmas qui voulait imposer son indépendance.

« La France unie », le slogan de la campagne présidentielle, ne se réduisait pas à une galéjade publicitaire : Mitterrand voulait pour de bon rassembler au-delà de la gauche. Réélu à 54 %, il y était parvenu. En ce sens l'image de Rocard, toujours à la marge et à la droite du parti, le sert. Il dit à son Premier ministre : « Votre gouvernement ne doit pas comprendre plus d'une moitié de socialistes. »

Là-dessus, pas de divergences entre les deux hommes. Rocard ouvre le ministère[1] à quelques centristes ralliés, surtout à ce que l'on nomme aujourd'hui la « société civile », soit des hommes et des femmes qui ont fait leurs preuves ailleurs que dans la politique ou l'appareil d'État. On y trouve Léon Schwartzenberg, grand professeur de médecine, Alain Decaux l'historien, Brice Lalonde l'écologiste, Bernard Kouchner, fondateur de Médecins sans frontières et de Médecins du monde... Mais les postes régaliens, les Finances, les Affaires étrangères, l'Intérieur, la Défense, restent aux mains des hommes de Mitterrand, Bérégovoy, Dumas, Joxe, Chevènement, et l'Éducation nationale dans celles de Jospin, ministre d'État et numéro deux du gouvernement. Voilà Rocard surveillé, qui n'a pu faire entrer que cinq rocardiens dans son équipe.

Mitterrand voulait un gouvernement resserré, une vingtaine de membres : ils sont quarante-neuf ministres et secrétaires d'État, l'un des plus gros cabinets de l'histoire de France. C'est qu'il faut faire place aux caciques du socialisme, récompenser les fidélités,

1. Il y eut deux gouvernements Rocard, fort semblables d'ailleurs : l'un avant les législatives des 5 et 12 juin 1988, l'autre après.

surtout satisfaire les diverses tendances du parti hostiles à Rocard et choquées de ne pas trouver l'un des leurs à Matignon.

De son côté, le PCF n'entend pas une seconde s'associer au pouvoir : sa faiblesse le lui interdit. L'expérience précédente lui a coûté cher. En outre, il déteste Rocard tant pour son modernisme que pour sa morale politique. Isolé, figé, dépassé par les circonstances et les mutations de la société, il reste incapable de comprendre pourquoi l'infidélité du PS au programme commun ne lui a pas ramené ses électeurs perdus. Il fantasme sans y croire une invraisemblable renaissance et se veut, si ce n'est toujours dans l'opposition, du moins hors de la future majorité.

Le PS n'a plus de partenaire sur la gauche. Où chercher une alliance ? Michel Rocard va-t-il reprendre la politique de Léon Blum et Daniel Mayer en 1946, là où Guy Mollet le marxiste l'avait brisée : l'accord avec une partie du centre et les héritiers les plus ouverts de la démocratie chrétienne ? Il y songe et prend quelques contacts.

Sauf Simone Veil, les centristes se montrent réservés. Ils posent une première condition : conserver l'Assemblée nationale élue deux ans plus tôt. Malgré la désapprobation d'une majorité du PS, Rocard envisage de tenter l'expérience. Mitterrand tranche : il dissout la Chambre. Il préfère le débauchage individuel de quelques anciens giscardiens.

Lorsque Michel Rocard arrive à l'hôtel Matignon, la Nouvelle-Calédonie flambe.

Le 22 avril à Ouvéa, des indépendantistes du FNLKS ont attaqué un poste de gendarmerie, abattu quatre gendarmes et pris les autres en otages. Le 5 mai, trois jours avant le second tour de l'élection présidentielle, Chirac ordonne l'assaut. Le GIGN[1] libère les otages, perd deux hommes et tue dix-neuf insurgés. Sinistre et scandaleuse victoire.

1. Groupe d'intervention de la gendarmerie nationale.

L'île vit encore sous l'empreinte coloniale. Européens contre indigènes, Caldoches contre Canaques, la Nouvelle-Calédonie peut basculer dans les violences de la décolonisation.

Michel Rocard envoie aussitôt une mission sur place, fait négocier, négocie lui-même à Matignon, lève les défiances et les haines. Il obtient des concessions des deux côtés et accorde les adversaires sur un nouveau statut pour la Nouvelle-Calédonie. L'Assemblée nationale et le Sénat adoptent le projet à la quasi-unanimité, ce qu'authentifiera un référendum national à l'automne. Seul le FN votera « non » et les chiraquiens s'abstiendront.

Cette rapidité d'exécution, cette rectitude, cette décolonisation par étapes programmée dans la paix, ce fut la méthode de Pierre Mendès France pour le Maroc et la Tunisie. Son gouvernement à peine formé, Michel Rocard l'a imitée avec bonheur.

« Il n'est pas bon qu'un seul parti gouverne. » François Mitterrand prononce cette phrase après la dissolution de l'Assemblée nationale, à quelques jours des élections législatives de juin 1988. Étrange programme à la veille d'un scrutin ! Le propos prive-t-il le PS d'une victoire aussi nette qu'en 1981 ? En tout cas, pour les socialistes et leur vassal le petit parti des radicaux de gauche, il manque treize sièges pour atteindre la majorité absolue – ce qui d'ailleurs ne mettra aucun Premier ministre en péril jusqu'à la fin de la législature.

Selon la coutume, Michel Rocard donne sa démission. Aussitôt renommé par Mitterrand, il compose son second gouvernement. Tâche urgente, car il s'agit d'une ferme promesse électorale : Rocard prépare un revenu minimum d'insertion, RMI, premier moyen pour lutter contre la misère qui grandit en France même. C'est une vieille idée rocardienne, tardivement reprise par Mitterrand comme par Chirac, que met en œuvre Bernard Kouchner. Par malheur, l'administration et les élus du socialisme orthodoxe courent au plus facile : prestation d'abord ; pour l'insertion, on verra ensuite. On entend même un haut responsable expliquer à un collègue : « L'insertion, ce n'est pas commode : on la refilera aux départements. »

L'État sait toujours distribuer des subventions. Le bénéficiaire en reste passif : c'est de l'assistanat. La loi défaillante ne permettra jamais à chaque Rmiste d'obtenir un vrai contrat d'insertion. Comme souvent, le conformisme et la nonchalance ont rogné une idée forte.

Vient ensuite un premier train de réformes : Michel Rocard fait modifier la loi régressive de Pasqua sur le séjour des étrangers, crée le Plan d'épargne populaire, rénove les PTT en séparant la Poste des télécommunications.

Reste un problème central et qui touche à la doctrine : les socialistes vont-ils renationaliser les banques et les firmes privatisées dans les deux années précédentes ?

Michel Rocard, on le sait, n'est pas un partisan de l'étatisation ; à l'expérience, François Mitterrand avait cessé d'y croire. Chez Rocard, normal : son socialisme, né de l'autogestion, cherche la déconcentration, la participation plutôt que l'autorité administrative : une politique par étapes à chaque fois négociées. Mais chez Mitterrand, que mettre à la place des principes relégués de 1981 ?

De là naquit, dans l'esprit du président de la République, le concept de ni-ni.

Que signifie le ni-ni ? Qu'il n'y aura ni nationalisations ni dénationalisations. C'est reconnaître que le socialisme – du moins dans sa version historique – ne paraît pas si bon que cela, mais que son contraire – la privatisation libérale – ne vaut pas mieux. Bref, le ni-ni marque, face aux contraintes d'une société moderne, la fin pratique de la doctrine : l'aveu d'une vacuité.

Le PS en donnera la timide traduction dans une nouvelle déclaration de principes. Il ne se définit plus comme un parti de lutte des classes mais comme celui des salariés. Finie la révolution, finie la rupture, il se reconnaît comme « parti de transformation sociale ». Le passage sur la « socialisation des moyens de production et d'échange » disparaît ; le PS préfère désormais « une société d'économie mixte ».

Ce texte furtif n'éteindra pas la querelle du réformisme ouverte par Jaurès et Guesde. Bien des militants rêvent encore de recommencer 1981 sans pouvoir le faire et pensent qu'ils ont échoué pour n'avoir pas été assez à gauche. Bien des observateurs constatent que le parti socialiste n'a toujours pas fait, selon l'expression consacrée, son Bad Godesberg.

C'est dans cette ville de la Rhénanie du Nord qu'il y a bien longtemps, en 1959, la social-démocratie allemande avait renoncé au marxisme, à ses pompes et à ses œuvres.

1989 : le parti socialiste gagne les élections municipales et perd les européennes. Le 14 juillet, François Mitterrand célèbre le bicentenaire de la Révolution française d'un grandiose défilé que Jean-Paul Goude met en scène sur les Champs-Élysées. Le surlendemain il reçoit avec un faste renouvelé de Versailles les dirigeants des sept pays les plus riches du monde.

Depuis trois ans, les réformes de Gorbatchev et sa perestroïka ont ébranlé l'Union soviétique mais surtout les démocraties populaires en pleine incurie. Le 10 septembre, la Hongrie ouvre sa frontière aux Allemands de l'Est : par dizaines de milliers, ceux-ci fuient le socialisme austère et policier de la DDR. Voilà qui alarme les communistes français et surprend un parti socialiste jusque-là peu attentif aux dissidences qui se multiplient dans les pays dominés par Moscou.

Le communisme ou la vieillesse d'un monde

Depuis l'immobilisme provoqué par la décrépitude de son chef Brejnev, le communisme qui s'était dit « la jeunesse du monde » part en morceaux.

En France, on l'a vu, le PCF a fort mal supporté la fréquentation de François Mitterrand lors du premier septennat. Il sème ses militants, sans parler de ses électeurs dont une part vote désormais à l'extrême droite. Ses grandes bases ouvrières, la sidérurgie, les mines n'existent plus. Subverti jusque dans ses banlieues rouges, convaincu de triche aux élections, dépendant du PS pour conserver ses derniers fiefs, il décline jusqu'à craindre de disparaître.

L'image de son secrétaire général y contribue. Dans les années 1970, les militants se disaient fiers de Georges Marchais[1], un métallo qui tenait tête aux journalistes bourgeois et aux énarques. Il faisait peur ; désormais il fait rire. À l'automne 1989, lorsqu'il prononce son discours traditionnel à la fête de *l'Humanité*, la foule sympathisante elle-même imite ses étranges intonations et les répète en écho.

Est-ce Mitterrand qui a porté le coup fatal à l'énorme machine du communisme français ? Oui et non. Les premières blessures

1. Notons pour la curiosité que c'est la deuxième fois en France que le dirigeant d'un mouvement d'extrême gauche porte ce nom. Il a en effet existé en 1832 un Marchais, dit « le terrible Marchais », président-général d'une très subversive société secrète nommée Aide-toi le Ciel t'aidera.

remontent à loin : 1956. Le rapport Khrouchtchev et la révolte des ouvriers hongrois écrasée par les chars soviétiques avaient déjà provoqué hémorragies et démissions, puis de Gaulle en 1958, puis la longue rébellion des étudiants et des intellectuels communistes au début des années 1960, la commotion essentielle de Mai 68, enfin la renaissance socialiste et l'implacable stratégie de François Mitterrand…

S'agit-il là des causes du déclin ? Dans l'immédiat, peut-être.

Mais en Italie l'énorme PCI, de loin le plus gros parti communiste d'Europe occidentale, s'était insurgé contre l'intervention soviétique en Hongrie. À l'inverse du PCF, il répudia le stalinisme. Il n'a connu ni de Gaulle ni Mitterrand. Il disparaît pourtant lui aussi, à la même époque, comme les puissants partis espagnol et portugais.

Au début du XXe siècle le communisme est né d'une lueur à l'Est. C'est d'abord à l'Est qu'il agonise, entraînant les partis frères dans son effondrement.

L'ébranlement partit de Pologne. Après des années de grèves illégales dans un pays socialiste, les ouvriers se regroupèrent dans un syndicat libre, Solidarnosc, qui fit reculer le pouvoir. La population s'enfonçait dans la misère. À la campagne, on ressortit les chevaux qui, à la différence des tracteurs en panne, n'exigeaient pas des pièces de rechange inexistantes. Les organisations charitables expédièrent du lait pour les enfants dans l'une des premières nations agricoles d'Europe.

Soutenus par l'Église, les Polonais dans leur écrasante majorité catholiques résistaient ouvertement à la dictature. Les communistes eux-mêmes perdaient foi dans leur système, s'en remettant à l'alcool et au laxisme des mœurs plus qu'à leur propagande pour détourner la jeunesse de l'Église.

Le 31 décembre 1981 apparut à la télévision un général Jaruzelski, tête de martien et petites lunettes noires, raide comme une machine dont il avait les saccades : c'était un coup d'État militaire communiste dans un pays communiste, ce qu'à l'évidence la théorie marxiste-léniniste n'avait pas prévu. L'armée proclamait l'état de siège, emprisonnait les opposants et d'abord le premier d'entre eux, Lech Walesa, fondateur et principal responsable de Solidarnosc : cent mille interpellations, 6 906 arrestations. Elle tenait les journaux, la radio, la télévision. Elle bouclait les frontières s'il était possible de les fermer davantage. Tout un peuple se retrouvait prisonnier dans son propre pays.

Au lendemain du putsch, Claude Cheysson, ministre des Affaires extérieures de François Mitterrand, déclara : « Bien entendu, nous ne ferons rien. » Lorsqu'au XIXe siècle dans une situation comparable un ministre de Louis-Philippe avait constaté avec le même cynisme : « l'ordre règne à Varsovie[1] », cela avait provoqué une émeute à Paris. Et en 1981, rien du tout ?

Les communistes français, comme il se doit, soutenaient la dictature ; Mitterrand et les socialistes, qui à l'époque les avaient accueillis au gouvernement, ne voulaient pas les froisser ; les gauchistes, ou ce qui en restait, méprisaient cette révolte ouvrière mais nationale et religieuse, si peu conforme à la mission historique du prolétariat.

Médecins du monde organisa des convois vers Varsovie, d'énormes vingt-cinq tonnes bourrés de vêtements, de médicaments et, quand la situation ou la ruse le permettaient, de matériel d'imprimerie, de papier et de ronéos. Hors les ONG, seules la CFDT et une branche du trotskisme[2] apportèrent une aide résolue à Solidarnosc, le syndicat interdit.

Michel Foucault, André Glucksmann, Bernard Kouchner, Yves Montand et quelques autres signèrent un appel pour condamner

1. Mot du général Sébastiani, ministre des Affaires étrangères français, lorsque la Russie écrasa une révolte de patriotes polonais en 1831.

2. L'Organisation communiste internationale, OCI, trotskistes lambertistes d'après le nom de leur chef, Pierre Boussel-Lambert. C'étaient les plus sectaires mais les plus antistaliniens. Lionel Jospin a longtemps milité chez eux.

la passivité de cette gauche alors au pouvoir. Le ministre socialiste de la Culture Jack Lang prit mal la leçon et, lorsqu'on lui demanda ce qu'il en pensait, répondit : « Je ne pense rien car ce sont des clowns malfaisants qui ont signé. »

Pas plus lors du premier septennat que du second, la gauche ne sut concevoir une politique étrangère originale et prospective. Elle ne s'honorait pas en armant Saddam Hussein, y compris contre les Kurdes opprimés et massacrés, comme l'avait fait avant elle Jacques Chirac. Elle ne voyait pas loin en ménageant l'Union soviétique et ses satellites en décomposition, la dictature sanglante de Mengistu en Éthiopie – régimes qui allaient disparaître avant dix ans. Elle ne broncha pas lorsque par dizaines de milliers des Viêt-namiens se mirent à fuir leur pays communiste par la mer de Chine. Ces *boat people* n'avaient qu'une chance sur deux d'échapper aux pirates et aux requins : pareil risque donnait la mesure de l'oppression. Quand en 1979 *L'Île de Lumière*, le bateau blanc des *French doctors*, partit les soigner et les repêcher, le PS était encore dans l'opposition. Mitterrand refusa son appui, Rocard l'accorda aussitôt.

Après le coup d'État du général Jaruzelski, Yves Montand et Édouard Maire, secrétaire général de la CFDT, appelèrent à une manifestation devant le ministère des Affaires étrangères. Huit mille personnes selon la police, cinquante mille selon les organisateurs, cela surprit sur un sujet de politique étrangère, en général peu mobilisateur.

François Mitterrand était sensible aux chiffres et à ce qu'ils laissaient entendre chez les intellectuels et l'opinion. Comme avec les *boat people*, il se rallia avec retard et prudence par collaborateurs interposés, ce qui ne l'empêcha pas de recevoir officiellement le général Jaruzelski à Paris. Seul Laurent Fabius, alors Premier ministre, regimba. Mais de la même façon qu'après s'être moqué du bateau pour le Viêt-nam Jacques Attali, proche conseiller du président de la République, dut aller chercher des *boat people* en avion, le ministre de la Culture Jack Lang, deux semaines après sa sortie contre les « clowns malfaisants », accueillait des dissidents polonais lors d'une soirée à l'Opéra.

En 1989, l'ensemble des démocraties populaires étouffait. Pendant longtemps les économistes occidentaux s'étaient laissé abuser par des chiffres officiels dont le PCF tirait gloire. On accordait à la Roumanie, à la Bulgarie des taux de croissance de 10, 15, 20 % ! On enseignait à Sciences Po que la dictature privait certes les citoyens de leurs libertés, mais qu'en brûlant les étapes elle ouvrait une voie de développement plus efficace et plus rapide que le capitalisme. Georges Marchais assurait que le bilan des pays socialistes se révélait « globalement positif ». En réalité, ces pays couraient à la ruine. La dictature ne favorisait aucun progrès : elle cachait la misère en truquant les statistiques.

L'agriculture, collectivisée ou non, n'a jamais retrouvé les niveaux de l'avant-guerre, de 1913 pour la Russie qui exportait du blé sous le tzar et en importe sous Brejnev et ses successeurs. Fer, charbon, acier, chantiers navals, partout en Europe on ferme les mines et les usines. À l'Est, on entretient jusqu'à l'absurde les combinats fatigués de l'ère stalinienne. Tout cela fonctionne, ou plutôt ne fonctionne pas, entre l'absurdité d'une planification autoritaire, des bureaucraties irresponsables et paresseuses, une police politique omniprésente, la sénilité des chefs, l'autosatisfaction du parti.

Peu à peu, la peur et le découragement des peuples se changent en hargne puis en résistance. En Europe centrale et orientale, l'effervescence réprimée finit par ronger la structure totalitaire. Gorbatchev, en cherchant à la réformer, l'ébranle davantage. Surtout, les peuples devinent qu'en cas de révolte massive il ne voudra ni ne pourra envoyer les chars comme à Berlin en 1953, Budapest en 1956 et Prague en 1968.

On se souvient de la première phrase du *Manifeste* communiste de Karl Marx et Friedrich Engels : « Un spectre hante l'Europe, le spectre du communisme. » Voici que l'inverse se produit : un spectre hante le communisme, celui de l'Europe. Un seul rêve : s'écarter de la Russie, rejoindre l'Ouest. Le fondateur du socialisme scientifique annonçait que le capitalisme allait mourir de son incapacité à contenir toutes les richesses créées en son sein ; ce sont les pays socialistes qui meurent faute de dominer la pauvreté et l'oppression accumulées.

En mai 1989 à Pékin, une foule d'un million de personnes occupe la place Tian'anmen : elle réclame la démocratie et la démission du successeur de Mao, le « petit timonier » Deng Xiaoping. Après un mois de liberté et de contestations, l'armée intervient et tire – non sur la place elle-même comme le veut la légende historique, mais dans les rues avoisinantes. La répression fait entre quinze cents et trois mille morts. Le régime emprisonne en masse. C'est un signe avant-coureur.

La Pologne communiste s'effondre en septembre 1989, la Hongrie en octobre. Le 9 novembre, le Mur de Berlin tombe, grands moments où l'histoire se montre en direct. En novembre toujours, la Révolution de velours emporte le pouvoir tchécoslovaque. En décembre, d'imposantes manifestations abattent la dictature bulgare.

Dans tous ces pays, ce sont bien les masses qui font l'histoire, mais à rebours de la théorie marxiste-léniniste. Devant la puissance des foules, des régimes qu'on croyait inviolables s'évanouissent du jour au lendemain. Voilà qui épouvante par-dessus tout les communistes français : même parmi les partisans et les bénéficiaires, personne ne s'est levé pour les défendre.

Une exception : en Roumanie, les tyrans Nicolae et Elena Ceaucescu font face. Mais c'est au cours d'une fausse révolution mise en scène par les gorbatchéviens locaux et les services soviétiques.

L'Albanie, la dernière, va suivre.

L'Europe, l'Amérique considèrent avec stupéfaction l'énorme rupture historique, la fin d'une épopée héroïque et criminelle lancée en 1917. Nul n'a prévu, même les plus hostiles, la minable débandade d'un idéal qui avait prétendu changer l'homme et le monde. Le communisme n'a pas perdu une bataille mais la guerre froide sur tous les fronts, et sans rémission. Ne survit pour l'instant que l'Union soviétique où Gorbatchev se débat sans pouvoir contrôler une société qui s'affaisse. Où sont passés les appels au prolétariat triomphant, les héros et les fusillés, l'aventure sans patrie ni frontières ?

François Mitterrand, qu'on ne peut soupçonner d'en avoir partagé les illusions, a lui aussi du mal à comprendre : comme toute sa politique étrangère le prouve, il croit à la stabilité des États. En outre, il redoute la réunification allemande et se persuade que Gorbatchev l'empêchera. En décembre, un mois et demi après la chute du Mur, il visite encore la République démocratique allemande agonisante comme pour lui apporter un ultime et inutile soutien. Il hésite puis finit par admettre son inéluctable disparition au bénéfice de la République fédérale.

Là, il réagit avec une bonne idée : accueillir aussitôt les pays de l'Est dans une grande confédération européenne. Il la gâche en proposant d'y admettre l'Union soviétique. À l'idée de retrouver leur oppresseur, les anciennes démocraties populaires s'insurgent. Vaclav Havel, dramaturge et dissident devenu président de la République tchécoslovaque, en refuse net le principe. Les nations libérées veulent rejoindre au plus vite la vraie Europe des Douze.

Sentiments mitigés au parti socialiste : on se réjouit en s'inquiétant de l'écrasante victoire du capitalisme américain. Les plus optimistes imaginent qu'ils vont récupérer les dépouilles du communisme : l'histoire a donné raison au socialisme démocratique contre sa version totalitaire née en France dès 1920 lors de la scission du congrès de Tours. Dans les faits, le PS n'en tirera aucun avantage, au contraire : à travers sa caricature bolchevique, c'est l'idée même du socialisme qui se trouve atteinte. Un critère parmi d'autres : en Afrique, sans rien changer à la corruption et à la servitude, les autocrates qui s'en réclamaient cessent de le faire.

À la fin de l'aventure, le PCF demeure l'un des rares à conserver le mot de « communiste » dans son intitulé ; à l'Est comme à l'Ouest, les autres partis se cherchent des adjectifs moins chargés.

Georges Marchais, l'homme qui jugeait il y a peu le bilan des pays socialistes « globalement positif », reste encore secrétaire général pour quatre ans.

Succès et catastrophes

Avec Rocard, le pays a un Premier ministre populaire. C'est le PS qui n'est pas content. La gauche du parti le trouve trop droitier ; la droite – c'est-à-dire Fabius – décide dès le départ qu'« il n'y a pas beaucoup de grand dessein là-dedans ». « Je lui aurais cassé la gueule », dit Rocard[1]. Quant à Mitterrand, tout à sa défiance, il guette les gaffes et les erreurs qui ne viennent pas.

Après la paix en Nouvelle-Calédonie et le RMI, rien de spectaculaire : Michel Rocard réforme à sa façon, sur le long terme et sans fracas. Il négocie et consulte, avance pas à pas. Il déteste les annonces présomptueuses, ces promesses spectaculaires qui font l'ouverture des journaux mais qu'on ne tient qu'à moitié ou pas du tout.

Il sauve Renault et Air France de la faillite, modifie la grille de la fonction publique – « Ne touchez pas à ça, avait dit Mitterrand, ça va exploser » –, modernise le réseau fluvial et les canaux, réforme la Commission des opérations de bourse, impose une plus grande transparence aux marchés publics, réglemente les écoutes téléphoniques, surtout crée la Contribution sociale généralisée, impôt universel pour rééquilibrer les comptes sociaux.

Sur ce dernier point, la droite, Édouard Balladur en tête, proteste et s'oppose tant qu'elle peut, assurant qu'elle supprimera cette exaction odieuse. Plus tard, le même Balladur au pouvoir ne l'abrogera pas : il ira jusqu'à l'augmenter !

1. Michel Rocard, *Si la gauche savait*, *op. cit.*, p. 288.

Alors que Mitterrand l'écarte de la politique étrangère, Rocard soutient Kouchner et son droit d'ingérence humanitaire. C'est ainsi que, sur proposition de la France, l'assemblée générale des Nations unies vote la résolution 43/131 qui permet l'assistance aux victimes « des catastrophes naturelles et situations d'urgence du même ordre », ce qui peut comprendre les victimes des conflits armés.

La protection des hommes passe pour la première fois avant les souverainetés nationales : malgré les frontières et les gouvernements oppresseurs, on a enfin le droit de secourir des populations jusque-là délaissées et condamnées. Reste à mettre en œuvre pareille intention, non point partout – décourageante utopie – mais pour commencer là où c'est possible. Le texte, précisé et élargi par plus de trois cents résolutions en quinze ans, permettra de sauver des dizaines de milliers de vies dans les tremblements de terre ou les guerres, de l'Arménie au Soudan, du Kurdistan au Liberia, de la Bosnie au San Salvador...

Au cas par cas, Mitterrand et Rocard appuient l'action humanitaire.

Droit d'ingérence : voilà qui pourrait ouvrir de nouvelles voies à la politique internationale de la France, si conventionnelle et timorée. Mais la majorité des socialistes, oublieux de l'internationalisme de leurs origines, n'en veut pas, les grands ministres mitterrandiens non plus. Ils craignent l'aventure et respectent les souverainetés, fussent-elles tyranniques.

Aux Nations unies, les pays anglo-saxons et les militants des droits de l'Homme reprendront l'idée sous le nom de « *responsability to protect* ».

Reste une réforme essentielle que Michel Rocard ne parvient pas à réaliser : celle des retraites. Il en sait l'urgence : l'allongement de l'espérance de vie, l'arrivée de générations nombreuses nées dans l'après-guerre feront exploser le système aux environs de 2005. Il sait aussi qu'il s'agit d'un dossier « de nature à faire tomber quatre ou cinq gouvernements ».

Comme toujours, il engage consultations et négociations, monte une stratégie sur sept ou huit ans, publie un livre blanc en accord avec les syndicats... Mitterrand ne se montre pas chaud, lui qui a décrété par ordonnance la retraite à soixante ans.

Les deux gouvernements socialistes qui succéderont à Michel Rocard abandonneront le projet.

Dans toute aventure, il faut un raté. Il vient avec une loi sur le financement des partis politiques. Depuis quelque temps, les scandales prolifèrent, tant chez les chiraquiens et les centristes qu'au PS, appelant une stricte réglementation pour l'avenir.

Rocard prépare un texte sévère. Mais les responsables et les députés socialistes le pressent : il faut sauver un camarade[1], le plus honnête du monde, qui s'est dévoué corps et âme à financer illégalement le parti. Pas un sou d'enrichissement personnel, un deux-pièces à Aubervillers, une générosité sans faille. La justice le poursuit, la prison le guette. Et voilà pourquoi il faut une amnistie, un simple article à rajouter dans la loi. Mitterrand y pousse.

Michel Rocard tente d'y échapper, à la fin il accepte un compromis : toutes les infractions seront amnistiées, sauf celles commises par des parlementaires. Le président de la République promulgue la loi.

Bientôt, comme le craignait Rocard, la presse et le public oublient la rectitude du texte principal pour ne retenir qu'un mot : amnistie. Un magistrat déclare : « Les politiques se sont autoamnistiés. » La formule se révèle ravageuse. Les médias en rajoutent. « Nous y avons perdu quinze points dans les sondages et une grande part de la confiance de l'opinion, dit Michel Rocard[2]. [...]

1. Il s'agit de Gérard Monate, militant du PS et ancien secrétaire général de la Fédération autonome des syndicats de police, FASP.

2. Michel Rocard, *Si la gauche savait*, *op. cit.*, p. 308-309.

Ce n'est pas tout à fait une "quatrième mort" du parti socialiste, mais c'est une deuxième mise en coma prolongé. »

Le parti socialiste n'a pas besoin de cette secousse supplémentaire. Il se sent délaissé comme après 1981, privé d'une part de ses cadres mobilisés dans l'appareil d'État, inutile. À Rennes en mars 1990, son congrès tourne au drame. Tout se bloque dans un affrontement entre Jospin et Fabius, le premier en social-démocrate classique, le second en récent expert de la modernité. Cette haine inexpiable dépasse de loin les idées ; elle remonte, on s'en souvient, à leur querelle lors des élections législatives de 1986.

L'antagonisme empêche toute majorité. Les mitterrandistes eux-mêmes se divisent. On accuse des camarades d'avoir acheté des mandats. Parlant de Fabius, un délégué furibond s'exclame : « Ce n'est plus un courant, c'est une banque ! » On s'insulte. Personne n'arrive à s'allier avec personne, Fabius échoue à prendre le parti. Mauroy, consterné par le spectacle, se voit réélu premier secrétaire d'un PS démoralisé et raillé.

Au début de 1991, la France entre dans la guerre. L'été précédent, l'Irak de Saddam Hussein a envahi le Koweit : agression caractérisée selon la charte des Nations unies. Celles-ci autorisent le recours à la force pour libérer le royaume occupé. Les États-Unis organisent une coalition de vingt-huit pays à laquelle participent la France et la Grande-Bretagne comme l'Arabie saoudite, l'Égypte, le Pakistan même...

Au parti socialiste, seule une fraction de la gauche, dont Jean-Luc Mélenchon, vote contre la guerre. Jean-Pierre Chevènement, ministre de la Défense qui garde une considération pour la dictature laïque de Saddam Hussein, quitte le gouvernement.

Les alliées libèrent le Koweit en quatre jours, cent heures de combat entre le 24 et le 28 février, et s'arrêtent aux frontières de l'Irak. La cote de popularité de Mitterrand grimpe à 62 %.

Mais l'armée de Saddam Hussein battue se retourne contre les Kurdes et les chiites en révolte. Les chiites succombent devant les massacres et les destructions. Les Kurdes fuient par la montagne leurs villes et leurs villages bombardés et razziés. Par centaines de milliers, ils se précipitent vers la frontière iranienne, ouverte, mais surtout la turque, fermée.

Pas d'eau, pas d'abris en plein hiver, pas de nourriture : va-t-on laisser mourir ces foules énormes d'hommes, de femmes, de bébés, de vieillards, un génocide par le froid et la faim aussi efficaces qu'à l'autre bout du Kurdistan les tueurs de Saddam Hussein ?

Danielle Mitterrand et Bernard Kouchner, vieux militants de la cause kurde, parviennent à convaincre François Mitterrand de monter une opération de secours. Mitterrand en persuade le président des États-Unis, George Bush père. Avec l'aval de l'ONU, les armées alliées parachutent des vivres et, sans respecter la frontière irakienne, raccompagnent les réfugiés jusque dans leurs villes et leurs villages désormais protégés par une zone d'exclusion aérienne. Ni les avions ni les troupes de Saddam Hussein n'y ont accès : le dictateur a perdu sa souveraineté sur le Kurdistan.

Belle action diplomatique et militaire à l'initiative de la France et réalisée par la gauche : c'est la première fois que l'on empêche un génocide au XXe siècle.

Contre son désir, Michel Rocard démissionne le 15 mai 1991. François Mitterrand l'a exigé et sous la Ve République, même si le texte de la Constitution l'autoriserait, un Premier ministre ne résiste pas aux volontés du chef de l'État.

La version officielle veut que ce soit pour former un gouvernement de combat deux ans avant les élections législatives. On ne peut s'empêcher de penser qu'avant tout Michel Rocard et sa popularité agaçaient François Mitterrand, et d'autant plus qu'après trente-six mois « on ne voyait toujours pas à travers ».

Ce printemps, les affaires de financement du PS via de fausses factures tournent mal. Les juges perquisitionnent. François Mitterrand frappe l'opinion en confiant pour la première fois en France le gouvernement à une femme, Édith Cresson. La presse apprécie le geste et l'évolution de la société qui le permet. Les commentateurs avertis notent qu'Édith Cresson s'est toujours montrée plus nationaliste qu'européenne, à la fois ultralibérale et interventionniste dans l'industrie. Certains craignent son populisme.

Très vite, Édith Cresson multiplie les gaffes, dénonçant l'homosexualité présumée des Anglo-Saxons, traitant les Japonais de « fourmis jaunes qui essayent de dominer le monde », tranchant : « La Bourse, j'en ai rien à cirer. » Elle révulse la gauche en proposant, à la façon de Charles Pasqua, des charters pour réexpédier les immigrés clandestins dans leur pays.

Le chômage s'aggrave encore, atteint trois millions de personnes, 10 % de la population active. La CGT recommence à organiser grèves et journées d'action. Le procès du sang contaminé souligne la malhonnêteté des responsables de la transfusion et l'incurie des ministres. La réforme de l'enseignement supérieur proposée par Lionel Jospin jette les lycéens et étudiants dans la rue : il faudra bientôt, comme en 1984, comme en 1986, en retirer le texte.

La politique étrangère elle-même vacille. En juin 1991, la fédération yougoslave éclate. Les fractures de la Première et de la Seconde guerre mondiale se rouvrent : François Mitterrand et son ministre des Affaires étrangères Roland Dumas prennent le parti des Serbes, l'Allemagne celui des Croates. Cette discorde permet au conflit de flamber et de se poursuivre, massacres, épuration ethnique, siège de Sarajevo, bombardements, jusqu'à la fin du septennat. Il faudra attendre 1995, l'élection de Chirac en France et celle de Clinton aux États-Unis pour qu'une intervention militaire de l'OTAN mette fin à la guerre.

Le 18 août 1991, un groupe de vieillards néostaliniens et de généraux démet Gorbatchev et prend le pouvoir à Moscou.

Contrairement à Michel Rocard, plus lucide, François Mitterrand était jusque-là persuadé que Mikhaïl Gorbatchev contrôlait son pays en plein bouleversement et le menait par à-coups vers la démocratie. En réalité, comme dans tout empire qui n'a pas su évoluer, les tardives réformes de Gorbatchev précipitaient la chute. Sauf à l'extérieur où il séduisait un Occident ravi, Gorbatchev n'était pas populaire. Il avait ébranlé la mécanique et ne contrôlait plus rien.

Mais curieusement, devant le putsch des conservateurs, Mitterrand le lâche. Non seulement il ne condamne pas le coup d'État, mais il lit sans indignation une lettre que les conjurés lui ont adressée. Comme en 1989 devant l'effondrement des démocraties populaires, dans un premier temps le sens de l'événement lui échappe.

Trois jours plus tard, Boris Eltsine, président de Russie, balaie l'insurrection, suspend le parti communiste, écarte Gorbatchev. Quatre mois plus tard, avec les présidents d'Ukraine et de Biélorussie, il dissout l'Union soviétique. Le communisme, qui avait levé la moitié du monde, s'est suicidé.

À la fin de l'année 1991, le gouvernement d'Édith Cresson sombre dans l'impopularité. Partie des 62 % gagnés avec la guerre du Golfe, la cote de confiance de François Mitterrand plonge vers les 20 %. En mars 1992, le PS perd avec éclat les élections régionales. À son plus bas niveau depuis vingt ans, il ne conserve qu'une présidence sur les vingt-deux métropolitaines.

Le 2 avril 1992, Mitterrand fait démissionner Édith Cresson et nomme à sa place le ministre des Finances, Pierre Bérégovoy. Le « gouvernement de combat » n'avait pas passé l'année : ce fut le ministère le plus bref de toute la Ve République. Pierre Bérégovoy se trouve Premier ministre d'une France qui glisse dans la récession la plus sévère qu'elle ait connue depuis la Libération. L'inflation a reculé de façon spectaculaire avec une politique de franc fort mais le déficit budgétaire a triplé ; les prélèvements obligatoires, après avoir baissé, augmentent ; le nombre des chômeurs passe les trois millions ; la croissance du pouvoir d'achat, sensible les années précédentes, se tasse. Nul n'ignore que les socialistes vont perdre les législatives de l'année suivante.

Ajoutons que François Mitterrand, serré par son cancer qu'il cache toujours, paraît affaibli, figé. Il va se faire opérer de la prostate. Surtout, malgré ceux, nombreux, qui frappent la droite, les affaires et les scandales qui touchent les socialistes ou leurs amis composent une liste considérable[1] et ravageuse dans l'opinion.

Cela a commencé avec les Irlandais de Vincennes et les forgeries des gendarmes de l'Élysée, des trafics avec l'Irak, le Carrefour du développement et les détournements d'argent, un délit d'initié sur les actions de la Société Générale, un autre sur la société Triangle où l'on trouve un intime du Président, les mises en cause du cabinet de Bérégovoy... Arrivent ensuite l'affaire du sang contaminé, les poursuites contre les bureaux d'études qui financent le PS en toute illégalité, les fausses factures, l'inculpation puis la condamnation d'Henri Emmanuelli, trésorier du parti socialiste, les ruineuses folies du Crédit Lyonnais, toujours nationalisé[2] et dit « le bras armé de Bérégovoy », le procès de Bernard Tapie, ministre de la Ville, qui démissionne puis reprend son poste... La presse et l'opposition rappellent la phrase fameuse que lança François Mitterrand dix ans avant de prendre le pouvoir : « l'argent qui corrompt, l'argent qui achète, l'argent qui écrase, l'argent qui tue, l'argent qui ruine et l'argent qui pourrit jusqu'à la conscience des hommes ».

Dans pareille situation politique, économique et judiciaire, certains en viennent à douter que le président de la République parvienne au terme de son septennat. Celui-ci voit le péril : il cherche à réagir et à surprendre. Il trouve l'occasion : le traité de Maastricht.

1. Cf. *les Scandales de la République* de l'historien Jean Garrigues, Paris, Robert Laffont, 2004.
2. C'est Lionel Jospin qui le privatisera en 1999.

En février 1991, dans cette ville des Pays-Bas où d'Artagnan perdit jadis la vie, les membres de la Communauté européenne avaient signé le traité qui instaurait une Union économique et monétaire. Il ouvrait ainsi la voie à une banque centrale et une monnaie unique, l'euro. Il permettait à terme une politique étrangère, militaire, sociale, policière, judiciaire commune. À chaque pays de ratifier le texte.

En cet été 1992, au tout dernier moment, François Mitterrand décide de soumettre le traité de Maastricht à référendum, ce que rien n'impose. À peine le temps de faire campagne : le scrutin doit se tenir le 20 septembre.

C'est une ruse : après l'échec du gouvernement Cresson, le président de la République cherche à casser la droite, européens contre antieuropéens. Il y parvient mais à ce prix casse une gauche tout aussi divisée. Les couches populaires, électorat supposé des socialistes, acceptent mal une Europe que la démagogie désigne comme la source de leurs difficultés. Le parti communiste, lui, fidèle à la ligne d'une Union soviétique qui n'existe plus, appelle avec force à voter « non ».

Au début, Mitterrand croit la victoire facile : dans les sondages, le « oui » démarre à 60 %, dont il pourra s'attribuer le mérite. Le débat engagé, le « oui » descend à 53 %, puis à 52, puis à 50, puis dans une dernière enquête à 49 %.

François Mitterrand a mis le feu à la maison pour cuire son œuf à la coque. Giscard et Chirac viennent au secours du « oui ». Le 20 septembre 1992, celui-ci l'emporte de justesse avec 51,04 % des suffrages, maigre et coûteuse victoire. Inquiétante aussi : les politologues remarquent que la carte du « non » ressemble à la carte traditionnelle de la gauche. Le débat sur Maastricht, d'autant plus violent qu'il fut bref et mal préparé, sépara tout un peuple d'ouvriers et d'employés des élites socialistes. Il annonce tant l'échec de Lionel Jospin au premier tour de l'élection présidentielle de 2002 que le rejet du traité constitutionnel européen en 2005 et la profonde division du parti qui l'accompagnera.

Début 1993, les socialistes ne peuvent douter que les élections de mars seront un désastre.

Le 1er février, le juge Thierry Jean-Pierre révèle que Pierre Bérégovoy, quand il était ministre des Finances, a bénéficié d'un prêt sans intérêt d'un million de francs[1] accordé par Roger-Patrice Pelat. Pelat, l'ami de jeunesse du Président, un homme compromis dans une affaire de délit d'initié et qui est mort quatre ans plus tôt. L'opération n'a rien d'illégal mais n'aide guère en pleine campagne électorale. La presse développe, elle ne se déchaîne pas. Au bord d'une défaite dont il se tient pour responsable, Pierre Bérégovoy est très affecté.

Le 10 mars, *le Canard enchaîné* révèle qu'entre 1983 et 1986 François Mitterrand a fait écouter les téléphones de cent cinquante personnes, dont des journalistes et une actrice, pour des motifs divers et personnels.

Le 21 mars, au premier tour des élections législatives, le parti socialiste se retrouve à 17,4 %, un score à la Guy Mollet. Au second tour, avec ses alliés, il passe de 282 députés à 67. Michel Rocard est battu dans les Yvelines.

François Mitterrand reste à l'Élysée pour une deuxième cohabitation. Jacques Chirac déclinant le poste, il nomme Édouard Balladur Premier ministre.

Le 1er mai, Pierre Bérégovoy, dépassé et délaissé, se suicide. À ses obsèques, visant la presse, François Mitterrand dénonce « ceux qui ont pu livrer aux chiens l'honneur d'un homme ». *Le Monde* réplique : « On ne saurait dire, toutefois, que [...] M. Mitterrand ait tiré pour lui-même les leçons de ce "grave avertissement". »

Une fois de plus, la gauche a répété le scénario historique inauguré sous la IIIe République et que décrit Michel Rocard : « Portée

1. Environ 200 000 euros de 2011.

par la colère du peuple, la gauche gagne une élection une fois tous les dix ans. Elle fait deux ou trois réformes majeures puis s'enlise dans la mauvaise gestion financière et, lentement, disparaît[1]. »

En 1993, il faut y ajouter ce drame rarissime, le suicide du Premier ministre.

1. Michel Rocard, *Si la gauche savait*, *op. cit.*, p. 294.

Quand l'Histoire repasse les plats (bis)

« La gauche ressemble à un champ de ruines », dit Michel Rocard. « Il nous faudra dix ans pour nous en remettre », ajoutent ses camarades. Laurent Fabius, premier secrétaire du parti, ne partage pas cet avis : après l'effarant échec des législatives, il se justifie et se défausse une fois de plus sur la dureté des temps. Le PS, qui doit licencier des permanents par dizaines, s'enferme sur lui-même. Le nombre des militants a fondu de moitié.

De là ce qui s'apparente à un complot.

« Dans l'état où est le parti, le seul possible, c'est Rocard », dit Henri Emmanuelli lui-même, d'ordinaire si orthodoxe et peu porté à l'innovation. Dominique Strauss-Kahn le moderniste intervient à son tour, rapproche les rocardiens des jospinistes. La droite et la gauche du parti s'unissent contre Fabius dont ils dénoncent l'arrogance, le goût du contrôle et de l'infiltration.

Le 3 avril 1993, c'est le putsch. Rocard appuyé par les jospinistes et tous les désespérés prend pour la première fois le pouvoir au PS. Déjà nommé « candidat naturel » pour la prochaine élection présidentielle de 1995, le voilà président d'une direction provisoire. Il promet une transformation radicale au parti.

Cela ressemble à un coup d'État légal. Gilles Martinet, vieux militant de gauche, cofondateur de *France-Observateur*, l'ancêtre du *Nouvel Observateur*, approuve mais s'en amuse : un petit 18 Brumaire, raconte-t-il, avec Strauss-Kahn dans le rôle de Lucien Bonaparte et Emmanuelli dans celui de Murat.

Jospin se retire et laisse faire. Chevènement quitte le PS et crie : « Le parti d'Épinay est mort. » Il ne se trompe pas. Deux mois plus tôt, juste avant le désastre électoral, Rocard avait décrété un big bang. Il en appelait à une renaissance par la transformation du PS, « société close, rigide et conflictuelle, en un mouvement beaucoup plus ouvert, moderne, extraverti »... Telle est l'énergique médication qu'il entend imposer au parti accablé[1].

Les mitterrandiens s'en hérissent et Mitterrand lui-même, qui n'a jamais accepté que Rocard s'occupe du parti, s'en vengera bientôt. « Une manœuvre de la pire espèce », dit François Hollande, « un *pronunciamiento* », dit Jack Lang qui accuse Michel Rocard d'avoir « fracassé la maison commune ». Putsch ou pas, celui-ci a pourtant recueilli une majorité claire et nette sur son projet.

En juillet 1993, il rassemble des états généraux du PS pour donner la parole à la base. En octobre, le congrès du Bourget le nomme premier secrétaire par plus des trois quarts des mandats. Mais en faisant par nécessité mine de l'approuver, les courants divers – division institutionnelle et paralysante – n'apprécient pas cette agitation qui les menace. Rocard veut mettre fin aux accords de circonstances, à l'instabilité, aux blocages, aux querelles, imposer des alliances stables sur un projet stable. Pour cela, un seul moyen : faire élire les organes dirigeants au scrutin majoritaire et non plus à la proportionnelle. « C'est le fond de l'affaire », dit-il. Ni Fabius ni, plus grave, Emmanuelli n'en veulent.

Rocard n'ose pas passer en force : ce serait risquer des affrontements physiques dans la salle du congrès. « Ces choses-là, dira-t-il, on sait quand ça commence, on peut même les déclencher – c'était mon problème –, mais on ne sait jamais comment cela finit[2]. »

Dans les faits, tout premier secrétaire soit-il, il n'a pas de majorité au comité directeur. Qu'un allié le lâche, il tombe. Ceux qu'il

1. Donc le parti socialiste fondé par Mitterrand et Chevènement en 1971.
2. Michel Rocard, *Si la gauche savait*, *op. cit.*, p. 329.

appelle les « archéos » lui imposent une sorte de programme gaucho-conservateur qui lui nuira lors des élections européennes de l'année suivante.

1994. La situation semble servir la gauche. En janvier, le gouvernement Balladur, et d'abord François Bayrou, ministre de l'Éducation nationale, tente de réviser la loi Falloux, loi de paix scolaire. Devant ce cadeau à l'école chrétienne, la gauche s'unit dans son traditionnel réflexe de laïcité : elle s'y oppose dans une énorme manifestation. Toujours en janvier, Georges Marchais quitte le secrétariat général du PCF ; son successeur Robert Hue pourrait se montrer moins stalinien et plus accommodant. En mars, étudiants et lycéens protestent en masse contre un autre projet de Balladur, le CIP, Contrat d'insertion professionnelle qui permet de payer les jeunes gens à 80 % du smic. Balladur perd la bataille de l'opinion et de la rue : comme tous ceux qui ont touché à l'Éducation nationale et à la jeunesse, de Mitterrand à Chirac, il retire son projet. Les socialistes se réjouissent.

Au printemps s'ouvre la campagne pour les élections européennes. Michel Rocard se présente en tête de liste. Mais après la défaite aux législatives de 1993, chaque fraction de la gauche prend ses distances vis-à-vis du PS et tente une échappée en solitaire. Arrivent l'inévitable liste du PCF, celle, plus gênante, du souverainiste Chevènement, deux listes trotskistes, deux listes écologistes, une liste Sarajevo menée par Bernard-Henri Lévy. Cette dernière, qui cherche à sauver la ville assiégée en pleine guerre de Bosnie, grimpe jusqu'à 10 % dans les premières enquêtes. Quand Bernard Kouchner, alors au sommet des sondages de popularité, prépare une liste humanitaire, le PS s'inquiète. Rocard passe un accord avec le *french doctor* pour une liste dite « chabada[1] », soit d'une stricte parité entre les

1. L'expression, que Michel Rocard n'apprécie pas, fait référence à la chanson *Un*

sexes, un homme, une femme, un homme, une femme... Kouchner y figure en numéro trois.

Encore faut-il composer la liste. Les courants ou sous-courants fabiusiens, jospinistes, gauchistes et autres se placent et se poussent, s'entre-nuisent, s'échangent les sièges à venir. L'image ne colle pas une seconde au big bang promis.

Surgit la liste de Bernard Tapie, racheteur d'entreprises en déroute, ancien ministre et nouveau capitaine des radicaux de gauche. Tapie agite un modernisme populaire contre celui, plus intellectuel, de Rocard. Tapie n'appartient pas au système politique et à ses castes. Les juges qui le poursuivent ne l'ont pas encore attrapé. Mitterrand en sous-main l'encourage et le conseille.

C'est ce que l'on nommera le « missile Tapie » téléguidé depuis l'Élysée contre Rocard.

Celui-ci paraît coincé : s'il veut garder la maîtrise du parti socialiste, il doit gauchir son propos ; s'il gauchit son propos, il contredit sa politique d'ouverture, perd toute chance de rénover le PS et le payera lors du scrutin.

La campagne prend mal, les sondages ne sont pas bons. La liste Tapie mord sur l'électorat socialiste. Désastre le soir du 12 juin 1994 : Rocard ne recueille que 14,4 % des suffrages contre 23,6 % cinq ans plus tôt pour la liste alors menée par Fabius. Le missile Tapie – plus de 12 %, à 2,5 % d'écart – a percuté la liste Rocard. Celui-ci déclare qu'il n'est plus le « candidat naturel du PS » pour la prochaine élection présidentielle, puis présente sa démission de premier secrétaire. Il pense que le parti va le renommer ; le parti lui préfère l'orthodoxe Emmanuelli.

François Mitterrand est enfin parvenu à tuer la deuxième gauche.

« Ce à quoi je tiens le plus, c'est le renoncement par la gauche à une culture protestataire et pseudo-révolutionnaire, cette culture de

homme et une femme (paroles de Pierre Barouh, musique de Francis Lai) de la bande originale du film éponyme de Claude Lelouch sorti en 1966.

l'impuissance qui l'a toujours conduite au malheur économique », dit Michel Rocard[1]. En novembre 1994, il se scandalise de voir le PS repartir en marche arrière. Au congrès de Liévin, ville symbole du prolétariat historique, le parti déboussolé se console de ses divisions et de ses déboires par une brusque poussée de gauchisme. Emmanuelli, premier secrétaire, obtient 93 % des mandats sur une motion qu'on peut dire anticapitaliste.

Sauf une minorité fort réduite, tous, fabusiens, rocardiens, jospinistes, mauroyistes oublient le texte qu'ils ont pareillement adopté trois ans plus tôt. Celui-ci promettait l'abandon du marxisme révolutionnaire et se terminait ainsi : « Le capitalisme borne désormais notre horizon historique. »

Le congrès s'échauffe en chantant une furieuse *Internationale*. Dans le même temps, dépourvu de candidat à la présidence de la République, il en appelle à Jacques Delors.

Inimaginable contradiction : Delors se veut un modèle de social-démocrate modéré. Il s'oppose aux 35 heures sans diminution de salaire votées par le congrès et songe à gouverner avec sa famille d'origine, les démocrates chrétiens. Il a dirigé l'Europe en s'appuyant tant sur la gauche que sur le centre et la droite. Mais Delors figure en tête des sondages, le seul qui puisse battre Chirac à la présidentielle de l'an prochain. Il en devient le « candidat surnaturel » après le départ du « candidat naturel » Michel Rocard.

Sauf pendant la guerre d'Algérie, jamais la distance entre les idées et la politique socialiste n'a paru si considérable. Un minoritaire cultivé traite Emmanuelli de néo-guesdiste et de néo-molletiste : l'histoire du socialisme et ses éternels retours.

Voilà sans doute la première raison pour laquelle Delors refuse d'être candidat.

Le PS n'aurait-il personne ? Non, soutenu par les mitterrandistes, Emmanuelli se présente. Du coup, Jospin se présente

1. *Si la gauche savait*, *op. cit.*, p. 293-294.

aussi. Aux militants de trancher. En février 1995, les socialistes dédaignent l'homme qu'ils avaient plébicité un mois et demi plus tôt : ils nomment Jospin. Par la même occasion, celui-ci prend le parti.

« En deux ans, fait remarquer l'historien Jacques Kergoat[1], le parti socialiste [a connu] quatre premiers secrétaires, Fabius, Rocard, Emmanuelli et Jospin, et quatre candidats à l'élection présidentielle, Rocard, Delors, Emmanuelli et Jospin. »

François Mitterrand vit à l'Élysée les derniers mois de son mandat. On le voit épuisé, rongé par son cancer si longtemps secret et depuis peu révélé. Son courage devant la maladie impressionne. Bien qu'en cohabitation, privé d'une partie du pouvoir, il peine à exercer sa fonction.

Comme s'il dépouillait un personnage, il laisse savoir qu'il a un double ménage et une fille clandestine.

Il reconnaît ce qu'il avait longtemps caché ou démenti : sa présence dans l'administration de Vichy sous l'Occupation, la francisque, la poignée de main au Maréchal... On découvre qu'il fait fleurir la tombe de Pétain à l'île d'Yeu.

Tout cela ne trouble guère hors des cercles intellectuels. Mais au hasard d'une photo retrouvée, la presse comprend qu'il fréquente Bousquet, qu'il le reçoit chez lui dans les Landes, que Bousquet a travaillé au financement de sa première campagne présidentielle contre le général de Gaulle.

Bousquet est l'ancien secrétaire général de la préfecture de police sous Vichy. Il a commandé à la police de livrer les Juifs aux nazis, organisé la rafle du Vel'd'Hiv'. Mitterrand et Bousquet ! Cette relation discrète se poursuit depuis la fin des années 1940. Les rocardiens et les jospinistes ont un haut-le-cœur, les emmanuellistes, les fabiusiens et les dirigeants de la gauche socialiste soutiennent Mitterrand. Beaucoup ne comprennent

1. *Histoire du parti socialiste*, Paris, La Découverte, 1997.

pas. Il admet qu'ils ne puissent pas comprendre : dans son esprit, il a rendez-vous avec la mort et l'histoire de France[1].

Lionel Jospin mène sa campagne présidentielle avec méthode. L'historien Jacques Kergoat, pourtant socialiste, écrit[2] : Jospin « semble marqué par les promesses non tenues des deux septennats de Mitterrand. Il va donc répétant qu'il faut tenir les promesses faites. Et en tirer la conclusion qu'il vaut mieux ne rien promettre ». Propos exagéré peut-être, mais il y a de ça. L'épuration du programme sert la clarté et le réalisme du propos. La campagne socialiste, pour être celle d'un parti ébranlé de toutes parts, retrouve une efficacité.

À droite, Balladur a trahi son ami Chirac et se présente contre lui. À gauche, on se partage entre l'espoir de profiter de cette guerre intestine et la crainte de ne pas figurer au second tour.

Le 23 avril 1995, soir du premier tour, Lionel Jospin arrive en tête avec plus de 23 %, Chirac en deuxième, Balladur en trois. Jospin affronte Chirac et tient bon. Chirac est élu mais Jospin recueille 47,4 % des voix. Résultat inespéré après les dernières catastrophes électorales et l'état du parti.

Voici Lionel Jospin chef incontesté du PS. Son marxisme révolutionnaire issu d'un trotskisme originel s'est mué avec le temps en une social-démocratie ordinaire, qui selon la tradition sépare toujours l'action circonstancielle de l'intouchable doctrine. Sous son autorité, le parti se calme et se repose de tant de déchirements, de virages et de défaites. Il le conforte par une gestion plus rigoureuse mais se garde bien de le réformer. S'il a réclamé un « droit d'inventaire » sur les années Mitterrand, il n'en fait guère usage. Le PS songe aux prochaines législatives sans se précipiter : il a presque trois ans devant lui.

Une fois de plus, le salut de la gauche vient de la droite. Jacques

1. François Mitterrand mourra le 8 janvier 1996.
2. *Histoire du parti socialiste*, *op. cit.*, p. 110.

Chirac s'est fait élire en dénonçant une « fracture sociale » qu'il entendait réduire, précisant que « la feuille de paie n'était pas l'ennemie de l'emploi ». Son Premier ministre Alain Juppé entame une politique sociale, baisse les impôts, augmente les salaires. Situation intenable : au vu des déficits laissés par la récession et les exigences de l'Europe, il décide brusquement de réduire les dépenses et de réorganiser le « modèle social français » menacé de faillite.

Il s'agit de transformer la gestion de la Sécurité sociale, son financement et ses équilibres, d'augmenter les impôts, d'aligner les retraites des fonctionnaires sur celles du privé, de supprimer les ruineux régimes spéciaux de la SNCF, du métro parisien, d'EDF-GDF, de la Poste... Juppé l'annonce tout net : dans un premier temps, il y aura une baisse du pouvoir d'achat.

La rigueur du plan, sa rationalité, impressionne une part de la deuxième gauche, ou de ce qui en reste. Certes, les rocardiens n'auraient pas agi ainsi. Mais pour eux, devant le gouffre des déficits et la dépendance aux marchés qui s'ensuit, une réforme imparfaite vaut mieux que la longue négligence qui l'a précédée. Dans *le Nouvel Observateur*, ils saluent le plan Juppé.

En novembre 1995, un énorme mouvement de protestation les balaie. Le peuple de gauche ne rêve pas d'une économie moderne : il en craint les périls et les régressions. La classe ouvrière veut préserver ses avantages arrachés au cours de longs combats, les fonctionnaires leurs privilèges. Une grève massive paralyse la SNCF, la RATP et donc le pays. Les universités ont déjà arrêté le travail. Les transports bloqués, toute la France marche ou fait de l'auto-stop avec bonne humeur. Par trois fois des centaines de milliers de manifestants défilent à Paris. La paralysie dure presque un mois.

Devant pareille coalition de mécontents, des cheminots aux étudiants, des fonctionnaires aux médecins, aux gaziers, aux électriciens, Alain Juppé démantibule son plan. Il se retrouve désarmé et Chirac avec lui, au plus bas dans les sondages et incapables de mener leur politique. Dans pareilles conditions, comment gouverner ? Comment relancer l'action entreprise et manquée ? En quatre mots, comment retrouver sa légitimité ? Un référendum ? De Gaulle avait perdu celui de 1969 mais après Mai 68, en dissolvant la Chambre, il a gagné.

Telle est l'idée de Dominique de Villepin, secrétaire général de l'Élysée : renvoyer avec un an d'avance l'Assemblée nationale élue en 1993. Face à un PS toujours malade, Chirac et Juppé l'emporteront, Chirac réinstallera Juppé, Juppé pourra, avec plus de précautions, reprendre ses réformes. Chirac hésite puis donne son accord : à la surprise générale, il dissout une assemblée où il est majoritaire.

Stupeur au PS qui n'avait pas vu venir un coup aussi étrange. Il n'était pas prêt et il lui faut boucler un programme, lancer une campagne. Dominique Strauss-Kahn propose la semaine des 35 heures. Voilà une idée sociale qui marque, la réponse moderne à l'une des plus anciennes revendications ouvrières : la baisse du temps de travail. Martine Aubry, réticente au départ, accepte le dossier.

De toute manière, les socialistes n'ont qu'une chance infime de l'emporter.

Au premier tour, le 25 mai 1997, la gauche avec 44 % dépasse une droite à 36 %. Le Front national s'enracine à 15 %. Au second tour, la gauche emporte 319 sièges contre 257 à la droite. Le lendemain, Alain Juppé démissionne. Jacques Chirac nomme Lionel Jospin Premier ministre.

Lionel Jospin et la troisième cohabitation

Lionel Jospin est décidé à ne pas reproduire les erreurs du passé. Élu sur une trilogie – des emplois pour la jeunesse, les 35 heures sans diminution de salaire, une relance économique –, il entend tenir des promesses qui ne lui semblent pas excessives.

À l'Assemblée nationale, le parti socialiste n'a pas la majorité absolue. Délaissant les vieilles formules de Front populaire ou d'Union de la gauche, Jospin a inventé la gauche plurielle, avec un rien de chic dans l'adjectif. L'expression paraît plus originale que la réalité : autour du PS, la gauche plurielle rassemble les partenaires de toujours, petits radicaux de gauche et communistes en déroute, leur adjoignant un parti Vert adolescent. Autrefois, cela s'appelait un cartel.

Robert Hue, nouveau secrétaire général du PCF, tente avec difficulté de sortir son organisation du stalinisme au risque de la tuer. Mais le Parti n'a plus ni stratégie ni modèle. Malgré ses désaccords sur l'Europe et l'euro qu'il combat, il accepte de participer au gouvernement. Jusque-là, le pouvoir comme l'opposition l'avaient desservi. Sortant de l'opposition, il réessaye le pouvoir, du moins dans les deux ministères de second rang qu'on lui accorde[1].

1. Jean-Claude Gayssot aux Transport, Marie-George Buffet à la Jeunesse et aux Sports.

Lionel Jospin forme un gouvernement solide, très ramassé, quatorze ministres[1], deux ministres délégués, deux secrétaires d'État, avec six femmes à des places d'importance. Les postes régaliens reviennent à la génération formée par Mitterrand, de Martine Aubry à Dominique Strauss-Kahn, d'Élisabeth Guigou à Hubert Védrine et Jean-Pierre Chevènement... À l'écart, pour motifs variés, Fabius, Rocard, Jack Lang.

Jusque-là, les cohabitations n'ont duré que deux ans. Cette fois, le face-à-face entre un président de droite et un Premier ministre de gauche doit tenir cinq ans, une législature entière. Jospin, privé de la moindre autonomie en politique extérieure, va gouverner en liberté surveillée par Chirac. Nul n'ignore que les deux hommes s'affronteront lors de l'élection présidentielle de 2002 ; tout échec, toute gaffe de l'un servira l'autre. Il va falloir éviter les pièges et les ruses, marquer des points, calculer chaque mot et chaque geste, vivre en alerte permanente. De là souvent une prudence tout autant qu'un conformisme dans l'action du gouvernement.

Le PS sort à peine de ses affaires de financement illégal ; Chirac va plonger dans les siennes, la mairie de Paris, l'argent du RPR, les électeurs fictifs... Rigoriste et choqué, Jospin se donne une mission : rétablir une morale en politique. Attentif aux règles de la cohabitation, il méprise son adversaire qu'il tient pour un aventurier cynique.

La gauche arrive au bon moment : la conjoncture mondiale se retourne, la croissance repart. Ajoutons le résultat à retardement des rigueurs précédentes. À l'inverse de Bérégovoy ficelé par la récession, Lionel Jospin en tire un bel avantage. On dit de lui qu'il a davantage dénationalisé qu'Édouard Balladur. C'est inexact. Certes, il rompt avec le ni-ni. Il ne privatise pas pour autant, sauf le

1. Le gouvernement de Michel Rocard imposé par François Mitterrand comptait quarante et un membres, dont vingt-sept ministres de plein exercice. À l'inverse, la cohabitation donne toute liberté à Lionel Jospin pour composer son équipe.

Crédit lyonnais sur injonction de la Commission européenne. En revanche, il ouvre le capital de nombreuses entreprises du secteur public, Air France, France Télécom… L'État garde la majorité, la formule que Rocard avait proposée en vain dès 1981. Pour d'autres sociétés nationales, il encourage la formation de grandes firmes européennes, Thomson CSF ou EADS.

En parallèle, la politique sociale laissera sa trace : la CMU[1], protection pour tous ceux que le système lâchait seuls devant la maladie ; l'aide personnalisée d'autonomie ; une prime pour l'emploi versée à huit millions de foyers. Enfin, la promesse cardinale du programme socialiste : dès la rentrée, le gouvernement déclare qu'il va établir par la loi les 35 heures sans diminution de salaire[2].

Le patronat boude, du coup on consulte peu les syndicats. La loi s'appliquera à tous et en même temps, noyant les particularités dans la tradition de la République jacobine française. Cet universalisme abstrait provoque de lourdes difficultés.

Dans un premier temps, l'explication, l'adaptation, la complexité des choix entraînent un désordre certain. Dans les ateliers, les bureaux, sur les chantiers, pendant des semaines on entend ceci :

« Tu as combien de jours de RTT[3], toi ?

– Quatorze.

– Comme moi. Mais ils avaient dit dix-sept !

– On s'est fait avoir ! Il faut absolument en reparler avec Truc !… »

Débats, négociations à deux, trois ou trente, déjà des frustrations, ces jours de congé octroyés se transforment souvent en disputes sur le calendrier.

1. Couverture maladie universelle.

2. Il le fait par deux lois des 13 juin 1998 et 19 janvier 2000, dites lois Aubry I et II. Les entreprises de plus de vingt salariés doivent s'y soumettre avant le 1er janvier 2000, toutes les autres à compter du 1er janvier 2002.

3. Initiales de Réduction du temps de travail.

Les grandes firmes s'en sortent le mieux ; elles y trouvent l'occasion de moderniser leur organisation du travail, de supprimer pauses et tolérances, enfin, vu le coût de ces congés additionnels, de limiter au maximum les augmentations de salaire. En gros, les moyennes entreprises se débrouillent, embauchent si nécessaire. Les petites, elles, ont beaucoup plus de mal : privées de quatre heures de travail par salarié et par semaine, elles ne peuvent pas toujours s'offrir des heures supplémentaires ou un salarié de plus.

Dans leur élan, les socialistes ont oublié que l'État demeure le plus gros employeur du pays et qu'il est plus facile de réorganiser une entreprise moderne qu'une administration. Ajoutons que l'entreprise peut se rattraper par des gains de productivité quasi impossibles à réaliser dans de nombreux secteurs du service public.

L'affaire tourne mal dans les hôpitaux. En comptant les heures de garde, ce qui ne se faisait pas jusque-là, le temps des RTT à combler devient astronomique. Qui embaucher ? Il faut des années et des années pour former des médecins, des infirmiers, des infirmières... L'Assistance publique, déjà éprouvée par sa nécessaire et onéreuse transformation, vacille par imprévoyance. Lionel Jospin lui-même le reconnaîtra[1].

Au-delà du temps distribué, les 35 heures ont-elles créé des emplois ? Sans l'ombre d'un doute : cinq cent mille, disent les études syndicales ; quatre cent mille, dit Martine Aubry, auteur de la loi ; de deux cent mille à deux cent cinquante mille, dit Dominique Strauss-Kahn. Le patronat arrive, lui, à quatre cent cinquante mille mais estime que chaque emploi coûte chaque année trente-cinq mille euros à l'État. Vu le prix payé et ses répercussions à long terme, l'OCDE parle d'un bilan « incertain » et quelques économistes d'un bilan négatif sur plusieurs décennies. Il reste incontestable que les 35 heures ont contribué à faire baisser le chômage au début des années 2000.

1. *Lionel raconte Jospin*, Paris, éd. du Seuil, 2010, p. 237.

Le système stabilisé, elles s'imposeront comme un dû et un droit, peut-être davantage pour les cadres que pour les ouvriers. Les présidents Chirac et Sarkozy les vitupéreront, les grignoteront mais, pas plus que pour l'impôt sur la fortune dans un autre genre, n'oseront s'y attaquer de front et les supprimer en arrivant au pouvoir.

Demeurent les réformes manquées ou impossibles : les retraites, auxquelles Lionel Jospin n'ose pas s'attaquer ; l'Éducation nationale, qui chasse son ministre Claude Allègre ; l'inexpugnable forteresse des Finances qui en fait autant avec le sien[1].

C'est pour les réformes des mœurs et d'une société toujours sertie de lois dépassées que la cohabitation se révèle la plus gênante. Comment retoucher la loi aussi répressive qu'inapplicable sur les drogues avec un président et une droite prêts à dénoncer là une incitation à la toxicomanie ? Comment traiter de l'euthanasie si les amis du chef de l'État risquent de vous traiter d'assassin ? Malgré ménagements et précautions, le gouvernement Jospin obtient deux victoires d'importance.

D'abord le Pacs, faute d'aller jusqu'au mariage homosexuel, et qui profitera tout autant sinon plus aux hétéros. Ensuite la loi sur les droits des malades, dite loi Kouchner. Si aujourd'hui l'hôpital s'ouvre davantage sur l'extérieur et les familles, si le patient peut obtenir son dossier médical, s'il souffre moins et accède enfin aux antalgiques majeurs, soit la morphine, si les soins palliatifs se développent – même avec lenteur –, bref, si notre douleur et notre mort ne sont plus tout à fait les mêmes, c'est à ce texte qu'on le doit.

Le chômage recule. En deux ans, il baisse de quatre points, de 12,6 % à 8,6 %, neuf cent mille inscrits en moins. Remarquable prouesse : c'est la première fois depuis plus d'un quart de siècle, depuis le choc pétrolier de 1973. Portée par la croissance mondiale, la France crée deux millions d'emplois avec les 35 heures, une

1. Christian Sautter, qui a pris la succession de Dominique Strauss-Kahn.

baisse de TVA, deux cent quarante mille emplois jeunes payés par l'État et les collectivités locales.

L'activité gonfle les recettes fiscales. Le gouvernement peut se permettre de baisser les impôts et de supprimer l'impopulaire vignette automobile, taxe jadis instaurée par un autre ministre socialiste des Finances au temps de Guy Mollet. Lionel Jospin se retrouve même avec un surplus, situation inconnue depuis longtemps, que l'on baptise « la cagnotte ». À quoi l'employer ? À rendre aux riches l'argent qu'ils ont versé en trop ? À donner l'argent des riches aux pauvres ? À investir dans une grande cause nationale ou à le saupoudrer ? À désendetter la France ? Voilà matière à polémique. À la fin, le gouvernement distribue une prime pour l'emploi à huit millions de foyers, ce qui n'a guère d'autre résultat que de faire plaisir à ses bénéficiaires.

Par malheur, à partir de 2000, la conjoncture mondiale se retourne une fois encore. Elle avait aidé Lionel Jospin, elle va le desservir. La croissance de l'économie française se tasse. En février 2001, le gouvernement fête l'ultime étape de la baisse du chômage : un million de demandeurs d'emploi en moins depuis 1997. En mai, les chiffres grimpent à nouveau. Malgré les baisses d'impôts, le pouvoir d'achat stagne sous l'effet des 35 heures qui limitent ou bloquent les augmentations de salaire.

De 1999 à 2001, le gouvernement socialiste affronte un conflit permanent avec les professions de santé, médecins, urgentistes, infirmiers, sages-femmes... Il doit supporter les défilés du PCF et de la CGT pour l'emploi, la fureur des viticulteurs du Midi, le blocus des ports par les pêcheurs, six grèves en six mois dans les transports urbains d'une cinquantaine de villes sauf Paris, une agitation chez les avocats, trois manifestations de policiers, ce qui est toujours mauvais signe, les multiples protestations des étudiants et des chercheurs, le harcèlement répété de l'extrême gauche au travers des mouvements de chômeurs...

Les routiers s'insurgent contre les 35 heures et le prix du gazole. En septembre 2000, ils bloquent dépôts et raffineries. Chacun sait qu'une pénurie d'essence peut tourner au drame national : Jospin cède et baisse le prix du gazole de 60 centimes. Le PCF soutient les routiers. Les Verts, ennemis de la route et amis du rail, sont furieux.

Le Premier ministre perd entre douze et vingt points dans les sondages. Peu auparavant, il a dû remanier son gouvernement. Les principaux ministres sont partis ou doivent le faire : Dominique Strauss-Kahn mis en cause dans une louche histoire de mutuelle étudiante puis relaxé ; Claude Allègre, l'ami de Jospin, rejeté par l'enseignement supérieur et la recherche ; Martine Aubry pour préparer sa campagne municipale à Lille...

En cette année 2000, Lionel Jospin veut entamer une « seconde étape ». Il abandonne la rancune si ce n'est la méfiance : Laurent Fabius aux Finances, Jack Lang à l'Éducation nationale prennent place dans le gouvernement. Jean-Pierre Chevènement reste à l'Intérieur. Il démissionnera quatre mois plus tard, en désaccord avec les concessions accordées au particularisme corse.

Cette démission, qui deviendra rupture, changera beaucoup de choses.

Malgré l'énergique hostilité des communistes, de Jean-Pierre Chevènement et de la gauche du PS, la France est entrée dans la monnaie unique le 31 décembre 1999. De leur point de vue, les protestataires ont raison : l'intégration monétaire empêchera de construire un vrai socialisme, celui des ancêtres comme celui de Mitterrand en 1981. D'un autre côté, leurs arguments les entraînent vers le nationalisme.

Le gouvernement prépare la mise en circulation des nouveaux billets et des pièces pour le 1er janvier 2002. À l'inverse des prédictions catastrophistes, l'opération organisée par Laurent Fabius se déroule remarquablement bien, mieux que le passage de l'ancien franc au nouveau sous le général de Gaulle.

À l'été 2000, Lionel Jospin monte un coup contre Jacques Chirac en curieuse complicité avec Valéry Giscard d'Estaing : il s'agit de ramener la durée du mandat présidentiel de sept à cinq ans, soit d'abolir le septennat. Votée en 1873 par la gauche, c'est la plus vieille institution de la République à laquelle, malgré leurs promesses, ni Pompidou ni Mitterrand n'avaient osé toucher.

Chirac renâcle mais songe à sa réélection : coincé entre les libéraux et les socialistes, il évite un conflit perdu d'avance et se rallie avec mauvaise humeur.

Succès constitutionnel pour la gauche mais échec politique : au référendum du 24 septembre 2000, l'abstention atteint les 70 % ! Le « oui » l'emporte avec 73 % des suffrages mais l'on compte près de deux millions de bulletins blancs et nuls. Le texte, quoique mal voté, provoque une mutation des pratiques politiques de la Ve République : il pousse l'élu à l'hyperprésidence et à préparer beaucoup plus tôt sa réélection.

Lionel Jospin profite de la réforme pour faire adopter l'inversion des élections, les législatives après la présidentielle. Cela paraît logique et pourrait, sauf dissolution imprévue, éviter à l'avenir les cohabitations.

Depuis les européennes de 1999, où le PS figurait encore en tête, les scrutins se font difficiles. En mars 2001, à un peu plus d'un an des élections présidentielles, les socialistes perdent de nombreuses villes lors des municipales, y compris des cités populaires. Est-ce un avertissement ? Mais comme la gauche l'emporte à Paris et à Lyon, ces deux succès évidents masquent la défaite de la province. Pour la première fois le maire de Paris, Bertrand Delanoë, est un socialiste.

La réjouissance passée, l'année 2001 ne paraît pas encourageante. D'abord, la presse contraint Lionel Jospin à reconnaître ce qu'il avait jusque-là caché ou démenti : son passé trotskiste. Qu'y a-t-il de si grave à cela ? Bien des membres du PS ont dans leur jeunesse fait un tour chez les trotskistes et nul ne s'en offusque. C'est que le cas Jospin paraît beaucoup plus singulier.

Énarque, en 1963 il adhère clandestinement à l'Organisation communiste internationaliste, OCI. Ces trotskistes lambertistes[1], les plus raides et les plus comploteurs, ont pour mœurs d'infiltrer les autres organisations de gauche, partis ou syndicats, tant pour les influencer que pour y recruter. C'est ainsi que Lionel Jospin entre au PS à la fin de 1971 et de là rend compte à son officier traitant lambertiste Charles Berg. Au début, cette double situation pose peu de problème : les lambertistes soutiennent Mitterrand et lui prêtent même leurs militants au besoin.

Mitterrand les apprécie. Ils possèdent un service d'ordre efficace et discipliné, ne reculent jamais devant une distribution de tracts ou une prise de parole, ce qui ne semble pas être le cas de tout le monde au PS. Surtout, ils connaissent à la perfection les communistes, leurs ruses, leur langage, leurs faiblesses ; ils les détestent et les combattent sur leur gauche : exactement ce qu'il faut à François Mitterrand dans les années 1970, afin de tarauder le PCF et le réduire sans avoir l'air de filer à droite.

Remarquons à ce propos que, lors d'un face-à-face télévisé, Lionel Jospin fut le seul à contrebattre Georges Marchais, incroyable tribun, alors que d'autres hommes de gauche s'étaient fait enfoncer, et plus encore un gaulliste comme Alain Peyrefitte.

Mitterrand finit par percer la dissimulation de Jospin. Il se tait : il le tient. Il le séduit, s'impose. À quelques-uns qui croient l'informer, il répond qu'il sait, qu'il contrôle et qu'il n'y a pas à s'alarmer. Président de la République en 1981, il lui confie le poste de premier secrétaire du PS, ce qui n'est pas rien, mais lui évite d'avoir à choisir entre les tendances du parti. Jospin garde ses liens avec les lambertistes épatés mais peut-être inquiets devant une infiltration trop bien réussie.

Ils ne se trompent pas. Quand viennent 1983, le plan de rigueur, le virage obscur, les lambertistes ne peuvent supporter un cours aussi droitier : ils rompent avec Mitterrand. Jospin doit choisir : la

1. Du nom de leur vieux et bien-aimé chef, Pierre Boussel alias Pierre Lambert.

Vérité révolutionnaire ou la réalité socialiste ? Il choisit la réalité : Mitterrand l'a retourné.

L'affaire commence à se savoir dans les années 1990. Lionel Jospin nie longtemps puis prétend qu'on le confond avec son frère. Un jour de juin 2001, il lui faut céder devant la précision des articles et les témoignages d'anciens lambertistes : il avoue. Il minimise. En 2010, il dit encore[1] : « J'étais plus dans un engagement d'idées que dans un militantisme effectif. » Il reconnaît : « Le petit côté clandestin me plaisait. »

La révélation ne secoue pas les masses populaires – dans la France profonde, sait-on ce qu'est un trotskiste ? –, elle instille un doute. On en retient que pendant des années Lionel Jospin a joué double jeu. Les informés s'interrogeront sur sa lucidité : comment a-t-il pu croire aussi longtemps au bolchevisme primitif des lambertistes et à leurs surprenantes analyses économiques ? Les plus psychologues aimeraient comprendre cette ubiquité politique et le fonctionnement de la double pensée.

Si mal perçu soit-il, l'aveu contraint ternit son personnage d'homme politique raisonnable, droit et rigoriste. Chirac s'en amuse : nous sommes à moins d'un an de l'élection présidentielle. L'approche du scrutin pèse sur le climat politique.

Le 14 juillet 2001, lors de l'entretien habituel à l'Élysée, Jacques Chirac s'en prend avec hargne au gouvernement. Les ministres socialistes répliquent. Dans les villes et désormais les campagnes, la montée de l'insécurité devient sensible. Vulnérable sur la question, la gauche avait bien souvent trouvé des excuses sociales aux incivilités et aux larcins : la droite en profite pour l'accuser de laxisme. En octobre, deux policiers meurent dans une fusillade au Plessis-Trévise...

Avant tout, le 11 septembre, Ben Laden lance ses avions fous contre New York et Washington. Le monde bascule dans une autre histoire qui ressemble beaucoup à une guerre.

1. *Lionel raconte Jospin*, *op. cit.*, p. 37-38.

Après plus de quatre ans de gouvernement, d'ententes et de disputes, la gauche plurielle accuse son âge, un bel âge pour une coalition politique. La cohabitation en a soudé les composantes mais la cohabitation va prendre fin. Les ambitions présidentielles surgissent, au PCF ignorant de ce qui l'attend, chez les Verts, chez les radicaux de gauche... Chevènement, qui a rompu avec le PS, monte en critique et joue les républicains nationalistes tant contre Jospin que contre Chirac. Cette étrange jonction idéologique entre Mitterrand et de Gaulle pourrait séduire et Chevènement mordre à la fois sur la droite et l'électorat socialiste : voilà, pour Lionel Jospin, le premier danger.

Le parti socialiste, lui, paraît désactivé. Comme sous Mitterrand, la présence de ses chefs au pouvoir lui fixe sa première tâche : soutenir le gouvernement, ce qui n'est pas toujours facile. Cela vaut pour le premier secrétaire François Hollande et sa majorité. À l'inverse, l'opposition de gauche, Emmanuelli, Mélenchon, s'agite beaucoup. Ses militants, antieuropéens et antilibéraux, désapprouvent les dénationalisations partielles, l'entrée dans l'euro, la guerre aux côtés des États-Unis en Afghanistan. S'appuyant sur le PCF, ils entretiennent un débat sur « le partage des fruits de la croissance », qu'ils réclament d'une égalité plus sévère au moment même où la croissance se tasse. C'est répandre l'idée que Jospin ignore les espoirs et les besoins des couches populaires. L'argument pèsera au premier tour du scrutin.

Jacques Chirac déclare sa candidature le 11 février 2002, Lionel Jospin le 20, et par un simple fax.

En début de campagne, Lionel Jospin accumule les fautes. D'abord, il croit qu'il peut l'emporter sur la présentation de son bilan. Double erreur : en politique, on ne se fait pas élire sur son passé mais sur son projet ; quant au bilan, si honnête fût-il, la récente remontée du chômage, la stagnation des salaires, la poussée de la délinquance le dégradent aux yeux des citoyens.

Ensuite, exaspéré par sa difficile cohabitation avec un président de la République qu'au fond il honnit, il se concentre sur Jacques Chirac et joue le premier tour comme s'il s'agissait du second.

Trop tôt pour le duel programmé : la vraie menace vient des petits concurrents de gauche. Jospin ne peut rien contre Chevènement qui l'étrille, ce qu'il prend pour une profonde trahison. Robert Hue, le PC, piétine, les écologistes aussi, mais Arlette Laguiller, trotskiste tendance Lutte ouvrière, part fort. Là, les socialistes montent une subtile manœuvre : grâce à quelques parrainages d'élus, ils permettent à un rival de se présenter, un jeune homme d'apparence bénigne, trotskiste d'une autre obédience, Olivier Besancenot. Au moins, il serait possible de négocier le retrait de Christiane Taubira, séduisante candidate du parti radical de gauche. Par fierté, Lionel Jospin n'ose pas entreprendre la démarche.

Dans un premier temps, les sondages le confortent. En février et début mars 2002, il se trouve à égalité avec Chirac aux deux tours, et une fois devant. Mais dès la fin mars, Jospin baisse pour le premier tour tout en se maintenant à 50-50 pour le second. Arlette Laguiller se tasse, Chevènement fléchit, Le Pen monte à 11 %, Besancenot se distingue.

Le programme du candidat socialiste n'a rien de stimulant. Préparé sous l'autorité de Pierre Moscovici, discuté et rediscuté par les chefs, il ressemble à un catalogue de projets de loi. Quelques promesses hyperboliques insinuent un doute : neuf cent mille chômeurs de moins pour 2007, des retraites garanties... Pendant ce temps-là, le récit de l'insécurité envahit les médias et les discours agressifs de la droite.

Où sont les ambitions d'autrefois, la vision de l'avenir ? Le socialisme français dans sa tradition marxiste a quitté la terre pour le ciel et on voit mal ce qui le remplace. Lionel Jospin le sait si bien qu'il déclare : « Mon projet n'est pas socialiste. » À gauche, la phrase nourrit un joli scandale, comme une apostasie. Pourtant, tout le monde, toute la gauche le savait, qu'il n'était pas socialiste, ce programme ! Oui, mais lorsqu'on parle au nom des travailleurs, on n'a pas le droit de le dire. Profondeur des idéologies, car la phrase révèle autre chose : qu'un socialisme indéfinissable scintille toujours dans les esprits de gauche.

La campagne prend mal. Lionel Jospin s'enferme dans ses bureaux, consultant peu et toujours les mêmes, tiraillé entre son état-major politique et Jacques Séguéla. À tort ou à raison, Séguéla a la réputation d'avoir fait élire Mitterrand en 1981. En bon publicitaire, il veut un Jospin plus à l'aise, souriant, ouvert, qui cesse de prononcer d'interminables discours trop charpentés. Il a bien su transformer Mitterrand, opposant agité au général de Gaulle, en président de la force tranquille. Mais Mitterrand était un grand acteur, pas Jospin. Celui-ci ne sait jouer que son personnage public. Quand on lui demande de « fendre l'armure », selon le cliché consacré, c'est pour lui une indécence. En vrai militant, il veut être élu sur ses idées et son action, non au travers d'un personnage retouché.

Pendant que Séguéla tente en vain de tirer Jospin vers une social-démocratie plus festive, les socialistes, Emmanuelli et Mauroy en tête, le pressent de revenir aux slogans éprouvés, aux citations de Jaurès et aux discours sur les travailleurs. Ils s'inquiètent. Les sondages le montrent : les classes populaires se détournent du parti socialiste.

Alarmé, Lionel Jospin accentue un virage à gauche. Comme un croyant infidèle court à l'autel sacrifier aux dieux et retrouver leur faveur, il se précipite pour déposer des fleurs blanches – pourquoi blanches ? – devant un symbole du prolétariat historique, la statue du mineur à Lens. Il en profite pour expliquer qu'autrefois il était descendu lui-même au fond de la mine, lors d'un stage de l'ENA.

Dans les sondages, les chiffres du premier tour descendent toujours : de 21 % à 18 ou 17. Chirac passe de 22 à 18,5. Mais la plupart des enquêtes donnent encore les deux hommes à égalité au second tour. Dans leur majorité, les Français pensent que Jospin l'emportera.

Durant ce temps, Le Pen monte : 12 %, puis 13, puis 14. Les socialistes ne s'en tourmentent guère. Vieux réflexe mitterrandien : nul souci, cela gênera Chirac. Ils ne voient pas que Le Pen mord sur les classes populaires et que le Front national est en passe de devenir le premier parti ouvrier de France. Quelques jours avant le scrutin, le politologue agréé du PS s'alarme : Le Pen pourrait passer devant le candidat socialiste. Personne ne peut croire à pareille invraisemblance.

21 avril 2002, premier tour : en fin d'après-midi, politologues et journalistes se chuchotent des chiffres effarants. À l'Atelier, le siège de campagne du candidat socialiste, les chefs s'enferment dans un bureau du troisième étage : ils savent. Lionel Jospin n'est pas là. Il arrive. Il traverse la petite foule qui l'attendait, ignorante, et qui l'acclame : « Jospin président ! » Il semble heureux de cette chaleur militante, il ignore tout des sondages sortis des urnes. Il entre.

Il apprend les chiffres inimaginables : Chirac, 19,8 %, Le Pen 16,8 %, Jospin 16,1 % et donc éliminé. Le PCF dégringole à 3,3 % derrière Besancenot. Battu, c'est la loi de la démocratie, mais devancé par l'extrême droite après cinq ans de gouvernement, c'est la honte.

Défait, Lionel Jospin écrit aussitôt un texte qu'il lit à ses camarades atterrés : il se retire de la vie politique. Kouchner, Séguéla, Strauss-Kahn tentent de le dissuader : un chef n'abandonne pas ses troupes dans la défaite. Jospin les écarte et sort faire sa déclaration devant les caméras. Devant l'Atelier comme au siège du parti, les militants socialistes pleurent.

Au second tour, Jacques Chirac est réélu par 82 % des voix. « L'histoire ne repasse pas les plats », disait Lénine. Faux : pour les socialistes, elle les repasse mais vides.

Rivalités

Pour la troisième fois en vingt et un ans, les socialistes perdent l'élection qui suit leur arrivée au pouvoir. Cette incapacité à durer s'inscrit comme un destin depuis les IIIe et IVe Républiques.

Le PS se retrouve plus accablé que lors de sa défaite de 1993. Lionel Jospin disparu, François Hollande conserve la fonction de premier secrétaire qu'il exerce depuis cinq ans : il incarne la dernière légitimité. Hollande est un homme de conciliation : tout y pousse en lui, jusqu'à son physique qui accuse une rondeur de chanoine. Dans sa jeunesse, avec sa compagne Ségolène Royal, il a milité chez les « transcourants », soit déjà pour l'unité du parti. Il s'agit désormais d'éviter l'effondrement d'un PS démoralisé. Celui-ci va-t-il réfléchir aux causes de son échec, se transformer, renaître, bouger, changer de vision et de vocabulaire ? Non.

Emmanuelli, Mélenchon veulent prendre la place de Hollande, convaincus par un slogan qui s'énonce ainsi : « C'est parce que nous n'avons pas été assez à gauche que nous avons été battus. » Ils réclament une offensive antilibérale résolue et un retour aux principes de 1981. « Oui, s'exclame Emmanuelli, nous souhaitons la bonne vieille union de la gauche, de l'extrême gauche aux radicaux de gauche… et plus si affinités. »

L'extrême gauche ne s'y rallie pas pour autant. Au contraire, elle profite de la défaite pour houspiller les socialistes dénoncés comme d'incapables droitiers. On retrouve le vocabulaire du PCF dans les années 1920, la doctrine dite « classe contre classe ». Il arrivera même que, lors d'une manifestation des syndicats européens à Paris, les représentants du PS soient obligés de fuir sous la poussée des anarchistes et des autonomes qui les bombardent de canettes et qui crient : « Socialos-collabos », « P comme pourris, S comme salauds ! »

Les socialistes détestent se faire outrager par l'extrême gauche comme ils avaient autrefois horreur des insultes du PC : c'est mettre en doute leur résolution tout autant que leur sincérité.

Ainsi, le vent de la défaite déporte-t-il le PS sur sa gauche comme à chaque fois qu'il retourne dans l'opposition.

Hollande suit le mouvement avec prudence. Il s'accroche à son poste et louvoie pour éviter l'éclatement du parti. La gauche l'attaque avec violence. Malgré son retrait définitif, Lionel Jospin tente sans succès un retour en sauveur. Une tendance de plus, le Nouveau parti socialiste de Vincent Peillon et Arnaud Montebourg, parle seule de bousculer les canons anciens : on les écoute sans les suivre.

Au-delà du désordre, le mimétisme historique l'emporte : en mai 2003, au congrès de Dijon, tous les grands courants, hors la gauche et les rénovateurs, se serrent autour de leur premier secrétaire comme ils l'avaient fait autrefois autour de Jospin lors d'une autre défaite. Hollande leur propose même un texte banal mais bien à gauche que signent malgré leurs convictions Fabius encore droitier et Strauss-Kahn. Martine Aubry se rallie et Rocard à son tour.

Le congrès applaudit bien davantage le secrétaire général communiste de la CGT Bernard Thibault que celui de la CFDT, le démocrate et réformiste François Chérèque. Il rejette avec force le premier plan Fillon sur les retraites, qu'il jure d'abroger s'il revient au pouvoir[1]. Fabius lui-même s'y met. Les sorties antieuropéennes de Montebourg, anticapitalistes de Mélenchon remportent un beau succès. Tous les courants parlent d'augmenter les impôts et

1. Le PS y a renoncé depuis.

les prélèvements sociaux. On dénonce les privatisations. Pour se protéger des accusations d'archaïsme, chacun parle de rénover, de réinventer, de faire à nouveau rêver, de retrouver la confiance perdue des masses populaires, de rajeunir, de féminiser, et en reste là.

La motion Hollande recueille les deux tiers des mandats, celle des rénovateurs Peillon et Montebourg 16,8 %, celle de la gauche 16,5 %. La majorité du parti s'installe dans un consensus mou, aussi néogauchiste qu'artificiel.

On chante *l'Internationale.* « Le parti régresse », dit Michel Rocard, qui a pourtant voté avec les autres. À la même époque, Gerhard Schröder, chef du gouvernement social-démocrate allemand, décide une refonte du système de santé, une baisse des allocations chômage, un âge de la retraite à soixante-sept ans plutôt que soixante-cinq, une baisse des pensions, une réforme du marché du travail afin de rendre les licenciements plus faciles. Le SPD perdra le pouvoir comme Lionel Jospin mais, à l'inverse de la France, laissera l'Allemagne armée pour conserver une industrie, retrouver une croissance et faire face à la crise financière de 2008.

L'année suivante, 2004, le PS gagne les élections cantonales et municipales en mars et progresse aux européennes en juin. C'est un grand soulagement – les socialistes ne se sentent plus abandonnés – mais une victoire perverse : le parti se croit guéri et, comme en 1986, comme en 1993, se dispense de toute réflexion sur l'origine de sa défaite et le sens de son action.

De là se crée un socialisme local dans les municipalités et les régions. Petits et grands barons se constituent des fiefs qui échappent peu ou prou à la direction nationale. Ils contrôlent les grosses fédérations. Le parti se gonfle d'élus, de conseillers, d'employés qui représentent à la fin une bonne part des adhérents. Si l'on y ajoute les enseignants et les autres fonctionnaires, on finit par retrouver la même composition que celle de la SFIO de Guy Mollet, avec quelques poches ouvrières en réduction. Pareille structure n'encourage ni l'audace ni l'imagination : elle crée des clientèles. Comme les syndicats, le PS peine à mobiliser hors du secteur public.

Un choix va briser cette trompeuse tranquillité et c'est François Hollande, bien malgré lui, qui va le provoquer. Nous sommes à la veille de l'élargissement de l'Union européenne à Malte et aux dix pays qui se sont libérés du communisme quinze ans plus tôt. À droite comme à gauche, personne n'a pensé à expliquer aux Français ce que signifiait cette ouverture, ses raisons, ses objectifs, ses avantages... En revanche, l'extrême gauche, le PCF, Chevènement, Mélenchon chargent l'Europe de chaque usine qui ferme, de chaque prix qui monte.

À vingt-cinq, l'Europe sera ingouvernable selon les anciennes règles adoptées pour six, puis neuf, puis douze, puis quinze nations : elle a besoin d'une constitution. À partir de 2002, une convention présidée par Valéry Giscard d'Estaing, et à laquelle participent les représentants des partis socialistes d'Europe, rédige un traité constitutionnel. En juin 2004, les chefs d'État et de gouvernement adoptent le projet. Reste, pour chaque pays, à le ratifier.

En France, la Constitution laisse le choix sur les moyens : un vote au Parlement ou un référendum. Au président Chirac de choisir. Il hésite.

« Une bonne constitution doit être courte et obscure », avait dit Napoléon. Celle-là est fort longue mais elle bat des records d'obscurité. Peut-on soumettre un texte aussi impénétrable à référendum ? Les Français vont penser que cet hermétisme cache quelque chose et risquent de voter contre. Et puis l'Europe, cela n'a jamais remué personne, sauf ceux qui la font et ceux, beaucoup plus nombreux, qui la détestent.

Au PS, Mélenchon et la gauche se déchaînent, convaincus que « la constitution européenne n'est pas compatible avec le socialisme ». Attisant les sentiments antieuropéens des classes populaires, ils partent en campagne contre le traité constitutionnel et exigent le référendum.

Pensant calmer ses opposants, François Hollande en accepte le principe. Mieux : il finit par entraîner Jacques Chirac qui décide d'une consultation que rien n'imposait : seuls la réclamaient le PC, l'extrême gauche et l'extrême droite. Partisan sincère du « oui », le premier secrétaire présage que son parti le suivra et organise un vote interne. Strauss-Kahn, Martine Aubry, Delanoë, Jospin lui-même, tous se déclarent pour le traité constitutionnel. Hollande veut isoler les partisans minoritaires du « non » et en finir avec ce débat sur l'Europe qui mine le PS depuis la création de l'euro. C'est une double erreur.

D'abord, il méconnaît la carte électorale dessinée par le référendum sur Maastricht treize ans plus tôt et gagné d'extrême justesse. On l'a vu, la répartition des « non » recoupait de beaucoup celle traditionnelle de la gauche, révélant de forts réflexes antieuropéens chez les travailleurs. En défendant le « oui », le premier secrétaire du parti socialiste se place à contre-courant.

Ensuite, il ne voit pas venir le retournement de Laurent Fabius. Fabius le droitier, Fabius le libéral, l'homme qui avait suivi la politique européenne de François Mitterrand feint de s'interroger. Tout à trac, il se déclare pour le « non ». Plus troublant, il prend un net virage à gauche : c'est qu'à la droite du PS Dominique Strauss-Kahn occupe désormais la place.

Fabius ne se dit pas antieuropéen : il est pour l'Europe, mais pas celle-là. Une partie de l'électorat socialiste, tentée par un vote négatif, hésite à mêler ses bulletins à ceux de l'extrême droite et des ultranationalistes divers. En votant « non », Fabius le raisonnable lui donne la permission d'en faire autant : s'il le dit, c'est qu'il n'y a pas de risque. Il impressionne par sa culture économique et apporte une caution aux propos plus extrêmes de Mélenchon et Besancenot.

Le débat ravage le parti. Cela dure des mois, « oui » contre « non », avec psychodrame, insultes, ruptures, rancunes. On voit des amitiés se défaire, d'irréparables fractures et parfois de la haine. Tout y passe et l'on se dispute une fois de plus pour savoir si le parti socialiste doit ou non se convertir à la social-démocratie. A-t-il fait son Bad Godesberg ? – encore la référence à l'abjuration du marxisme par la social-démocratie allemande il y a bien longtemps. Si l'on se pose toujours la question malgré les nombreux textes votés sur le sujet, c'est que la réponse ne semble pas nette.

Au référendum interne du PS, 58 % des militants approuvent le traité constitutionnel.

Les opposants refusent la discipline du parti. Mélenchon s'allie au PCF et à l'extrême gauche qui lancent une vigoureuse campagne pour le « non ». Il faut remonter à la querelle de l'armée européenne, la CED, dans les années 1950, ou à la guerre d'Algérie pour trouver lors d'un scrutin des socialistes dans deux camps opposés.

Le 29 mai 2005, les Français rejettent le traité constitutionnel à une ferme majorité, plus de 54 %. Fabius a fait basculer l'histoire[1]. Le pays a voté contre les élites, de droite comme de gauche.

Le PS tombe dans ce que la presse nomme avec amusement « la guerre des trois » : Hollande, Fabius, Strauss-Kahn, futurs candidats à l'élection présidentielle de 2007. Fabius gauchit encore son discours et s'en prend aux sociaux-libéraux du PS, ce qu'il était encore quelques mois plus tôt. Les camarades visés ripostent. Le ton monte avec Hollande qui voit son adversaire comme un traître. Provocations, invectives, on peut craindre une scission et Rocard proclame dans *le Nouvel Observateur* : « La scission plutôt que la confusion. »

Un personnage va tout déranger : Ségolène Royal, qui présente sa candidature pour 2007. Le militant moyen s'interroge ou désap-

1. Pas pour très longtemps puisqu'en 2007 le traité de Lisbonne, ratifié celui-là et par le Parlement, reprendra les principales dispositions du traité constitutionnel.

prouve. Hollande se retire avec élégance devant sa compagne : les concurrents sont toujours trois. La situation sert la nouvelle candidate : devant l'explosion des banlieues en novembre 2005 et les attaques de la droite, les socialistes calment leurs querelles.

C'est une femme au prénom et au nom extraordinaires qui débarque au milieu d'une dispute de messieurs. Les messieurs, plus âgés, on les connaît depuis toujours, ancien Premier ministre pour l'un, anciens ministres des Finances pour les deux. Ségolène Royal bouscule cette routine par sa jeunesse, assez repérée comme ministre de l'Environnement puis de la Recherche mais pas trop pour lasser. Belle, en couleur ou en blanc parmi des costumes sombres, elle transgresse en souriant le langage austère de la politique.

Elle tient des propos surprenants pour une socialiste. Elle dit « vie chère » plutôt que « pouvoir d'achat ». Elle parle de « démocratie participative », d'« ordre juste », de compassion, de « cercles vertueux » qui provoqueraient un « choc de confiance ». Elle croit aux sentiments et au désir d'espoir. Elle se veut proche des gens et informée, se préoccupe des familles mais en cas de désordre elle entend les « remettre au carré ». Elle menace les délinquants d'établissements « à encadrement militaire », exalte la nation, « le drapeau tricolore et la Sécurité sociale » mais s'engage aussi pour l'adoption et le mariage gay. Elle démontre son indépendance en regrettant les effets négatifs des 35 heures.

Ségolène Royal a une passion pour les chiffres. Elle dévore l'aride volume annuel de la Sofres et se précipite sur la dernière statistique qui sort de l'Insee. Dans les enquêtes, elle repère les grands centres d'intérêt et de souci de la population, elle les intègre à son discours. Voilà pourquoi elle insiste sur la réforme de la carte scolaire, la délinquance des mineurs, les jurys populaires, dits « citoyens », pour évaluer le travail des élus...

Elle s'impose dans les sondages. En avril-mai 2006, soit un an avant l'élection, l'Ifop interroge les sympathisants du PS sur leurs préférences. Les résultats sont écrasants : Ségolène Royal à 50 %, Jospin, Kouchner et Lang à 14, Strauss-Kahn à 7, Fabius à 5, Martine Aubry et Hollande à 3.

Bien sûr, à cette époque, les primaires ouvertes n'existent pas, seuls désignent le candidat les militants à jour de cotisation. Ségolène Royal prend l'initiative de lancer une campagne d'adhésions à vingt euros. Joli succès malgré la grogne des caciques : au printemps 2006, le parti accueille 84 239 nouveaux membres qui pourront voter au même titre que les cent trente mille plus anciens. Il s'agit pour la plupart d'hommes d'une quarantaine d'années, bac + 3, qui s'intéressent davantage au choix du candidat qu'au débat sur le projet.

De son côté, Ségolène Royal se construit une organisation, Désirs d'avenir, à l'écart de l'appareil du parti qui lui refuse une légitimité. Doublés par surprise, les anciens chefs sont furieux. Jack Lang qui, vu sa grande popularité, nourrit des ambitions de longue main, Fabius et Strauss-Kahn exigent avant le vote des militants un débat public avec Ségolène Royal. Très hostile à la candidate, Jospin réapparaît et se présente en rassembleur. Est-il candidat lui-même ? Le PS n'apprécie pas, aucun des concurrents virtuels ne veut se désister pour lui : il renoncera.

Les malheurs de la droite cachent par bonheur l'ampleur de ce désordre. Pour combattre le chômage de la jeunesse, Dominique de Villepin veut instaurer un dispositif spécifique, le Contrat première embauche, CPE. Mais comme à chaque fois que l'on touche au travail ou à l'éducation des jeunes gens, d'énormes manifestations emplissent les rues de Paris et de la province. Villepin fait front. Les manifestations redoublent, lycéens, étudiants, casseurs, professeurs, garçons et filles de banlieue… Le PS n'y est pas pour grand-chose, en tout cas moins que les trotskistes de Besancenot, mais il se félicite de la maladresse du gouvernement. Celui-ci résiste encore, s'entête puis craque, comme tous ses prédécesseurs confrontés à semblable crise.

En mai 2006, à un an de la présidentielle, les chiffres de la droite s'effondrent : selon l'Ifop, 70 % de mécontents pour Chirac, 71 % pour Villepin. Quant à Nicolas Sarkozy, ancien ministre de l'Intérieur, il ne paraît pas invincible au sortir de l'immobilisme et des affaires du quinquennat écoulé. Dans les clans épars de l'ancienne gauche plurielle, l'espoir renaît, et l'opinion s'habitue à l'idée que Ségolène Royal sera élue.

À l'automne 2006, Laurent Fabius se présente comme « le candidat du pouvoir d'achat », expression que pour son malheur Nicolas Sarkozy reprendra. Dominique Strauss-Kahn se veut « le candidat des petits pas plutôt que des grands soirs » et propose une « société de confiance ». Jack Lang se retire. Ségolène Royal, grâce aux efforts de François Hollande, commence à trouver des appuis dans le parti. Montebourg la rejoint, Manuel Walls aussi. Elle incarne la rénovation en marche. Daniel Cohn-Bendit et Bernard-Henri Lévy l'encouragent. *Le Monde* écrit[1] : « Sans chapelle, sans courant, sans autre soutien qu'une équipe réduite et sa détermination, Ségolène Royal s'est imposée au PS. »

Strauss-Kahn qui monte et Fabius qui ne décolle pas réclament toujours une confrontation télévisée avec Ségolène Royal. Il y en aura trois. C'est le débat de deux spécialistes qui n'ont pas tant réussi au pouvoir contre une femme qui en appelle, par sa présence et son vocabulaire mêmes, à la nouveauté. Remarquable mais périlleuse leçon de démocratie : même en toute retenue, chacun ne peut manquer de toucher son concurrent au défaut de son caractère, de sa culture ou de ses propositions. Le vainqueur partira environné d'arguments hostiles et parfois fondés.

Puisque, au-delà des téléspectateurs, ils s'adressent d'abord aux adhérents du parti socialiste, tous gauchissent leur langage. Les adhérents votent le jeudi 16 novembre 2006 : 61 % pour Ségolène Royal, 20,5 pour Dominique Strauss-Kahn, 18,7 pour Laurent

1. Daté des 1er-2 octobre 2006.

Fabius. La victoire ne se conteste pas : il n'y a pas besoin d'un second tour.

Ségolène Royal lance une campagne « décentralisée » et « participative ». Depuis des mois, les sondages la placent la plupart du temps devant Sarkozy dans les simulations de second tour.

Elle reste très loin du projet socialiste élaboré par le parti, projet classique et peu réaliste puisqu'il prétend abroger la loi Fillon sur les retraites sans proposer de réforme de fond, renationaliser EDF, rétablir les 35 heures au sens strict, conserver tel quel le modèle social français, rétablir les emplois jeunes, « mettre l'État et les services publics [...] au cœur de la politique de changement que nous voulons » – soit un retour intégral aux années Jospin. Seule nouveauté, et qui ne relève pas de l'audace : porter le Smic à 1 500 euros par mois en cinq ans alors qu'il atteint 1 217,88 euros en 2006. Les mesures, non chiffrées, se révèlent coûteuses : trente milliards, consent-on au parti, cinquante milliards, dit Strauss-Kahn, cent quinze, dit la droite. Le PS présume que sous sa gestion la croissance y pourvoira.

Notons que depuis sa naissance, le parti s'acharne à produire ces programmes négociés, remaniés, affadis par la concertation, gauchis par concession, écrits, réécrits cent fois et peu lus. Ceux-là servent davantage à l'équilibre des courants qu'à la réforme et à la gestion d'un pays développé. Combien de pages néomarxistes François Mitterrand a-t-il fait rédiger au jeune et encore naïf Chevènement ? Aucun candidat socialiste à la présidence de la République n'a repris à son compte ces laborieux pensums, ni Mitterrand lui-même, ni Jospin, ni Ségolène Royal en 2007. Pas question de se décourager : avec Martine Aubry, le PS s'y remettra en 2011.

La campagne de Ségolène Royal, si bien partie, s'enferre dès janvier 2007. Sarkozy se lance. Il multiplie les promesses de réformes et prétend sortir la France de son archaïsme. La machine électorale néogaulliste confisquée à Chirac se met en marche. À gauche, on se chamaille sur la fiscalité. Les « débats participatifs » fournissent davantage de lamentations que de propositions, et Montebourg, l'ancien rénovateur devenu porte-parole de la candidate, tombe dans la vulgarité : « Le seul défaut de Ségolène Royal, dit-il, c'est son compagnon. » Il parle bien entendu de François Hollande mais il ignore que le couple est en train de se séparer. Ségolène Royal le suspend aussitôt : « J'ai remis de l'ordre juste », assure-t-elle.

Les citoyens la découvrent primesautière et gaffeuse, décidant de tout. Son image se dégrade. D'un impair, elle se met les enseignants à dos. Elle commence à baisser dans les sondages. Pour une large majorité, elle n'apparaît ni précise ni crédible. Exactement ce que craignaient ses concurrents socialistes.

Fin janvier, donc à trois mois de l'élection présidentielle, elle perd selon un sondage Ipsos trois points au premier tour, à 26 %. Sarkozy en gagne trois, à 35. Comme le Jospin menacé de 2002, Ségolène Royal revient à une politique plus traditionnelle et prend un virage à gauche, candidate « aux côtés du peuple » qui souffre et contre les puissances d'argent. Comme un vieil oncle qui en a beaucoup vu et à la surprise de tous, Chevènement la conseille. Rien n'y fait : fin février, une simulation de second tour la place à 46 % contre 54 % à Sarkozy.

Le Parisien titre : « Elle décroche. » Exact : le 22 avril 2007 pour le premier tour, Ségolène Royal recueille 25,9 % des suffrages contre 31,2 à Sarkozy. Le candidat de la droite a plus de cinq points d'avance. Les résultats du PCF sont effarants : sept cent mille voix, 1,9 % par sa candidate Marie-George Buffet, doublée pour sa honte par un trotskiste à 4 %, Olivier Besancenot. Dominique Voynet pour les écologistes ne dépasse pas les 1,6 %. La gauche se retrouve minoritaire comme jamais depuis 1981. Le Pen tombe à 10,5 %.

Dans l'état actuel des forces, Ségolène Royal part avec un handicap sérieux pour le second tour. Reste une tentation, un espoir : François Bayrou. Le candidat du centre n'a pas réalisé ses ambitions, loin de là, mais il représente 18,6 % des voix et se montre fort hostile à Nicolas Sarkozy. S'entendre avec lui, voilà pour Ségolène Royal la dernière chance de l'emporter. Mais c'est passer alliance à droite, soit, dans le vocabulaire socialiste, une trahison : la fin de la stratégie mitterrandienne depuis 1965, une rupture sans retour avec le PCF, peut-être une scission dans le parti. La gauche s'insurge, l'appareil s'effraie. Quelques-uns approuvent ce renversement, lesquels le condamnaient hier encore.

La direction, prudente, veut bien en appeler aux électeurs du centre, mais sans plus. Ségolène Royal, elle, n'hésite pas. Elle demande un débat télévisé avec Bayrou et l'obtient, si curieux soit-il de voir revenir un candidat éliminé au premier tour. Elle laisse même supposer qu'elle pourrait le prendre comme Premier ministre. Hésitant entre la droite et la gauche, Bayrou se dérobe et ne donne pas de consigne nette. Une ultime tentative de rencontre échoue.

Le dimanche 6 mai 2007, Nicolas Sarkozy est élu président de la République par 53 % contre 47 à Ségolène Royal. Quant à l'électorat de Bayrou, il s'est partagé en deux parts presque égales.

La candidate socialiste clôt cette défaite par une phrase inconsidérée. S'adressant à ses partisans, elle s'écrie : « Je vous conduirai vers d'autres victoires ! »

Le PS a-t-il fait son temps ?

Au parti, bien des camarades en veulent à Ségolène Royal. Strauss-Kahn, lui, se retourne contre Hollande qui a anesthésié le PS, « premier responsable de la défaite ». Mais après d'âpres négociations, tout le monde s'entend pour les législatives qui, comme l'avait voulu Lionel Jospin, suivent l'élection présidentielle.

Bonne surprise et soulagement : au premier tour, le PS résiste à 26 % contre 24 lors de la défaite de 2002. Pour le second tour, il en reste aux désistements traditionnels, PC, radicaux de gauche, Verts.

Ségolène Royal, qui ne se présente pas, appelle à un accord avec Bayrou.

Comme il est logique, les lieutenants de Fabius et Strauss-Kahn en profitent pour attaquer et accabler l'ancienne candidate. L'union avec le centre ne se fait pas. Devant la droite triomphante, le revers paraît honorable, 204 députés pour 141 sortants.

Le combat passé, ne reste que les blessures. Depuis Mitterrand, les socialistes ont échoué trois fois à l'élection présidentielle. François Hollande, toujours premier secrétaire, annonce qu'il ne se représentera pas au prochain congrès.

Le PS a-t-il fait son temps ? Le parti d'Épinay est-il mort et sa stratégie avec lui ? Surtout pas, répètent les courants les plus à gauche portés par leurs leitmotive : le « social-libéralisme » de la direction nous a perdus, revenons à la rupture avec le capitalisme, les principes de 1981 et l'union avec le PC, – à cela près que le PC est tombé de 21 % à 1,9 %. Sur l'autre rive les Gracques, un club d'anciens collaborateurs de Mitterrand, Rocard, Bérégovoy et Jospin, veulent « soigner la tétanie du PS » par la modernité. Ils osent dire : « Le PS a dix ans de retard sur ses homologues allemand, britannique ou scandinave. »

Ahuris par l'ampleur des discordes et leur vocabulaire spécialisé, les adhérents à vingt euros s'en vont aussi vite qu'ils étaient venus. Le PS plonge dans la confusion, presque l'aboulie, et cela se voit. Avec l'annonce de son départ, Hollande s'est désarmé. Sur cinq grands sujets qui concernent toute la nation, le parti demeure incapable de dégager une ligne unique et claire : il se contorsionne devant une réforme de la Constitution qui pourtant accroît les pouvoirs du Parlement, se coupe en deux sur le traité de Lisbonne qui remplace le traité constitutionnel avorté de 2005, se divise sur la loi organisant le marché du travail pourtant négociée avec les syndicats, se divise encore sur la présence militaire française en Afghanistan, se divise toujours et s'abstient sur le plan de sauvetage des banques en pleine crise financière mondiale. S'abstenir ! C'est l'aveu que les socialistes n'ont rien à dire.

Ajoutons qu'en juillet 2007 Nicolas Sarkozy propose à Dominique Strauss-Kahn la direction du FMI. Celui-ci accepte. L'équilibre des débats internes au PS en est perturbé. Surtout, Strauss-Kahn sort de la politique française. Le voilà condamné au silence : un seul mot partisan et il devra quitter l'organisation internationale. S'il veut se présenter à l'élection présidentielle de 2012, il lui faudra démissionner avant la fin de son mandat mais, espère-t-il, le plus tard possible.

Dans ce climat délétère, chacun parle de refondation, de rénovation, mais ce ne sont pas les mêmes. Les essais, les conseils, les solutions, les avertissements se multiplient, oubliés sitôt que publiés. L'entourage de Ségolène Royal se défait. Hollande s'est transformé en adversaire. Elle affronte, seule, les dirigeants hostiles.

À tout prendre, le PS peut se quereller dans une relative insouciance : comme après l'échec de Jospin, il gagne les élections municipales. Le 16 mars 2008, Delanoë conserve Paris, les socialistes prennent ou reprennent Toulouse, Caen, Metz, Reims, Saint-Étienne, Aubervilliers, etc., une grosse majorité des villes de plus de trois cent mille habitants, les deux tiers de celles de plus de cent mille.

Cela leur vaut une deuxième victoire lors des sénatoriales de l'automne. Avec la quasi-totalité des présidences de région, le PS administre la plus grosse part de la France, des budgets considérables. Le socialisme local prospère comme jamais tandis que le socialisme national trébuche à chaque épreuve électorale. Pourquoi ?

Les socialistes n'ont pas le temps de se poser la question. À peine François Hollande avait-il révélé son intention de ne pas se représenter au poste de premier secrétaire que Ségolène Royal annonçait sa candidature. « Elle veut prendre le parti ! » s'angoissent ses adversaires socialistes.

Avec son prestige de maire de Paris, Bertrand Delanoë, encouragé par Jospin, se pose comme son premier rival : il se présente lui aussi. Aussitôt, Fabius, les strauss-kahniens, Martine Aubry, Montebourg et quelques autres plus proches de la gauche se regroupent à la fois contre Ségolène Royal et Delanoë. Martine Aubry rassemble cette coalition fort hétéroclite en troisième force et se présente à son tour.

Autour de tous ceux-là, une bonne douzaine de petits et moyens candidats attendent que les grands s'entre-déchirent. « L'agitation à la tête du PS masque la lassitude de la base », écrit *le Monde*[1].

Bertrand Delanoë fait crier ses camarades en se déclarant « libéral et socialiste ». Cela ne l'empêche pas de se retrouver, devant Ségolène Royal et Martine Aubry, en tête des sondages. Rocard et les rocardiens le rejoignent. Aucun des trois candidats n'a une majorité

1. Daté du 14 juin 2008.

au PS. Arrive un quatrième, Pierre Moscovici, qui après un tour se rallie à Delanoë.

Dans le même temps, Olivier Besancenot transforme la vieille Ligue communiste révolutionnaire, la LCR trotskiste, en un nouveau parti anticapitaliste, NPA. Intéressante d'ailleurs cette récente difficulté à se dire révolutionnaire et à cacher ce sentiment par un terme négatif[1]. Quoi qu'il en soit, en un an, Besancenot a gagné une popularité unique dans l'histoire du gauchisme français, même en comptant Cohn-Bendit : des 45, des 60 % d'opinions favorables. Besancenot mobilise bien davantage par sa jeunesse que par son trotskisme et le PS commence à s'en inquiéter.

Les socialistes préparent le prochain congrès – à Reims en novembre 2008 – et l'on s'entre-déchire toujours sur le nom du futur chef du parti. Dans l'opinion, pareille zizanie produit des effets délétères. Pierre Moscovici rapporte qu'il n'entend que des phrases du genre : « Vous n'avez pas de projet ! », « Vous n'êtes pas audibles ! », « Vous êtes divisés ! ».

En septembre, dans une démonstration *new look,* Ségolène Royal organise une soirée à Paris, au Zénith, qui tient davantage du concert que du meeting politique. Martine Aubry joue l'inverse : « Il nous faut retrouver nos valeurs, renouer avec ce que nous n'aurions jamais dû quitter. » C'est flatter un parti qui n'est que trop porté à la nostalgie.

Benoît Hamon, l'un des chefs de l'aile gauche, se présente lui aussi. Même avec le soutien de François Hollande, la campagne de Bertrand Delanoë, partie de fort haut, s'enlise... En novembre, au congrès, on vote dans une atmosphère de drame. Les trois principales motions semblent à égalité. Hollande met en garde contre un PS « ingouvernable ». Voici les chiffres : Ségolène Royal 29 %, Martine Aubry 25 %, Bertrand Delanoë 25 %, Benoît Hamon 19 %.

1. Le mot retrouvera son lustre trois ans plus tard avec les révolutions arabes de 2010-2011.

Le conseil national n'a pas de majorité, les députés et les sénateurs s'opposent entre eux.

En mauvaise posture, furieux, Delanoë, venu en sauveur contre Ségolène Royal, se retire. Il ne donne pas de consigne de vote avant d'appeler à soutenir « massivement » Martine Aubry.

Le 20 novembre 2008, après le congrès, les militants trancheront enfin entre les trois candidats qui se proposent : Martine Aubry, Ségolène Royal et Benoît Hamon pour la gauche. Seuls les adhérents à jour de leur cotisation pourront voter, soit cent soixante-huit mille personnes. Un an plus tôt ils étaient deux cent trente mille.

Ségolène Royal en appelle à la rupture et parle de transformer le PS en un « nouveau parti ».

Au premier tour, elle obtient 43 % des suffrages, Martine Aubry 34,5, Benoît Hamon 22,5.

Benoît Hamon rallie Martine Aubry. Au second tour, après une nuit électorale aussi tumultueuse qu'un scrutin présidentiel américain à la George W. Bush, Martine Aubry semble l'emporter avec quarante-deux voix d'avance, soit une marge de 0,04 %.

Ségolène Royal n'admet pas sa défaite. Là, le scénario ressemble à ce que l'on verra plus tard en Côte d'Ivoire. Chaque camp accuse l'autre d'avoir triché, et il est probable qu'ils aient tous les deux raison. Les fédérations tombent dans des batailles de procès-verbaux, d'irrégularités, d'invraisemblances. Ségolène Royal menace de saisir les tribunaux. *Le Journal du dimanche* titre : « PS : tant de haine ! », *le Parisien* : « La Fracture » et l'éditorial du *Monde* parle « d'implosion de haine ».

Les militants, honteux de ce spectacle, protestent. Le conseil national va trancher. Ségolène Royal est minoritaire. Martine Aubry devient première secrétaire du parti. Sa majorité va de Fabius à Strauss-Kahn, de Jospin à Rocard, de Delanoë à Emmanuelli, de Montebourg à Benoît Hamon, soit de la droite à la gauche du parti sous l'égide de l'orthodoxie centriste de Martine

Aubry. Elle rassemble autour d'elle une bonne part des anciens partisans du « non » au traité constitutionnel européen de 2005. L'équilibre semble périlleux mais en apparence, il tiendra.

Un départ : Jean-Luc Mélenchon, l'ancien trotskiste tontonmaniaque, quitte avec ses amis un PS devenu trop réformiste pour lui. Se réclamant de Jacques Brel, d'Hugo Chavez, président du Venezuela, admirateur de Fidel Castro, du colonel Kadhafi et d'Oskar Lafontaine qui a rompu de son côté avec la social-démocratie allemande, il crée un parti de gauche proche des communistes. C'est la première scission du parti construit par Mitterrand, si l'on excepte celle d'un petit parti social-démocrate plus de trente ans auparavant, à l'époque du programme commun.

Pris dans son maelström interne, le PS ne profite guère pour l'instant des bonnes occasions que lui apportent les conjonctures nationale et internationale. *A priori*, Nicolas Sarkozy est un rêve pour les socialistes. Le président avance des réformes impopulaires qu'il réalise à moitié ou abandonne. Il oublie des promesses, renonce à ses ambitions de départ, « la République irréprochable », l'ouverture, sans parler d'un engagement fameux et inaccessible, bien qu'il l'ait emprunté à Laurent Fabius : « Je serai le président du pouvoir d'achat. » Sa cote de popularité dégringole à une vitesse inhabituelle dans les sondages, et sans vraie rémission : de 67 % après son élection à 37 % en moins d'un an et jusqu'à 30 ou 31 % deux ans plus tard. Surtout, il attrape l'image d'un président des riches inconscient du peuple qui souffre. Cet hymne à l'argent tombe pile dans les catégories de la pensée socialiste : la doctrine ressemble enfin à la réalité, ou à sa caricature.

Là-dessus éclate la monstrueuse crise financière de 2008. Le scandale des *subprimes* et les petits propriétaires américains chassés de leurs logements, les spéculations et les escroqueries, enfin le chômage en plein essor relancent les dénonciations du libéralisme. Le système financier mondial chancelle. Conçu en d'autres temps, l'État providence ne sait plus faire face. Le marasme révèle par contrecoup les salaires astronomiques des grands patrons, les *stock-options*, les bonus inimaginables des *traiders*...

Les gouvernements occidentaux interviennent en déversant des milliards sur les banques, chiffres choquants pour le citoyen ordinaire. Ils en nationalisent certaines et cherchent à augmenter la fiscalité. Voilà les socialistes éberlués. Ils avaient accepté les privatisations, vanté l'esprit d'entreprise, ils avaient même, Fabius aux Finances, baissé les impôts – tous actes contraires à la doctrine. Fallait-il aller plus loin encore ? Au bord du reniement, l'Histoire les retient. Désormais, les gouvernements de droite eux-mêmes interviennent dans l'économie, nationalisent des banques et montent la fiscalité sur les riches ? Les socialistes y voient la permission de nationaliser à nouveau et d'augmenter les impôts, mais cette fois dans le sens de la justice dont ils se veulent les dépositaires.

Après vingt-cinq ans d'errance, la doctrine retombe sur ses bases. Peu importe si les ponctions fiscales et sociales françaises sont parmi les plus hautes des pays développés, si les nationalisations temporaires nées de la crise n'ont rien à voir avec celles de 1981. Martine Aubry et Ségolène Royal proposent l'une comme l'autre la création d'un grand établissement public de crédit.

Seuls de vieux rocardiens leur rappellent qu'en 1981 le PS avait nationalisé l'ensemble du crédit sans pour autant parvenir à gouverner l'économie, qu'en 1992 on nommait le Crédit lyonnais nationalisé « le bras armé de Bérégovoy » avant sa honteuse déconfiture aux frais des citoyens.

Bien sûr, quelques mois plus tôt, le PS avait publié son énième renoncement à l'orthodoxie, une fois encore l'exemple allemand de Bad Godesberg. C'était avouer que les précédents ne semblaient pas toujours crédibles. « Le parti socialiste est un parti réformiste. Il entend exercer les responsabilités de gouvernement, à tous les niveaux, afin de changer la société », disait un texte voté dans l'indifférence en juin 2008. Lors du vrai Bad Godesberg cinquante ans plus tôt, les socialistes allemands écartaient non seulement le marxisme, mais les nationalisations comme méthode.

En France, à écouter les propos de la gauche du PS, et d'abord ceux de Benoît Hamon, porte-parole de sa direction, on peut penser que le Bad Godesberg de 2008 n'est sans doute pas le dernier.

Ces désordres idéologiques et partisans détournent l'opinion du parti socialiste alors que Nicolas Sarkozy s'enfonce dans une rare impopularité. On le voit lors des élections européennes de juin 2009. Malgré la crise qui aggrave la mauvaise posture de la droite et de son chef, l'UMP, parti présidentiel, remporte une victoire inattendue avec 27,9 % des voix. Le PS n'en récolte que 16,48 %, à deux doigts d'être doublé par les Verts à 16,28 %, qu'a dynamisés Dany Cohn-Bendit. Par rapport à 2004, en chiffres absolus, les socialistes perdent plus de deux millions de suffrages, l'UMP en gagne un peu moins de deux. Néanmoins, addition faite, la gauche divisée devient majoritaire dans le pays. Quant aux centristes du MoDem, partenaires éventuels de Ségolène Royal, ils chutent à 8,5 % et perdent de leur intérêt. Une tentation en moins pour les plus réformistes du PS.

Dans toute l'Europe, les partis socialistes et sociaux-démocrates ne se portent pas mieux. Sur vingt-sept, ils sont vingt et un dans l'opposition et sauf un, la Grèce, pas près d'en sortir. Le parti travailliste britannique va bientôt les rejoindre. En Suède, le parti social-démocrate, exemple unique d'un socialisme tempéré et durable, tombe à son plus bas niveau depuis 1914. Mais lorsque dix ans plus tôt, ces partis se trouvèrent presque tous ensemble au pouvoir, y compris le PS de Lionel Jospin, cela ne se marqua dans l'histoire européenne ni par une coopération plus active, ni par une politique économique et sociale commune et plus progressiste, ni par une diplomatie plus attentive aux opprimés. À quoi sert l'Internationale socialiste, fondée par Karl Marx lui-même et qui se dit toujours en activité ? Massimo d'Alema, ancien Premier ministre de la gauche italienne, constate : « Les socialistes européens, divisés entre les partisans de la "troisième voie" de Tony Blair et les défenseurs de l'État providence ont perdu[1]. » Coincés entre les écologistes et des partis anticapitalistes, les partis socialistes européens se montrent peu capables de dégager une nouvelle vision dans une mondialisation qu'en lecteurs de Karl Marx ils auraient dû prévoir. En d'autres termes, ils sont restés trop européens et le socialisme démocratique n'a percé sur aucun autre continent. Même le travaillisme de Lula au Brésil n'a pas grand-chose à voir avec les méthodes des partis français, allemand ou nordique...

Un opposant vénézuélien, inquiet devant le socialisme soi-disant inédit et bolivarien qu'Hugo Chavez prétend construire dans son pays, fait remarquer qu'au XXe siècle quarante-six pays se sont lancés dans une expérience socialiste ou dite socialiste. Des soviets de 1917 au socialisme suédois, du socialisme néodestourien en Tunisie à la Chine de Mao, de la Guinée à Pol Pot, de la Yougoslavie à l'Algérie, des démocraties populaires au socialisme bouddhiste des moines birmans, tous ont cédé au renoncement ou à la dictature... Par le suffrage, la force, le peuple, la faillite, tous ont disparu sauf trois : Cuba, le Viêt-nam et la Corée du Nord.

Pourtant chacun avait juré d'éviter les erreurs des précédents.

D'Alema propose d'abandonner le mot « socialisme », aujourd'hui, explique-t-il, aussi irrecevable dans les pays émergents qu'aux États-Unis.

1. Voir Olivier Schmitt, « le "trou noir" de la social-démocratie », *le Monde* daté du 19 janvier 2011, pour les deux citations de ce paragraphe et l'analyse qui les accompagne.

Le triangle prolétarien

Abandonner le mot de « socialisme » : un seul camarade a eu l'audace de le proposer au PS, Manuel Valls. Au-delà du nom, il veut « tout remettre en cause ». Il le proclame dans un livre qui sort en 2008 et dont le titre sonne en programme, *Pour en finir avec le vieux socialisme... et être enfin de gauche.*

Martine Aubry l'accuse d'espérer la fin du parti ; elle en appelle une fois de plus à l'unité et aux valeurs de socialisme « que nous n'aurions jamais dû quitter ». La gauche, comme il se doit, traite Valls de liquidateur et en profite pour redire que trop souvent dans le parti l'action contredit les principes. Savent-ils, tous les trois, qu'ils reproduisent trait pour trait un antique débat du socialisme qui surgit pour la première fois en Allemagne à la fin du XIXe siècle ? Il n'a cessé de se répéter depuis, avec les mêmes postures et les mêmes arguments, dans la SFIO de Jean Jaurès comme dans celle de Léon Blum et de Guy Mollet puis, à plusieurs reprises, dans le PS de François Mitterrand. C'est le débat de la droite, du centre et de la gauche dans un parti socialiste européen, et qui se reproduit sans cesse comme une inconsciente rumination.

Que s'est-il passé dans le SPD allemand[1] de 1896 ? Édouard Bernstein, un socialiste convaincu, l'exécuteur testamentaire d'Engels,

1. Le parti social-démocrate allemand, Sozialdemokratische Partei Deutschlands, fondé par Lassalle, Bebel et Liebknecht en 1875 au congrès de Gotha. Le SPD recueille 20 % des suffrages aux législatives de 1880, 35 % à celles de 1912.

constate déjà qu'à peine un demi-siècle après l'invention du marxisme l'évolution historique, économique, sociale, politique des sociétés industrielles ne s'accorde plus à la théorie. Le prolétariat ne devient pas la plus pauvre des classes pauvres ; les classes moyennes croissent au lieu de disparaître dans la misère ; le capitalisme encaisse des crises mais se développe et mue en enrichissant, à des degrés divers, toute la société.

Bernstein voit aussi l'énorme social-démocratie allemande, modèle de tous les partis marxistes, assise sur ses syndicats, ses groupes de presse, ses nombreux parlementaires, ses municipalités. Pourquoi se présente-t-elle comme un parti révolutionnaire alors qu'elle participe à la société bourgeoise et pratique une politique réformiste ? Pourquoi conserve-t-elle cette idéologie – qu'on dirait aujourd'hui de rupture – alors qu'elle se comporte comme un parti de réformes sociales ?

« Qu'elle ose paraître ce qu'elle est ! » Bernstein lance au SPD l'apostrophe de la Marie Stuart de Schiller : il lui demande d'adapter ses idées à son action politique réelle. Bernstein devient le premier révisionniste du socialisme en cela qu'il propose de *réviser* la doctrine.

Cent quinze ans plus tard, Manuel Valls reprend le même dessein. En toute conscience ? Qu'importe. Il explique que le PS doit s'affirmer comme un parti de réformes et non comme un parti de doctrine et de nationalisations rentrées. Aussi révisionniste que Bernstein en son temps, il veut accorder l'idéologie aux mutations du capitalisme, de l'Europe, de la démocratie, de la mondialisation, et pour y parvenir la dépouiller des oripeaux hérités du marxisme. En sommant le parti de faire coïncider son nom avec la réalité de sa pratique, il l'enjoint d'oser paraître ce qu'il est.

À la gauche du parti, on proteste avec violence. En 1898, la gauche naissante se nomme Rosa Luxemburg et Karl Liebknecht ; aujourd'hui, même si c'est moins héroïque, Henri Emmanuelli et Benoît Hamon. Ceux-là pensent que toute décadence, tout échec naissent d'un abandon de la doctrine. Bien sûr, au XXIe siècle, le marxisme a beaucoup perdu de son éclat, mais la trame de la vulgate demeure, avec l'ouvriérisme, le misérabilisme, la guerre des classes et l'indispensable rupture.

Longtemps à l'intérieur du parti, désormais au-dehors, Jean-Luc Mélenchon incarne magnifiquement ce genre de discours. La gauche, comme son nom l'indique, a pour première fonction de critiquer la droite du parti, à ses yeux capitularde : pas question de réviser la théorie. Dans la polémique, Rosa Luxemburg comme Henri Emmanuelli trouvent aussi l'occasion de rappeler aux dirigeants du parti, ces orthodoxes, la distance qui sépare leurs actes du projet socialiste. Mais le réajustement que propose la gauche est l'inverse de celui de la droite : faire coïncider la pratique avec la théorie. Que le parti applique réellement les idées socialistes dont il se réclame. Qu'il ose être ce qu'il paraît !

Entre la droite et la gauche, le centre, la direction orthodoxe du parti, Bebel et son idéologue Kautsky autrefois, Hollande puis Martine Aubry aujourd'hui. Socialisme : le centre s'y accroche comme la gauche. Pragmatisme : on a compris qu'au pouvoir il compose avec le libéralisme, à la façon de la droite socialiste, évitant tout comportement de vraie rupture. Dans le rapport louche de la théorie et de la pratique, rien n'a changé sur le fond depuis un siècle.

En 1898 comme à la fin des années 2000, le centre fuit devant ces polémiques qui peuvent dévoiler son ressort. Il ne peut y échapper. Alors, rhétorique éternelle, il en appelle à l'unité du parti. Il signale les périls que font courir les affrontements publics, compose des programmes contradictoires qui puisent à toutes les sources, salue les principes et les ancêtres.

Contesté sur deux fronts, il fonde sa légitimité dans le juste milieu, empêchant d'un côté des compromis excessifs avec le libéralisme, tempérant de l'autre les impatiences des plus combatifs.

« Quand on me demande s'il faut être plus ou moins de gauche, dit François Hollande, je réponds : au PS, c'est simple, il faut être authentiquement, fièrement, pleinement socialiste. » Cette double riposte – toujours inconsciemment imitée de Kautsky, contradicteur orthodoxe de Bernstein – le dispense de justifier l'écart entre la théorie et la pratique. Il peut même dénoncer les manquements du passé et jurer, en vain, qu'il n'y reviendra pas.

Le centre orthodoxe doit son existence au pouvoir qu'il exerce à la direction du parti. Il se définit d'abord par la négative, le refus de deux excès. Le ni-ni, redoutable concept, d'économique est devenu idéologique. Impossible pourtant de mettre les trois acteurs, droite, centre, gauche, sur le même plan. Dans un schéma, on ne les placerait pas en ligne mais plutôt sur un triangle : le centre au sommet, droite et gauche placées aux angles de la base, à égale distance les uns des autres.

Les acteurs ne sont pas de même nature. Le centre tire sa force de sa latitude d'action (alliance à gauche ou à droite) mais surtout d'une volonté de constituer, de consacrer ou de consolider son pouvoir dans le parti et au gouvernement s'il y a lieu.

Droite et gauche prennent au mot leur propre théorie et celles de leurs vis-à-vis. Le centre trouve dans la théorie le moyen de ne pas être ce qu'il dit et d'être autre chose que ce qu'il pense. L'inapplicable doctrine masque les renoncements et les justifie. Exemple maximal : en 1956, le plus marxiste des socialistes, Guy Mollet, mène la guerre coloniale en Algérie et couvre la torture *pour préserver les chances du socialisme*. Là, la droite et la gauche de la SFIO se retrouvent ensemble pour dénoncer cette exceptionnelle dérive. La plupart du temps sans le soupçonner, les acteurs réinventent en mineur les propos de Bernstein, Kautsky et Rosa Luxemburg lors de la querelle historique du révisionnisme.

On n'échappe pas plus au jeu triangulaire qu'on ne défait le nœud gordien : il faut trancher. À gauche ou à droite ? À gauche, il n'est d'autres expériences que les totalitarismes inspirés de

Staline et Mao, car sous Lénine il existait encore une droite, un centre, une gauche dans le parti bolchevik.

À droite, cette délicate opération se nomme, on l'a vu, Bad Godesberg. La social-démocratie allemande n'y est parvenue que soixante ans après l'apostrophe d'Édouard Bernstein.

Le parti socialiste français a toujours évité pareilles abjurations. Lorsqu'il s'en est approché, comme lors du big bang de Michel Rocard, il a aussitôt reculé. Il le confirme par la fraternité boudeuse ou le cousinage qu'il conserve avec les débris du PCF. Cette accointance querelleuse ne tient pas qu'à des accords électoraux, à vrai dire fort déséquilibrés.

Par malheur, cette ambiguïté fondamentale dans les rapports de la théorie et de la pratique, le PS la retrouve décuplée s'il parvient au pouvoir. Handicap de départ : on devine d'avance que le gouvernement socialiste ne tiendra qu'une part de ce qu'il promet et sera contraint à la double pensée.

Le socialisme de notre temps, cultivé depuis les années 1960, n'a jamais existé. Ou plutôt si, mais sous la forme à laquelle il est condamné et qui le condamne : faire la politique de la droite du parti sous couvert de l'idéologie qu'entretient la gauche. À l'épreuve du temps, de deux guerres et des crises, la dialectique équivoque des socialistes ne s'est révélée convenir qu'à une seule situation : la gestion tapageuse et impuissante d'un grand parti populaire d'opposition. Un langage aujourd'hui comparable à celui de Bernstein, Kautsky ou Rosa Luxemburg renvoie infailliblement à l'univers de la redite[1].

À partir de 2008, Martine Aubry – le cas ne semble pas si fréquent – a su rassembler autour du centre la droite et la gauche du parti. Elle n'y est parvenue que dans une opposition décidée à

1. Sur la querelle du révisionnisme, voir Frédéric Bon, Michel-Antoine Burnier, « Qu'elle ose paraître ce qu'elle est », postface aux *Présupposés du socialisme* d'Édouard Bernstein, Paris, éd. du Seuil, 1974, et « Le Triangle prolétarien » in *les Discours de la politique* de Frédéric Bon, Paris, Economica, 1991.

Ségolène Royal, droitière incontrôlable aux poussées gauchistes et qui joue pour une part à l'extérieur du PS. Chacun sait que pareilles coalitions se révèlent instables : elles durent le temps d'un malheur, d'une urgence, d'un rejet ou d'une pause. Le centre finit toujours par user de son privilège : choisir son alliance – avec la droite contre la gauche ou avec la gauche contre la droite – dans ce jeu de bascule qui fonde son autorité.

La dernière partie

Deux ans avant l'élection présidentielle de 2012, Martine Aubry a du mal à mobiliser le PS, encore plus ses sympathisants. Les chefs en rivalité ne pensent qu'à eux et à leurs batailles ; la base, une fois de plus consternée, rétrécit. Quand la nouvelle première secrétaire organise une fête du « Printemps des libertés » le 22 mars 2009, la salle du Zénith semble bien vide là où Ségolène Royal quelques mois plus tôt avait réuni quatre fois plus de monde.

Après la défaite aux élections européennes, Martine Aubry certifie qu'elle va consulter plus souvent les « grandes figures du parti », Fabius, Hollande, Delanoë, Ségolène Royal. La direction ne parle plus de « rénovation » mais de « profonde refondation ». La presse commence à titrer sur « la mort du PS » – on y adjoint par commisération ou prudence un point d'interrogation. Les intellectuels se remettent à citer Sartre : « La gauche, ce grand cadavre à la renverse où les vers se sont mis[1]. »

En juin 2009, Bertrand Delanoë s'angoisse : « Le PS est menacé par les mêmes dérives que la SFIO. » SFIO, Guy Mollet, ce sont pour la gauche des termes insultants. Dany Cohn-Bendit, qui pense réussir la transformation des Verts et autres écologistes, n'oublie pas qu'aux européennes avec 16 % son mouvement a failli passer devant les socialistes. Il affirme : « Plus question d'être les supplé-

1. Jean-Paul Sartre, préface à *Aden Arabie* de Paul Nizan, 1960.

tifs du PS en quête de renouveau. » Il ajoute : « La gauche va dans le mur, elle n'a plus de projet. »

Martine Aubry décide la « rénovation totale du parti » et la fera voter par référendum interne. Saine réaction qui favorise la clarté et la démocratie dans l'organisation. Les nouveaux textes limiteront à coup sûr les manœuvres malhonnêtes et les votes truqués, mais les manœuvres licites, c'est-à-dire politiques ? Plus le parti rétrécit, plus il s'enferme en lui-même comme un propriétaire menacé. Demeure une crainte : on a vu en deux générations le parti communiste triomphant de l'après-guerre, 28 ou 26 % des suffrages, se réduire à une maigre cohorte. Le tout-puissant parti radical de la IIIe République a lui aussi disparu, ou presque. Les camarades les plus lucides découvrent que les partis sont mortels.

À gauche, le désordre s'accroît. Le PCF, dans ses efforts malheureux pour se refaire, dénonce les socialistes et leurs compromissions ordinaires. Bayrou se dit de centre gauche et se réfère à Mitterrand. Ségolène Royal songe toujours à s'allier avec lui. L'idée d'un accord possible avec le MoDem divise la gauche. Ségolène Royal baisse dans les sondages. À l'extrême gauche, le Nouveau parti anticapitaliste d'Olivier Besancenot, isolé par principe, a déçu : il entre dans une phase de turbulences.

En décembre 2009, d'après la Sofres, 67 % des Français n'ont confiance « ni dans la droite ni dans la gauche pour gouverner ». En janvier 2010, les socialistes prennent peur et serrent les rangs. Ils ont la chance pour eux. La défiance et l'aversion pour Sarkozy prennent de telles proportions qu'au premier tour les élections régionales de mars se présentent à l'inverse des européennes de l'année précédente : échec de la droite, poussée de la gauche, tassement des écologistes et, dans les deux scrutins, vif revers pour François Bayrou. Au second tour, c'est le succès historique : vingt et une régions métropolitaines sur vingt-deux. Seule l'Alsace a résisté.

Voilà ce qui manquait à Martine Aubry : l'irremplaçable légitimité que donne la victoire électorale, promesse des conquêtes à venir. Comme après 2002, ce succès tend à anesthésier le PS qui en oublie ses échecs précédents. Au moins devrait-il remarquer qu'il gagne une fois encore des élections locales après avoir perdu un scrutin national, les européennes.

Martine Aubry se souvient de Jospin en 1995, lui aussi nommé à la direction du PS après de fortes turbulences. À son exemple, elle use enfin de sa position et de son autorité personnelle – qui est grande – pour apaiser les conflits, en tout cas les suspendre. L'épuisement rhétorique des combattants exigeait une pause. Cette fois, la première secrétaire a prise sur le PS, et l'étrange équilibre de sa majorité semble tenir. Comme la droite du PS, privée de chef par l'absence de Dominique Strauss-Kahn, demeure peu loquace, elle pousse le parti vers la gauche avec son porte-parole Benoît Hamon.

De l'autre côté, entre réconciliations et accrochages plus mesurés, elle parvient à contenir l'inéluctable conflit avec Ségolène Royal. On organise quelques rencontres publiques, quelques baisers devant les caméras. Bien sûr, ces embrassades semblent peu sincères mais, comme le disait avec beaucoup de sagesse François Mitterrand, « l'important, ce n'est pas ce que l'on pense mais ce que l'on dit ».

Le PS ne résout aucun de ses problèmes de fond. Au moins reprend-il l'apparence d'un parti d'opposition.

Il est simple de dénoncer le bouclier fiscal[1] comme le symbole abhorré de l'injustice, de s'indigner lorsque le président de la République pousse sans succès son fils à la tête du quartier de la Défense, de se révolter devant les crises sécuritaires du régime, qu'il s'agisse des Roms ou d'émeutes en province. Quant au

1. Dispositif fiscal instauré par Nicolas Sarkozy et qui empêche que les impôts d'un contribuable puissent excéder 50 % de ses revenus. L'État remboursant le trop-perçu avec des chèques, ceux-ci apparaissent comme un cadeau immoral fait aux plus fortunés.

ministre de l'Intérieur, Brice Hortefeux, il a l'air aussi réactionnaire et méchant que l'exige la polémique.

Pour le PS, l'affaire Woerth-Bettencourt est un présent de taille. Elle révèle d'abord les fastes des très riches comme l'étendue insoupçonnée de leurs fortunes et de leurs dépenses. Elle met leurs passe-droits en évidence, leurs liens avec le milieu politique, les financements détournés, la triche fiscale. Elle mouille un ancien ministre du Budget, trésorier de l'UMP, désormais ministre du Travail, peut-être un futur Premier ministre. Avec suspense et rebondissement, l'aventure dure du printemps à l'automne en attendant de repartir. Là aussi la réalité, du moins sa représentation, conforte la doctrine. Vu les sommes concernées – on parle en milliards d'euros – au sens fort du terme, elle scandalise.

Encore faut-il que les socialistes puissent en tirer bénéfice. L'antisarkozisme est chose si partagée qu'il peut se porter ailleurs, de l'extrême droite à l'extrême gauche, chez Marine Le Pen, Bayrou ou Mélenchon. Martine Aubry veut en capter la plus grosse part et paraître comme la première opposante, en cela concurrencée par Ségolène Royal. De là les attaques répétées qu'elles engagent toutes deux contre les riches et la rapacité de la classe dominante, avec une virulence longtemps oubliée et qui rappelle celle du PCF d'autrefois ou du PS d'avant 1981.

Quand viennent à l'automne 2010 les grandes journées d'action sur les retraites, le PS tergiverse. En mai 2009, il s'était encore prononcé pour la retraite à la carte, ce qui lui évitait d'avoir à prendre parti sur l'âge de départ légal. Maintenant, Nicolas Sarkozy, après avoir promis qu'il ne le ferait pas, veut pousser celui-ci de soixante à soixante-deux ans. Là, c'est un symbole : Sarkozy abolit l'ordonnance sur les soixante ans signée par François Mitterrand en 1982.

La droite du parti pense qu'un jour il faudra en passer par là et que la démographie comme l'espérance de vie commandent ; elle conteste en revanche la brutalité de la méthode, l'absence de concertation, les blocages patronaux. Valls se déclare pour la retraite à points et à la carte. Strauss-Kahn explique que la retraite à soixante ans n'est pas un dogme, Rocard en pense autant.

La gauche, à l'inverse, refuse sans barguigner l'idée même d'une réforme, rejoignant en cela l'opinion de la base syndicale et d'une large part de la population : interdit de toucher aux soixante ans. La direction du parti, le centre, comme il se doit hésite. Martine Aubry, sensible aux réalités financières, tente une percée : elle laisse supposer qu'on ne doit pas se buter ainsi sur les soixante ans. Le propos passe mal, tant dans le parti qu'à l'extérieur. Elle revient à une position plus orthodoxe.

Ainsi le PS se retrouve-t-il, à contre-courant de la démographie, promettre un retour à l'âge légal précédent. Certains réclament même un référendum sur les retraites. Lourd engagement, « susceptible de faire tomber quatre ou cinq ministères », comme le dirait Michel Rocard, le seul socialiste qui ait tenté de s'attaquer au sujet.

Pour l'action, le PS s'en remet bien sûr aux syndicats, mais ses dirigeants prennent garde de se montrer en tête des manifestations avec les autres dirigeants de la gauche. Martine Aubry sait bien qu'il ne suffira pas de faire payer les banques et le grand capital pour équilibrer le système et remettre d'un coup tout le monde à soixante ans. Quant aux Français, ils le veulent, l'espèrent et n'y croient pas. Dans les sondages, ils doutent en majorité que le PS malgré ses dires revienne au système antérieur.

Ce manque de crédibilité peut coûter cher au premier tour d'une présidentielle avec surcharge de candidats. Et une fois au pouvoir, si tel est le cas ? Faut-il, parmi les premiers actes du gouvernement socialiste, l'ouverture du rude et ruineux débat sur les retraites et la foule des mécontentements qui l'accompagnent. En 2010, des trois éléments cardinaux d'une campagne présidentielle, aucun n'est en place, ni le projet, ni les alliances, ni le candidat.

Martine Aubry ne se lance pas dans un projet de fond qui raviverait le débat tautologique de la gauche et de la droite socialiste. Pas question d'aborder l'explication pourtant essentielle entre ceux qui veulent *plus d'État* et ceux qui veulent *mieux d'État*. De la même façon, on ne demandera jamais pourquoi les partis socialistes, sociaux-démocrates ou travaillistes de Grande-Bretagne, d'Espagne, de Grèce, d'Allemagne, d'Europe du Nord parviennent à gagner au moins deux fois de suite les élections alors qu'en France depuis 1928, sans aucune exception, la gauche et les socialistes se font sanctionner.

Au contraire, Martine Aubry se risque à un petit tour dans la philosophie de l'Histoire : « Conduisons une offensive de civilisation », s'écrie-t-elle en s'inspirant des essais d'Edgar Morin, fort considérés à gauche. Elle voudrait concevoir une idéologie « postmatérialiste » – sur laquelle on s'interroge –, parle d'une société du *care*, c'est-à-dire de l'attention portée aux autres. Cela commence à ressembler aux appels à l'amour de Ségolène Royal et ne prend pas davantage.

En avril, un conseil national centre le projet économique et social sur le bonheur, « la société du bien-être » contre « la société du tout avoir ». Le texte, très à gauche, glorifie l'État contre l'entreprise privée.

Partant de là, la première secrétaire revient à ce qu'elle connaît et préfère : la composition d'un programme à l'ancienne, comme le parti en a déjà tant produit et oublié depuis les années 1970 et les rédactions de Jean-Pierre Chevènement. Par définition, pareille entreprise ramassera toutes les mesures idéales que les socialistes appliqueraient s'ils parvenaient au pouvoir. D'ordinaire, on en revoit le chiffrage à plus tard, certain que les patrons, les riches et les banques paieront. À chaque fois, on assure que la confiance revenue nourrira de soi la croissance et donc les rentrées fiscales.

La première secrétaire confie le morceau de bravoure – l'égalité réelle dans la France contemporaine – à l'aile gauche du parti, Benoît Hamon. En novembre, il n'y a pas grand monde à la réunion du conseil national qui doit approuver ce nouveau texte. Le projet veut une prévention sociale à chaque étape et situation de la vie. Il n'hésite pas à proposer plusieurs allocations universelles et promet une augmentation générale des salaires. Très égalitariste, il prévoit une « intervention publique d'ampleur » financée par une grande réforme fiscale, soit par l'augmentation des impôts. Au PS, on a l'habitude de se refaire en prenant un cours à gauche dans les situations difficiles. Cela sert à la fois l'unité du parti et le sérieux d'une ambition socialiste ébranlée par les années passées au pouvoir.

Est-ce sincère ? Comme les Grecs à leurs dieux, à la fois on y croit et on n'y croit pas. En tout cas, le parti n'y met guère de conviction. « Les textes s'accumulent et les conventions se succèdent, mais la participation des militants ne cesse de diminuer », dit André Vallini, député socialiste de l'Isère proche de François Hollande. Le jour du scrutin, sur les trois cents membres du conseil, la très grande majorité n'est pas venue. Il ne s'en trouve que cinquante-neuf pour voter le texte.

Pour la première fois, la majorité composite de Martine Aubry se fissure. La gauche bien sûr approuve, le centre aussi : ils partagent, on l'a vu, la même idéologie, même s'ils en font des usages différents. C'est de la droite du parti que viennent non des votes négatifs – le premier qui ranimera la bataille passera pour un misérable – mais les abstentions. On trouve celle de Manuel Valls, du sénateur Collomb, maire de Lyon, de François Rebsamen, ancien factotum de Ségolène Royal et de quelques autres pour la plupart membres de la majorité. Ils s'effraient d'engagements pris pour cinq, dix, quinze ans. « Cette ligne politique n'est pas crédible », dit le sénateur Collomb. Ségolène Royal « ne croit pas aux catalogues de promesses ». « L'absence de débat de fond agit comme un étouffoir », s'insurge Manuel Valls.

Les strauss-kahniens se divisent. Pour Pierre Moscovici, le projet « fait la part trop belle à l'État, aux lois, aux allocations universelles », il n'est ni hiérarchisé ni chiffré. Certains en revanche votent un texte si contraire à leurs convictions : c'est qu'ils n'y croient pas. Mais ils ne veulent pas rompre l'accord qui lie Martine Aubry et Dominique Strauss-Kahn, ce qui compliquerait en diable les affaires de ce dernier. Strauss-Kahn lui-même – sans pouvoir intervenir dans le débat – prévient que « le temps est passé de raconter des histoires. On ne doit promettre que ce qu'on peut tenir. Il faut dire la vérité aux gens ».

Dernier opposant, ou plutôt abstentionniste motivé, François Hollande. L'ancien premier secrétaire veut marquer son originalité face à la coalition artificielle de Martine Aubry. Il a d'ailleurs de très mauvais rapports avec sa remplaçante, ce qui paraît normal. Surtout, il prend la finance au sérieux et devant le projet s'exclame : « C'est la hotte du père Noël ! »

Voici le vieux paradoxe du socialisme qui revient : d'un côté, Martine Aubry ne semble pas douter qu'il faille un PS « forcément à gauche, car c'est cela qui portera notre crédibilité ». De l'autre, elle a toujours dit qu'elle ne ferait pas obstacle à une candidature de Dominique Strauss-Kahn et qu'elle la soutiendrait. Un programme très à gauche, un candidat droitier, on reconnaît ici la politique ordinaire du centre dans les partis socialistes, ce double jeu entre les raideurs de l'idéologie et les souplesses du pragmatisme.

Va-t-on retrouver la situation ridicule du congrès très gauchiste de Liévin en 1994 où les militants, chantant avec force *l'Internationale*, en appelaient à Jacques Delors, le plus droitier de tous, comme candidat à la présidence de la République ? Autre hypothèse, que partage Laurent Fabius : tout en prétendant attendre la candidature de Dominique Strauss-Kahn, Martine Aubry pousse le parti sur la gauche pour rendre impossible l'arrivée d'un ancien directeur du FMI. Elle n'oublie sans doute pas qu'au fameux congrès de Liévin l'extrême radicalisme des propos tenus et votés avait découragé son père, Jacques Delors, de se présenter à l'élection présidentielle de 1995. Pourtant, les sondages le donnaient gagnant contre Chirac et Balladur.

Maintenant, que deviendra ce programme qui s'enrichit chaque mois ? Il va commencer par faire l'objet d'un affrontement lui aussi renouvelé des Anciens : « Le projet du parti sera celui du candidat », dit le directeur de cabinet de Martine Aubry. « Le travail collectif n'engagera pas le candidat », dit un proche de Dominique Strauss-Kahn.

Martine Aubry finit par croire malgré tout à la stabilité de sa singulière coalition. Elle compte les réunions et les pages qui s'accumulent et déclare avec fierté : « Les socialistes sont prêts [et] le changement proche. [...] Nous pensons que le volontarisme peut changer les choses. »

Cela ne règle pas le deuxième problème des socialistes : avec qui s'allier ? Pas avec les trotskistes : ceux-ci ne veulent pas plus en entendre parler que le PS. Le PCF, d'une farouche hostilité à l'Europe, prend ses distances. Jean-Luc Mélenchon, candidat prédéclaré du Front de gauche, assure : « Je suis le tribun du peuple. [...] Mon ambition est de battre les socialistes. » Les écologistes entendent préserver leur indépendance et, s'appuyant sur leurs récents succès électoraux, négocient contre un accord un nombre ambitieux de circonscriptions gagnables. Le seul groupe qui ne pose guère de problème demeure le petit parti radical de gauche, qui s'effondrerait sans le soutien électoral du PS.

Et comment négocier un accord de gouvernement avec des partenaires en partant d'un programme si abrupt et si construit qu'on ne saurait en retrancher un article sans ébranler l'ensemble ?

Enfin, François Bayrou et le MoDem, comme une tentation à laquelle on résiste. Viendra bien un moment où, avec une extrême gauche intraitable à 10 % des suffrages, il faudra combler le trou électoral laissé par le PCF. On y pense toujours, on n'en parle pas. Mais dans l'urgence d'un second tour délicat ? On se souvient que Martine Aubry elle-même, hostile à l'alliance avec les centristes, a eu besoin de leurs voix pour garder la majorité à Lille lors des dernières municipales.

Le PS n'a pas trop changé, la gauche, si. Reste le troisième problème du parti, et qui détermine la solution des deux autres : le choix du candidat. Des primaires ouvertes, le parti y pense depuis l'élection présidentielle de 2007. Entraîné par Arnaud Montebourg, désormais secrétaire national à l'innovation, il en a admis le principe depuis l'été 2009. L'idée vient d'Italie. Là-bas, par deux fois, tous les citoyens qui se disaient de gauche ou de centre gauche avaient pu voter dans l'ensemble du pays afin de désigner leur candidat face à Berlusconi. Système lourd et complexe : il implique d'avoir accès aux listes électorales, d'imprimer des millions de bulletins, de prévoir des bureaux de vote dans chaque mairie ou permanence, enfin d'avoir des milliers de militants mobilisables pour organiser, contrôler et dépouiller le scrutin. Les politologues de gauche estiment qu'en France une opération réussie pourrait concerner près de quatre millions de personnes.

Et le financement ? En France comme en Italie, chaque citoyen verse un euro pour poser son bulletin. En Italie, il n'y avait les deux fois qu'un seul candidat assuré de l'emporter. Tout résidait dans la campagne de la primaire, où celui-ci faisait le tour de l'Italie en bus. Sous le nom de l'Usine à programme, *Fabbrica del programma*, il rassemblait les citoyens, les écoutait, ne prenait pas la parole lui-même et concentrait les meilleures idées qui surgissaient des débats. La règle voulait qu'on ne vienne pas pour se plaindre ou dénoncer mais proposer.

La primaire telle que la conçoit le parti socialiste relève d'une autre nature. Il s'agit non d'écouter les citoyens mais que les citoyens écoutent les programmes des candidats à la candidature et les départagent. On mesure le péril quand on sait à quel degré de haine peuvent monter les conflits au PS. Cela revient à jouer entre soi à l'élection du président de la République au suffrage universel, avec les mêmes effets monarchiques et claniques que dans la nation. Déjà en 2006, les débats télévisés qui opposèrent Laurent Fabius, Dominique Strauss-Kahn et Ségolène Royal n'ont pas servi l'image ni la campagne de la candidate choisie par les militants. Va-t-on recommencer en pire ?

À l'été 2010, Laurent Fabius n'avoue aucune inquiétude : « J'ai le savoureux regret de dire à nos adversaires que cela se passera bien », prophétise-t-il[1]. « Comment voyez-vous votre propre rôle ? » « Sage, actif et unitaire. » Martine Aubry et Ségolène Royal non plus ne voient pas de risque. La première garantit qu'elle ne se présentera « jamais contre Dominique ». La seconde, d'un élan d'abnégation, se dit prête « à faire le sacrifice d'une ambition personnelle et voir gagner la gauche ». *Le Monde* daté du 2 juin 2010 en conclut que « Martine Aubry, Dominique Strauss-Kahn et, désormais, Ségolène Royal sont en effet d'accord pour ne pas s'affronter aux primaires mais se départager en amont ».

Veut-on priver de son choix le peuple de gauche ? Sur le coup, les autres candidats protestent contre cette alliance assurée de les étouffer mais nul n'y prête trop d'attention. C'est l'été, l'affaire Woerth-Bettencourt remplit les journaux puis la fermeture des camps de Roms, les émeutes de Grenoble, l'insécurité, les attaques de la droite et les ripostes qu'elles exigent.

En novembre sur France 2, Martine Aubry revient sur les primaires, et de la façon la plus claire : Ségolène Royal, Dominique Strauss-Kahn et elle-même ne se présenteront pas « l'un contre l'autre ou l'une contre l'autre aux primaires socialistes de l'automne 2011 ». Toute la presse reprend le propos. François Hollande, Manuel Valls, Pierre Moscovici et quelques autres qui postulent à la candidature se hérissent. Laurent Fabius les approuve. « Notre candidat ne peut être issu d'une entente », dit Valls qui précise : « Les primaires doivent permettre de régler en même temps le problème du candidat et celui du projet. »

Là-dessus Ségolène Royal, qui déclarait encore en juillet qu'elle ne se maintiendrait pas contre ses deux rivaux, dément avec force

1. *Le Monde* daté du 28 août 2010.

Martine Aubry : « Toutes les interprétations qui laissent croire qu'il y a une alliance pour empêcher les primaires ne correspondent absolument pas à la réalité des choses. » Elle se pose en « garante [de leur] bon fonctionnement ». Elle le prouve en déposant, bien avant ses principaux concurrents et à la surprise de tous, sa propre candidature. Martine Aubry en reste abasourdie : la situation qu'elle croyait maîtriser lui échappe. « Pauvre PS », dit Jack Lang.

À la même époque, fin novembre, BVA organise un sondage auprès des Français qui envisagent de participer aux primaires socialistes : Dominique Strauss-Kahn récolte 41 % des suffrages, Ségolène Royal 16, Martine Aubry 14, François Hollande 3.

En janvier 2011, chez les sympathisants socialistes, la cote de Dominique Strauss-Kahn baisse, celle de Martine Aubry monte et parfois la place en tête, celle de Ségolène Royal descend. François Hollande, qui joue « le réalisme de gauche », se distingue enfin des petits candidats. Une enquête d'Harris Interactive révèle que pour 78 % des personnes interrogées Ségolène Royal « ne ferait pas une bonne présidente ».

Dans les sondages nationaux, tous les principaux candidats socialistes battent Sarkozy lors d'une simulation de second tour présidentiel : de Dominique Strauss-Kahn par 62 %, chiffre considérable, jusqu'à Ségolène Royal à 52 %, en passant par Martine Aubry et François hollande.

Outre le premier représentant du parti socialiste, les primaires vont peut-être désigner le prochain président ou la prochaine présidente de la République française.

Quelles sont les stratégies ? Se couvrant du langage de la gauche son alliée, Martine Aubry poursuit sa ligne centriste orthodoxe, avance par étapes sur son programme. Elle tourne en province, visite une banlieue, s'instruit dans une usine. Grande question : tiendra-t-elle le pacte – réel celui-là – passé avec Dominique Strauss-Kahn s'il décide de se présenter ? Et si elle lui rendait la mission impossible ?

Ségolène Royal fréquente elle aussi province, banlieues, usines, où elle tient désormais un langage très anticapitaliste. Elle a changé de look, abandonné ses tuniques baba cool pour le tailleur noir et le chemisier blanc, ce qui correspond sans doute à une mutation idéologique. Avec méchanceté Dany Cohn-Bendit, qui l'avait soutenue en 2007, prétend « qu'elle se berlusconise ». Persuadée de sa victoire, convaincue d'avoir un lien particulier avec le peuple français, elle prépare des surprises.

Chez Henri Emmanuelli et Benoît Hamon, on ne craint rien plus que Dominique Strauss-Kahn. En concorde avec les trotskistes, Mélenchon et le PCF, la gauche du PS voit le directeur du FMI comme un néolibéral, un ami de l'Amérique et du grand capital, tout sauf socialiste. Ces thèmes nourrissent une campagne permanente à laquelle le malheureux accusé ne peut répondre, coincé dans sa redoutable obligation de silence : comme dans les jeux inflexibles des enfants, s'il parle, il perd sa place. Telle Rosa Luxemburg en 1896, la première fonction de la gauche reste d'attaquer la droite du parti.

Le FMI, sauveur des États ou affameur des peuples ? En tout cas le Pasok, parti socialiste grec, remporte les élections locales malgré un plan de rigueur d'une rare brutalité imposé par l'Europe et l'institution financière internationale. Le spectre de Dominique Strauss-Kahn hante le parti socialiste. Ses partisans rêvent qu'il se déclare et aussi le craignent. Il lui arrivera ce qui arrive à tous les personnages consensuels dont la cote de popularité dépasse celle qu'ils doivent à leur camp : dès qu'ils se manifestent, leur pourcentage descend.

Dominique Strauss-Kahn se tait toujours. Il n'est pas sûr qu'il se présente mais s'il ne le voulait vraiment pas, il lui suffirait de déclarer : « Je n'ai jamais eu l'ambition de devenir président de la République française. J'exercerai jusqu'au bout le mandat que m'a confié le FMI. » Poursuivi par la presse française, il ne le dit pas.

La gauche presse Martine Aubry de se présenter afin de le mettre dans un embarras définitif. La première secrétaire s'y refuse. Elle fixe le calendrier des primaires : dépôt des candidatures entre le 28 juin et le 31 juillet 2011 ; premier tour le 9 octobre, deuxième le 16. Voilà qui est trop tôt pour Strauss-Kahn et ses soutiens à la droite du parti, trop tard pour la gauche comme pour François Hollande : encore un exercice d'équilibre du centre.

Laurent Fabius se dit l'ami de tout le monde, de Mélenchon à Martine Aubry. Il attend avec intérêt Dominique Strauss-Kahn et va répétant que celui-ci se présentera à coup sûr. Il encourage la première secrétaire dans son œcuménisme, prêche le calme, la raison, le travail et la paix. Au fond de lui-même – car Fabius ne renonce jamais – « il espère secrètement que Dominique abandonnera et que Martine n'osera pas[1] ». Ainsi trouverait-il une chance que le destin et son impopularité lui ont refusée jusque-là.

Enfin François Hollande, frustré de candidature en 2007 par sa compagne d'alors, Ségolène Royal, ne reculera pas une seconde fois. Comme jadis Mitterrand avec la force tranquille puis Tonton, il joue l'inverse de son personnage d'origine. Il était rond, il maigrit et lui aussi se relooke. Il pratiquait les consensus mous comme premier secrétaire, dorénavant il les récuse. Il se montrait l'un des plus drôles, il bannit toute plaisanterie. François Hollande se révèle comme un redoutable fiscaliste et insiste sur les hausses d'impôts dont il menace les riches et les classes moyennes. Il se donne une image de gestionnaire averti et juste, travailleur et sévère, soucieux de la dette et du gaspillage. « En 2012, dit-il, il faudra un candidat normal. Pas banal mais grave, stable et rassembleur. » Il confie avec emphase : « Ce qui me paraît solide, c'est le rapport que j'ai installé avec les Français. » Début 2011, dans les sondages, ses positions commencent à payer.

1. D'après André Vallini, député socialiste proche de François Hollande, in *Libération* du 4 janvier 2011.

Autour de ces quatre grands candidats tourne une masse de petits prétendants dont le seul nombre donne à penser. Début février 2011, on en recense une bonne dizaine dont Manuel Valls bien sûr, attaché à son réformisme, Arnaud Montebourg le rénovateur, Pierre Moscovici, strauss-kahnien qui prendrait volontiers la place de Strauss-Kahn, Gérard Collomb, sénateur-maire de Lyon exaspéré par le récent gauchisme du parti, Jean-Louis Bianco, ancien secrétaire général de l'Élysée sous François Mitterrand, premier conseiller de Ségolène Royal en 2007, auteur d'un livre intitulé avec modestie *Si j'étais président*, Christian Pierret, ancien ministre, Daniel Le Scornet, solidariste chrétien, Jean Mallot, partisan de l'humour dans le socialisme, etc. Ajoutons, à l'extérieur du parti, Jean-Pierre Chevènement qui risque de se présenter. Personne n'oublie qu'en 2002, recueillant 5 % des suffrages, cette dernière candidature a porté un coup décisif à Lionel Jospin. Cette folle abondance n'est pas signe de bonne santé.

Le samedi 8 janvier 2011, les admirateurs de Mitterrand se précipitent sur sa tombe à Jarnac, dans les Charentes, pour célébrer le quinzième anniversaire de sa mort. Il y a là les anciens, Édith Cresson, Louis Mermaz, Michel Charasse, Jack et Monique Lang et même Roland Dumas de retour de Côte d'Ivoire... Le ministre des Affaires étrangères et ami de François Mitterrand s'était rendu à Abidjan en compagnie de Me Vergès, l'avocat des dictateurs et des nazis, pour soutenir Laurent Gbagbo. Président de Côte d'Ivoire désavoué par le suffrage universel, celui-ci s'accrochait. Il avait autrefois fréquenté les socialistes français, il était même membre de l'Internationale et gardait des amis au PS. Arrivent aussi à Jarnac le mécène de la gauche, Pierre Bergé, le maire socialiste de Paris Bertand Delanoë et, bien sûr Martine Aubry et Ségolène Royal, présidente de région qui donc reçoit chez elle. La liste des absents – on dit « les excusés » – semble plus significative : les anciens Premiers ministres Laurent Fabius, Michel Rocard, Lionel

Jospin puis François Hollande, Robert Badinter, Pierre Joxe, Jean-Louis Bianco...

Les discours frisent le culte de la personnalité. Ségolène Royal salue « le visionnaire », « le conquérant » qui a « résisté face aux calomnies ». Il a dû, dit-elle, « traverser des échecs, subir beaucoup d'épreuves et en apprendre les leçons avant de rencontrer l'adhésion du peuple français ».

Elle conclura plus tard : « J'ai envie de succéder à François Mitterrand ! »

Martine Aubry déclare : « Se souvenir de François Mitterrand, c'est trouver un chemin pour 2012. »

Parmi les pèlerins de Jarnac, c'est à qui l'a connu avant l'autre et se réclame le plus fort de son héritage. Mitterrand président, voici, trente ans après 1981, la référence absolue. En quoi ? Non pour ses idées, abandonnées en 1983, non pour sa stratégie politique, démonétisée depuis la quasi-disparition du PCF, mais avant tout parce qu'il reste le seul socialiste à avoir emporté une et même deux élections présidentielles sous la Ve République. Aux yeux des chefs, seule compte la victoire.

Le lendemain de cette cérémonie qui s'est terminée par un déjeuner de quatre cent cinquante couverts, *le Journal du dimanche* publie un singulier sondage. À la question : « Qui vous semble l'héritier le plus fidèle de François Mitterrand », 40 % des Français répondent Dominique Strauss-Kahn, 17 % Martine Aubry, 13 % Laurent Fabius, 11 % Hollande, 11 % Royal. Chez les sympathisants socialistes, Strauss-Kahn se retrouve aussi en tête avec 46 %. Bien. Mais qu'est-ce qu'un héritier ?

Au début de 2011, la réélection de Nicolas Sarkozy semble menacée. En février, le baromètre TNS Sofres lui accorde son plus bas niveau de popularité : 24 %. À noter que Dominique Strauss-Kahn, à 42 %, perd sept points.

Le président Sarkozy n'a pas changé la France de l'insécurité, des banlieues, de la désindustrialisation, de la vie chère et du chômage. Il ne l'a pas modernisée, pas plus que l'idéologie d'une droite régressive. Le gouvernement prépare des hausses d'impôts et des baisses de subventions. Il ouvre avec imprudence un débat sur la fiscalité, un autre, plus redoutable encore, sur l'islam. La France recule. Empêtré dans ses amitiés pour des dictateurs, le pouvoir ne comprend pas la révolution tunisienne et reste en spectateur devant celle d'Égypte.

En un sens, le comportement de Sarkozy sert la gauche. Les obstacles viennent d'ailleurs. D'abord, sortant d'une longue histoire et de ses désillusions, ce PS divisé et querelleur peut-il encore entraîner les Français ? En janvier 2011, une étude du Cevipof comporte la question simple : « À qui faites-vous confiance pour gouverner le pays ? » 22 % répondent à la gauche, 21 % à la droite, 56 % ni la droite ni la gauche. Ce scepticisme se marque dans les simulations de premier tour : dans les deux camps, et pour Sarkozy et pour Strauss-Kahn, les chiffres sont mauvais, les voix s'éparpillent.

Une majorité de citoyens veut se débarrasser de Nicolas Sarkozy ; elle n'en donne pas sa foi au PS pour autant. Retour à la vieille maxime républicaine : « Au premier tour, on choisit ; au second, on élimine. » À un an de l'élection, les Français veulent bien charger le PS d'éliminer le président sortant au second tour mais sans le choisir au premier.

Le deuxième péril vient des primaires. Qu'elles dégénèrent et le parti peut filer jusqu'à la scission avec deux candidats. Le troisième relève d'un syndrome récent mais grave, celui de Lionel Jospin le 21 avril 2002, l'élimination du candidat socialiste dès le premier tour.

C'est la multiplication des candidatures qui avait provoqué le cataclysme : Lionel Jospin affrontait sept concurrents à gauche qui, d'un point par-ci et cinq par-là, finirent par le dépouiller.

En ce début de 2011, que donne l'addition ? Trois trotskistes, dont Olivier Besancenot et la remplaçante d'Arlette Laguiller, un radical de gauche, Jean-Luc Mélenchon pour le PCF et ses amis, un écologiste, peut-être deux, bien sûr le candidat socialiste. Le calcul minimal donne sept candidats pour la gauche. Si l'on ajoute Jean-Pierre Chevènement, l'homme qui fit perdre Lionel Jospin et qui songe une fois encore à se présenter, on se rapproche beaucoup de la configuration diabolique.

L'angoisse flambe lorsque dans *Le Parisien* des 6 et 8 mars 2011, deux sondages Harris Interactive placent Marine Le Pen en tête avec 23 ou 24 % devant Nicolas Sarkozy et le candidat socialiste. François Hollande serait éliminé au second tour, Dominique Strauss-Kahn éliminerait le président de la République sortant, Martine Aubry ferait jeu égal avec lui. À droite comme à gauche, on conteste les méthodes de l'enquête, on s'affole surtout : chacun sait que le scénario devient possible et que la candidate du Front national perce dans l'ensemble des sondages.

Le parti socialiste d'aujourd'hui ne peut pas se permettre de perdre une quatrième élection présidentielle, encore moins d'être absent du second tour. Le jour du scrutin comme peut-être au pouvoir, il risque sa vie.

La suite prochainement...

Sans vouloir établir une bibliographie, je tiens à signaler qu'en dehors des documents, des entretiens et des ouvrages spécialisés cités en note, j'ai d'abord utilisé *l'Histoire du socialisme* de J. Droz (PUF), *le Mouvement socialiste sous la IIIe République* de G. Lefranc (Payot), *la Gauche en France* de J. Touchard (éd. du Seuil), *la Décennie Mitterrand*, tomes I et II, de Pierre Favier et Michel Martin-Roland (éd. du Seuil), la remarquable *Histoire du parti socialiste* de Jacques Kergoat (La Découverte), enfin une collection du journal *le Monde*.

Je remercie Baudoin Jannink, éditeur de mes deux premières histoires du socialisme qui ont servi de socle au présent ouvrage. Je remercie tous ceux qui m'ont aidé dans la documentation, la rédaction ou l'iconographie de ce livre, Léon Mercadet et Patrick Rambaud puis, sur la période récente, Cécile Romane et Ève Burnier.

Table

Du même auteur

Les Existentialistes et la politique, essai, Gallimard, 1966.
La Chute du général, récit, Lattès, 1969.
La Philosophie, ouvrage collectif, CAL, 1969.
C'est demain la veille, entretiens, ouvrage collectif, éd. du Seuil, 1973.
Rire et *Rire 2*, parodies, ouvrages collectifs, Le Sagittaire, 1976.
Actuel par Actuel, récit, ouvrage collectif, Stock, 1977.
Histoire du socialisme, Jannink, 1977, nouvelle édition 1981.
Le Testament de Sartre, Orban, 1982.
Fred vivant, récit, Actuel, 1992.
À ma fille, récit, Laffont 1993.
Que le meilleur perde (suite), essai, Plon, 1998.
L'Adieu à Sartre, essai, suivi du *Testament de Sartre,* Plon, 2000.
Les Paradis terrestres, essai, Florent Massot présente, 2000.
Les Coriaces, tragédie en cinq actes et en vers, *Libération*, nouvelle édition enrichie, Wao, 2002.
La Voix des spectres, satires, suivies des *Coriaces*, tragédie en cinq actes et en vers, Julliard, 2003.
Les 7 vies du Dr Kouchner, biographie, XO, 2008.
Sur d'Astier, biographie, in *La Semaine des quatre jeudis* d'Emmanuel d'Astier, Le Félin, 2011.

Avec Frédéric Bon

Les Nouveaux Intellectuels, essai, Cujas, 1966, nouvelle édition, éd. du Seuil, 1971.
Si Mai avait gagné, politique-fiction, dessins de Wolinski, J.-J. Pauvert, 1968.
Classe ouvrière et Révolution, essai, éd. du Seuil, 1971.
Qu'elle ose paraître ce qu'elle est, essai, in *les Présupposés du socialisme* d'Édouard Bernstein, éd. du Seuil, 1974, nouvelle édition in *les Discours de la politique*, Economica, 1991.
Politique Follies, facétie (avec Léon Mercadet), Actuel, 1977.

Que le meilleur perde, essai, Balland, 1986.
Le Jeu de la cohabitation, facétie interactive, Actuel, 1986.

Avec Bernard Kouchner

La France sauvage, récit, Lattès, 1970.
Les Voraces, tragédie en cinq actes et en vers (avec Frédéric Bon), Balland, 1974.
Dieu et les Hommes, dialogue entre l'abbé Pierre et Bernard Kouchner (avec Cécile Romane), Robert Laffont, 1993, Pocket, 1994.
D'où me vient cet émoi ? discours, Wao, édition hors commerce, 1999.
Quand tu seras président..., dialogue entre Bernard Kouchner et Daniel Cohn-Bendit, Laffont, 2004.

Avec Patrick Rambaud

Les Aventures communautaires de Wao-le-Laid, dessins de Gotlib, Belfond, 1974.
Les Complots de la liberté, roman historique (prix Alexandre-Dumas), Grasset, 1975.
1848, roman historique (prix Lamartine), Grasset, 1977.
Parodies, Balland, 1977, nouvelle édition sous le titre *la Farce des choses*, 1982.
Le Roland Barthes sans peine, parodie, Balland, 1978.
Le Journalisme sans peine, facétie, Plon, 1997.

Avec Léon Mercadet

Faisons un rêve, facétie, Balland, 1987.
Comment devenir président de la République en 90 minutes, roman interactif (avec Jean-Paul Gourévitch), Plon, 1992.

Avec Cécile Romane

Le Secret de l'abbé Pierre, essai, Mille et une Nuits, 1996.

Avec Christine Ockrent

L'Europe… de Jules César à l'euro, récit, Laffont, 1999, Pocket, 2001.

Avec Michel Contat

Sartre, roman, Grasset, 2006.

RÉALISATION : NORD COMPO MULTIMÉDIA À VILLENEUVE-D'ASCQ
IMPRESSION : NORMANDIE ROTO IMPRESSION S.A.S. À LONRAI
DÉPÔT LÉGAL : AVRIL 2011. N° 104320 (11-1342)
IMPRIMÉ EN FRANCE